校长如何推动教育课程的创新与改革

刘正良◎著

吉林文史出版社

图书在版编目（CIP）数据

校长如何推动教育课程的创新与改革 / 刘正良著.
长春 : 吉林文史出版社, 2024. 6. -- ISBN 978-7-5752-
0342-5

Ⅰ. G423.07

中国国家版本馆CIP数据核字第2024H1L649号

XIAOZHANG RUHE TUIDONG JIAOYU KECHENG DE CHUANGXIN YU GAIGE

书　　名　校长如何推动教育课程的创新与改革
作　　者　刘正良
责任编辑　陈　昊
出版发行　吉林文史出版社有限责任公司
地　　址　长春市福祉大路 5788 号
印　　刷　北京四海锦诚印刷技术有限公司
开　　本　710mm×1000mm　1/16
印　　张　14.75
字　　数　230 千字
版　　次　2025 年 3 月第 1 版　2025 年 3 月第 1 次印刷
定　　价　58.00 元
书　　号　ISBN 978-7-5752-0342-5

前　言

　　在当今快速变化的教育环境中，教育课程的创新与改革成了学校领导者待解决的重要议题之一。特别是在这个信息时代，教育不仅要关注知识的传授，更需要培养学生的综合素养和创新能力。在这一背景下，校长作为学校的领导者，承担着推动教育课程改革的重要责任。本书旨在探讨校长如何在这一过程中发挥有效作用，并通过策略性的方法应对改革所带来的挑战与机遇。

　　过去几十年间，教育领域发生了巨大变革，教育课程的设计和实施也在不断演进。传统的教学模式和课程设置已不能满足当代学生的需求，需要更加灵活、个性化和创新的教育模式。在这样的背景下，学校和教育机构需要寻求更有效的方式来推动教育课程的创新与改革，以提高教育质量和学生的学习成果。教育课程的创新与改革是当今教育领域的热门议题之一，在这个过程中，校长作为学校的领导者扮演着至关重要的角色。本书旨在深入探讨校长如何有效推动教育课程的创新与改革，以提高学校教育质量和水平。教育课程改革的意义不言而喻，它不仅有助于培养学生的综合素质，还能够提升教育质量，推动教育事业的发展。本书从多个角度探讨教育课程改革的意义，包括对学生个体成长、教育体系的促进以及社会整体进步的推动等方面。校长的领导角色至关重要，校长在推动课程改革中承担着领导者的责任，需要具备相应的领导能力和策略。本书分析了校长在课程改革中的角色定位、所需的领导能力以及有效的领导策略等。

　　本书旨在探讨校长在推动教育课程创新与改革中的关键作用，并提供相关的策略和实践经验。通过分析教育课程改革的基础与重要性、构建支持性的学习环境、教师发展与专业成长、以学生为中心的课程设计、评估与反馈机制、技术在课程改革中的应用等方面的内容，为校长和教育管理者提供实用的指导和建议，促进教育课程的创新与提升。本书从多个维度探讨校长如何推动教育课程的创新与改革，旨在为教育领域的决策者、教育管理者、教师以及其他相关人士提供有益的指导和启示；通过共同的努力和持续的学习，能够构建更加创新、包容和有活力的教育体系，为学生的成长和发展创造更加美好的未来。

著　者

2024 年 1 月

目 录

第一章　课程改革的基础与重要性

第一节　教育课程改革的意义

一、理解课程改革的必要性

随着社会的快速变化和全球化竞争的加剧，教育课程改革成为当今不可回避的议题。现行课程体系面临着诸多挑战和限制，传统的教学方法和课程设置已经无法满足多样化的学习需求和未来社会对人才的需求。应深入探讨现行课程体系的挑战与限制，全球化竞争与知识经济的背景以及面向未来的教育需求，以期为课程改革提供深入的思考和启示。

（一）现行课程体系的挑战与限制

现行课程体系在面对快速变化的社会需求和教育发展的挑战时暴露出一系列限制和不足。传统的课程设置过于僵化，难以满足学生多样化的学习需求。例如某些学校的课程设置侧重于传统学科，忽视了现代科技、创新能力和实践技能的培养导致学生在面对现实问题时缺乏应对能力。课程内容和教学方法滞后于时代发展，无法有效激发学生的学习兴趣和主动性，因此课程改革迫在眉睫，需要从根本上重新审视现行课程体系的结构和内容以更好地适应当今社会的需求和发展。

（二）全球化竞争与知识经济的背景

全球化竞争和知识经济的发展使教育课程改革成为当务之急。随着全球化进程加速推进，知识和技能的获取变得更加便捷，各国之间的竞争日益激烈。在这样的背景下，传统的课程设置和教学模式无法满足学生在国际竞争中的需求。例如现代经济对创新和科技的需求日益增长，但某些传统课程未能充分培养学生的创新思维和实践能力，导致毕业生在就业市场上面临竞争压力。因此教育课程改革需要更加注重培养学生的综合能力和创新精神，使其能够适应全球化竞争和知识经济的发展趋势。

（三）面向未来的教育需求

随着社会的不断发展和变革，教育的需求也在不断变化，未来社会对人才的需求将更加多样化和个性化，传统的课程设置和教学模式无法满足学生的实际需求。例如未来社会对信息技术、人工智能等新兴领域的人才需求将不断增加，但传统课程未能充分覆盖这些领域的知识和技能，因此教育课程改革需要更加注重培养学生的跨学科能力和创新能力，使其能够适应未来社会的发展需求。

教育课程改革势在必行，因为现行课程体系面临的挑战与限制已经日益凸显。全球化竞争和知识经济的背景使得传统的教学模式和课程设置难以满足学生的实际需求和社会对人才的需求。未来的教育需求将更加多样化和个性化，因此教育课程改革需要更加注重培养学生的综合能力、创新能力和跨学科能力以适应未来社会的发展趋势。

二、改革对学生发展的影响

教育课程改革在当今教育领域中扮演着至关重要的角色，其对学生发展的影响不可低估。其中三个主要方面的改革尤为突出，包括培养综合素质与核心能力、提升学习动机与成就感以及塑造全面发展的个体，这些改革不仅关乎课程内容的调整，更关乎对学生教育的整体理念和方向的调整。这里探讨这些改革对学生发展的具体影响以及在塑造当代教育格局中的重要性。

（一）培养综合素质与核心能力

课程改革在当今教育领域中扮演着关键角色，其重要影响之一是培养学生的综合素质和核心能力。传统的课程体系往往局限于知识的灌输，忽略了学生综合能力的培养，例如创新思维、沟通技巧和问题解决能力。通过课程改革，学校可以引入跨学科的课程设计，为学生提供在不同领域获取知识和技能的机会。例如一些学校开发了创意编程，课程将编程与艺术结合起来。在这门课程中学生不仅学习编程的基本概念和技能，还通过艺术的创作实践培养了创造力和审美能力，这种跨学科的学习方式不仅拓展了学生的知识领域，还培养了学生的综合素质和核心能力。在创意编程课程中学生需要运用逻辑思维和创造力将编程技术与艺术元素结合起来，创作出独具特色的作品。通过这样的实践，不仅提升了计算思维和解决问题的能力，还培养了创新意识和团队合作能力。学生在课程中还需要与同学分享和讨论各自的作品，从而提升了沟通能力和批判性思维。

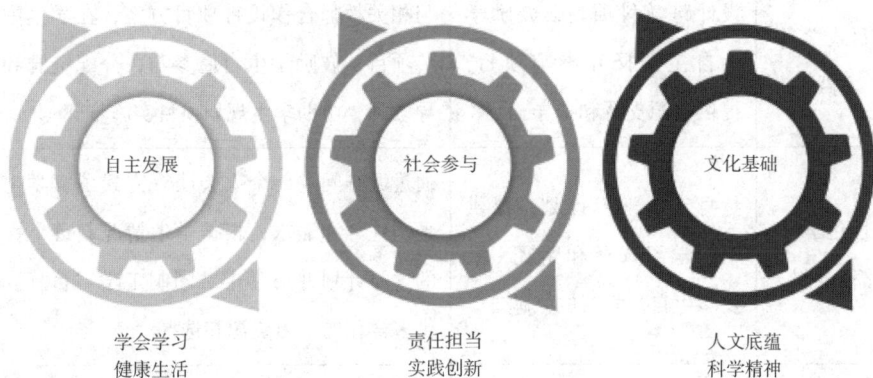

自主发展	社会参与	文化基础
学会学习 健康生活	责任担当 实践创新	人文底蕴 科学精神

图 1-1-1 学生发展核心素养

（二）提升学习动机与成就感

教育课程改革在提升学生学习动机和成就感方面发挥着重要作用，传统的课程设置常常使学生对学习失去兴趣，因为课程内容与学生的兴趣和实际需求脱节，这种情况下学生会感到学习缺乏动力，难以持续投入。然而通过教育课程改革，学校可以根据学生的兴趣和能力量身定制个性化的学习路径，从而激发学生的学习内在动机。一个显著的例子是项目式学习的实践，在项目式学习中，学生被鼓励参与真实世界的问题解决过程，通过自主探究和合作学习来获取知识和技能。这种学习方式突破了传统教学的界限，使学生能够在实践中应用所学，从而增强了学生的学习动机和成就感。例如一所学校开展了一个社区环保项目，让学生团队合作设计和实施减少废物产生的方案，在这个项目中，学生需要运用课堂所学的知识和技能，还要考虑到社区的实际情况和需求。通过参与这样的项目，学生不仅感受到了自己的学习与实践相结合的意义，也体验到了解决实际问题的成就感，这种个性化、实践性的学习方式能够更好地激发学生的学习兴趣和动机，使学生更加积极地投入学习中，因此教育课程改革通过引入项目式学习等创新教学方法，为学生提供了更加丰富、有意义的学习体验，从而有效地提升了学生的学习动机和成就感。

表1-1-1 提升学习动机与成就感行动方案及措施

行动方案	具体措施	实施步骤
项目式学习实践	设计跨学科项目，鼓励学生自主选择和参与项目，提供资源支持和指导	与相关教师合作设计项目方案，在学生中宣传项目，鼓励学生自愿参与，分配资源和指导教师，协助学生规划项目实施步骤
个性化学习路径定制	量身定制学习计划，提供不同学习选择和路径，激发学生自主学习的兴趣	通过调查问卷、个人会谈等方式了解学生兴趣、优势和需求，根据学生情况制订个性化的学习计划并与学生共同制定学习目标，提供多样化的学习资源和选择
成就感强化措施	设计具有挑战性和实践性的任务，提供及时的反馈和肯定，创造展示成果的机会	设计任务时设置一定难度，考虑学生实际能力并关联实际问题和场景，在学习过程中及时给予学生反馈，定期组织学生展示成果

（三）塑造全面发展的个体

教育课程改革的最终目标之一是塑造全面发展的个体，使学生在学术、身心健康和社交等方面得到全面的发展。传统的课程设置往往过于注重学术成绩，而忽视了学生的身心健康和情感发展，导致学生在成长过程中存在不平衡的发展。通过课程改革，学校可以引入全人教育的理念，从而更好地培养学生的全面素质。一个明显的例子是心理健康教育课程的开设，这门课程旨在帮助学生更好地理解和管理自己的情绪，增强学生的心理韧性。在这门课程中学生将学习如何认识和应对各种情绪，掌握情绪管理的技巧以及学会建立健康的心理态度。通过这样的课程，学生能够更好地适应学习和生活中的压力，提升自我调节能力，从而保持身心健康。除了心理健康教育，社交技能的培养也是教育课程改革的重要内容之一。学校可以通过各种课程和活动，如团队合作项目、社区服务等，培养学生的沟通能力、合作精神和领导力，这些社交技能对于学生未来的职业发展和社会交往都至关重要。最终教育课程改革的目标是培养全面发展的个体，使学生在学术、身心健康和社交方面都能够取得成功。通过引入全人教育的理念和相关课程，学校可以更好地满足学生的多样化需求，促进学生的全面发展，为其未来的成功打下坚实的基础。

分析当前教育体系存在的问题，确定学生在学术、身心健康和社交等方面的需求。

将全人教育理念融入课程设计，强调学生的综合发展，而不仅仅是学术成绩。

通过团队合作项目、社区服务等活动，培养学生的沟通能力、合作精神和领导力，为未来的职业发展和社会交往打下基础。

识别需求　　制定目标　　引入全人教育理念　　开设心理健康教育课程　　培养社交技能

设定教育课程改革的目标，明确要培养学生的全面素质，包括学术能力、身心健康和社交技能。

设计心理健康教育课程，帮助学生认识和管理情绪，提升心理韧性，适应学习和生活中的压力。

图 1-1-2　塑造全面发展的个体流程图

综合素质与核心能力的培养、学习动机与成就感的提升以及全面发展个体的塑造是教育课程改革的重要目标和成果。通过引入跨学科的课程设计、项目式学习等创新教学方法，学校为学生提供了更加丰富、个性化的学习体验，有效地促进了学生的综合发展。这种以学生为中心、注重全面素质培养的教育理念，为培养适应未来社会需求的人才打下了坚实的基础，也为教育的可持续发展提供了有力支持。

三、应对社会变迁的课程需求

在科技迅猛发展、社会多元化与文化融合、环境问题逐渐加剧的当今社会，教育课程不得不适应这些社会变革带来的挑战和需求。其中科技进步对职业发展提出新的要求，社会多元化与文化融合需要培养跨文化沟通能力与包容心态，而可持续发展的迫切性则凸显了环境教育的重要性。以下将深入探讨这些课程需求以应对社会变迁所带来的各项挑战。

（一）科技进步与职业发展的挑战

随着科技的迅猛发展，传统职业模式正面临着自动化和智能化技术的冲击，这对学生提出了更高的职业要求，为适应这一挑战，教育课程需要重视培养学生的创新思维、技术应用能力和适应变化的能力。创新思维是未来成功的关键，可引入创客教育和设计思维等实践项目，通过团队协作培养学生挑战问题、寻找解决方案的能力。技术应用能力是现代职场的基本需求，应加强计算机编程、数据分析和人工智能等技术领域的教学，培养学生灵活运用科技手段解决实际问题的能力。适应变化的能力至关重要，通过跨学科项目学习和实习经验，可培养学生团队合作和解决问题的能力，使其具备在不断变化的职业环境中立足的能力。

表 1-1-2　科技进步与职业发展的挑战观点总结

观点	内容
创新思维	引入创客教育和设计思维等课程，培养学生挑战问题、寻找解决方案的能力
技术应用能力	加强计算机编程、数据分析和人工智能等技术领域的教学，培养学生灵活运用科技手段解决实际问题的能力
适应变化能力	通过跨学科项目学习和实习经验，培养学生团队合作和问题解决的能力，使其具备在不断变化的职业环境中立足的能力

（二）社会多元化与文化融合的需求

在当今社会多元文化融合已成不可避免的趋势，全球化的进程推动了不同文化之间的交流与互动，这促使人们需要更好地适应和理解多元文化的社会环境。在这种背景下，教育课程扮演着关键的角色，应致力于培养学生的跨文化沟通能力和包容心态，以促进文化融合与交流。跨文化沟通能力对于当今社会至关重要，学生需要学会在不同文化背景下进行有效的沟通与交流，理解并尊重不同文化之间的差异以避免文化冲突和误解的发生。教育课程可以通过教授跨文化交流的基本原则和技巧，引导学生学会倾听、表达和理解他人的观点和价值观。包容心态建立在尊重和理解的基础上，学生需要从小培养包容的思维方式，接受并尊重不同文化、不同背景的人群。通过教育课程中的案例分析、讨论和角色扮演等活动，学生可以更好地认识和理解多元文化的社会现实，从而树立包容的心态和价值观。国际交流项目是促进文化融合与交流的重要途径之一。通过与来自不同文化背景的同龄人交流合作，学生有机会亲身体验不同文化的魅力和特点，增进彼此之间的了解和友谊。

（三）可持续发展与环境教育的重要性

随着全球环境问题的不断加剧，包括气候变化、生物多样性丧失、土地退化等，可持续发展已成为摆在人类面前的紧迫课题。可持续发展的核心理念是既满足当代人的需要，又不破坏未来世代满足自己需求的资源和生态环境。在这样的背景下环境教育显得尤为重要，它不仅能够提高人们对环境问题的认识，还能够培养人们的环境意识和环境责任感，推动可持续发展理念的实现。环境教育有助于提高人们对环境问题的认识。通过环境科学课程等教育形式，学生可以学习到有关环境保护、资源利用、生态平衡等方面的知识，了解环境问题的严重性和紧迫性。这有助于激发人们对环境问题的关注和思考，从而更好地参与到环境保护工作中去。环境教育能够培养人们的环境意识和环境责任感。通过教育课程人们可以了解到学生的生活方式和行为对环境的影响，从而更加珍惜和保护环境资源。环境教育也能够启发人们主动采取环保行动，如垃圾分类、节约能源等，为环境保护事业做出自己的贡献。环境教育有助于推动可持续发展理念的实现。可持续发展要求在经济发展的同时也要考虑到社会公平和环境保护。以实现经济、社会和环境的协调发展。通过环境教育可以培养更多关注环境、尊重自然的人才，推动社会各界更加积极地参与到可持续发展的实践中去。

随着社会的变迁，教育课程的完善需求越发迫切，以更好地培养学生应对未来社会挑战的能力。科技进步催生了对创新思维和技术应用能力的迫切需求，社会多元化则促使跨文化沟通能力和包容心态的培养，而环境问题的严重性更使得可持续发展与环境教育成为不可或缺的一环。这些教育课程的完善将有助于培养全面发展的学生，使其更好地适应未来社会的多元、科技化、可持续的特点。

四、全球视角下的课程创新

在全球化的浪潮中教育领域的创新显得尤为重要，而课程创新则成为推动各国教育水平提升的核心动力之一。为了迎接全球时代的挑战，中国教育不仅需要在国内积极进行改革，更需要借鉴国际先进经验，培养学生具备全球化视野、国际交流与合作的能力以及跨文化、跨学科的综合素养。下面从国际比较与经验借鉴、全球化视野与国际交流合作以及跨文化教育与跨学科整合三个方面探讨全球视角下的课程创新。

（一）国际比较与经验借鉴

在当前全球化时代进行国际比较与经验借鉴是推动各国教育水平提升的至关重要的因素，中国在课程创新方面可以从芬兰的成功经验中获取启示。芬兰教育注重个性化发展，强调培养学生的创造力和自主学习能力。中国可以借鉴芬兰在课程设置上的灵活性，允许学生根据个体差异选择适合自己兴趣和发展方向的课程。通过国际比较中国不仅能发现其他国家成功的教育经验，还能看到一些不足之处，并在自身的课程创新中避免类似问题，例如某些国家过于注重学科知识，却忽视了学生的实际应用能力培养。在国际比较基础上的经验借鉴不仅是简单地照搬外国的模式，更应结合本国的实际情况，灵活运用这些经验。中国可以通过与芬兰等国家的教育专家和机构开展合作，建立长期的交流机制，共同探讨课程创新的理念和实践。

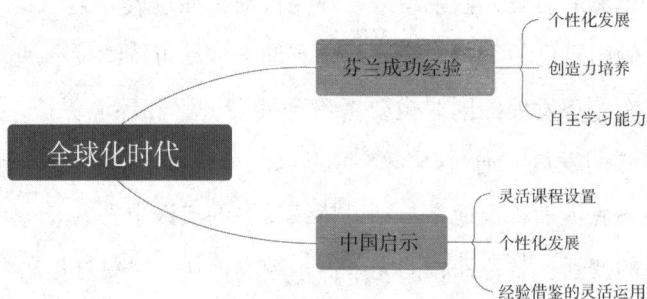

图 1-1-3　国际比较与经验借鉴思维导图

（二）全球化视野与国际交流合作

在全球化的时代，培养学生具备全球化视野和国际交流合作能力变得至关重要。为了实现这一目标，学校可以积极推动国际交流项目，与其他国家的学校建立紧密的合作关系。通过这些项目，学生有机会与来自不同文化背景的同龄人交流合作，从而深入了解不同国家的社会、文化和教育体系。例如中学生参与国际交流班级将有机会与外国同学共同学习、生活和合作，这样的经历不仅有助于提高学生的外语水平，更能够拓展学生的思维方式，培养跨文化交流的能力。通过与外国同学的互动，学生能够更好地理解不同文化的独特之处，促使学生具备更为开放、包容的国际化视野。教师的参与也是推动国际交流的关键，教师互访可以促进教育理念的交流与融合，为课程创新提供新的思路，例如中方教师可以在国外学校学习到先进的教育技术和教学方法，将其运用到本地课程中，提升教育水平。而外国教师则有机会了解中国的教育体系和文化，为学生的教学提供新的视角。通过国际交流合作，学生将更好地适应全球化的挑战，教师也能够更好地借鉴和融合不同国家的教育经验。

（三）跨文化教育与跨学科整合

跨文化教育和跨学科整合是全球视角下课程创新的重要组成部分，课程设置应该突破传统学科的界限，将不同学科内容融合在一起，培养学生的综合素养和跨学科思维能力，例如可以开设以环境问题为主题的跨学科课程，融合地理、生态学、经济学等多个学科内容，帮助学生从多个角度全面理解和解决环境问题。跨文化教育是培养学生在多元文化环境中进行有效交流与合作的关键。通过引入跨文化教育元素，学校可以促使学生更好地理解和尊重不同文化之间的差异。例如在历史课程中可以通过比较不同国家的文化传统，让学生了解和欣赏多元的文化遗产。通过语言课程，可以鼓励学生学习多种语言拓宽学生的语言能力和跨文化沟通技能。跨学科整合要求学校打破学科壁垒将知识有机结合，使学生能够更全面地理解问题和解决问题，例如可以设计一个综合性项目，要求学生结合历史、科学、文学等多个学科，探讨一个与全球变化有关的主题，从而培养学生综合运用知识的能力，这种跨学科整合的方法不仅有助于提高学生的学科综合素养，也能够更好地满足未来社会对全面发展人才的需求。通过跨文化教育和跨学科整合，学生将更好地适应多元文化的社会环境，具备更为灵活、综合的思维和解决问题的能力，这有助于培养学生更好地应对全球性挑战和机遇的综合素养。

在全球化时代，教育的国际比较与经验借鉴、全球化视野与国际交流合作、跨文化教育与跨学科整合成为推动课程创新的关键要素。通过借鉴国际经验，中国教育能够在课程设置上更加灵活，注重个性化发展；通过国际交流合作，学生将更好地适应多元文化的社会环境；而跨文化、跨学科的整合将培养学生更为灵活、综合的思维和解决问题的能力。这样的全球视角下的课程创新将有助于培养具备国际竞争力的综合素养，使学生更好地适应未来社会的需求。

第二节　校长的领导角色

一、校长在课程改革中的关键作用

在现代教育环境中课程改革是学校发展的重要组成部分，而校长的角色在其中至关重要。校长不仅是组织者和领导者，更是愿景的制定者、资源的提供者以及支持体系的建立者。这里探讨校长在课程改革中的关键作用，从确立愿景与目标、制订战略计划、提供资源支持以及建立支持体系等四个方面进行深入分析。

（一）确立愿景与目标

在课程改革中校长的角色至关重要，特别是在确立愿景与目标方面。校长需要与教职员工及其他利益相关者共同制定一项富有远见的愿景，这个愿景应该突显学校对于教育的核心价值观和未来发展方向，例如校长希望打造一个注重学生自主学习、培养全面发展的教育体系。校长将这一愿景转化为具体的可实施的目标，这些目标必须是具体、可衡量的并且要与学校的愿景保持一致。例如校长可以设定提高学生创新能力评估分数 20% 的目标，以确保学校在实现愿景的道路上取得实质性的进展。这样的明确目标不仅有助于为课程改革提供明确的方向，还能够激励教职员工的努力并为评估改革的成效提供标准，因此校长在确立愿景与目标方面的领导作用至关重要，可以为课程改革提供坚实的基础，推动学校向着更加积极向上的方向发展。

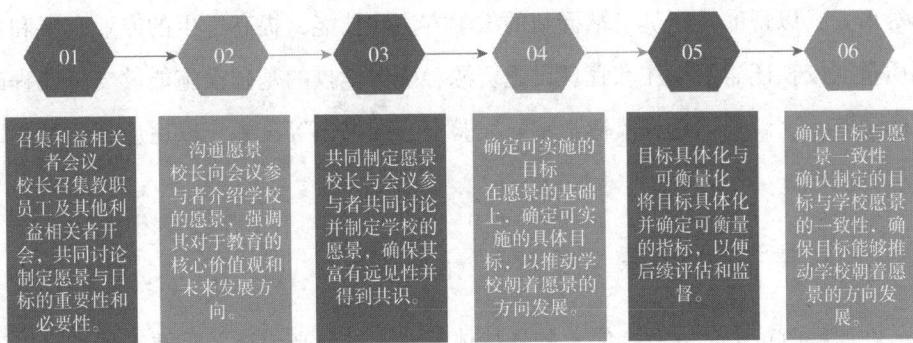

图 2-1-1　校长确立愿景与目标流程图

（二）制订战略计划

在课程改革中校长的角色不仅是提出愿景和目标，还包括制订具体的战略计划，这是实现改革目标的关键一步。校长需要组织学校领导团队和相关教职员工，共同制订改革的详细计划，这个计划应该包括清晰的步骤和时间表，明确每个阶段的任务和目标并确定所需的资源和支持。通过与团队的合作，校长可以确保计划的全面性和可行性。战略计划还需要明确责任分工，校长应该指定责任人或团队负责每个阶段的实施并明确学生的职责和权限，这样可以确保每个任务都有专人负责，提高任务完成的效率和质量。战略计划中也应该包括评估和调整机制，校长需要确立评估指标和评估周期以监测改革进展并及时发现问题，如果发现计划执行中存在偏差或问题，校长需要及时进行调整并与团队共同寻找解决方案确保改革目标不受影响。通过制订详细的战略计划，校长可以带领学校有条不紊地推进课程改革，最大限度地发挥资源的效益，从而实现改革的愿景和目标。

（三）提供资源支持

在课程改革中校长的任务之一是积极提供必要的资源支持以确保改革顺利进行，校长需要关注并争取额外的经费用于支持课程改革，这包括向政府、校友、企业或其他潜在赞助者申请资金以用于更新教材、购置实验设备、提供培训活动等方面。通过增加资金投入，学校可以更好地满足课程改革的需求，提高改革的实施效果。校长需要协调和管理师资资源，确保教职员工有足够的支持和培训来应对课程改革带来的挑战，这包括组织专业培训、邀请外部专家举办讲座或研讨会等形式，以帮助教职员工掌握新的教学方法和技能，提高学生的专业水平和教学质量。校长还需要关注和管理设施资源，确保学校的基础设施能够支持课程改革的实施，这涉及更新或改造教室、实验室、图书馆等设施，以适应新的教学需求和方法。

（四）建立支持体系

在课程改革中建立一个完善的支持体系对于校长来说至关重要，校长可以通过建立培训机制来提供必要的知识和技能支持，这包括组织各种形式的培训活动，如研讨会、讲座、工作坊等，以帮助教职员工掌握课程改革所需的教学方法、评估标准以及课程内容等方面的知识。通过培训，教职员工可以更好地理解和应用新的教学理念和方法，从而更好地参与到课程改革中来。校长还需要建立开放的沟通渠道以促进教职员工之间的交流和合作，这可以通过组织定期的会议、座谈会、工作组等形式来实现。通过畅通的沟通渠道，教职员工可以分享彼此的经验和想法，提出问题和建议，共同探讨解决方案，从而更好地协作推进课程改革的进程。校长还可以设立奖励机制，激励教职员工积极参与课程改革，这可以是物质奖励，如奖金、奖品等，也可以是非物质奖励，如表彰、荣誉称号等。通过奖励机制，校长可以有效地激发教职员工的工作动力和积极性，增强学生参与改革的意愿和投入度。

校长在课程改革中扮演着不可或缺的角色，其领导和决策对于改革的成功至关重要。校长需要确立清晰的愿景与目标，为改革提供明确的方向和目标。校长应制订详细的战略计划确保改革顺利进行，积极提供资源支持，包括经费、师资和设施等方面的支持以保障改革的顺利实施。校长还应建立完善的支持体系，包括培训机制、沟通渠道和激励机制等，以促进教职员工的参与和合作。通过校长的努力与领导，课程改革才能得以稳步推进，为学校的发展注入新的活力与动力。

二、构建领导团队与协作网络

在当今竞争激烈的教育环境中，构建一个强大的领导团队和紧密的协作网络对于学校的发展至关重要，招聘优秀人才、建立合作关系、促进团队合作以及培养领导接班人是校长们在这一过程中面临的重要挑战和任务。应深入探讨这些方面的策略和方法，以帮助校长们更好地构建领导团队与协作网络，推动学校的持续发展。

（一）招聘优秀人才

在当今竞争激烈的教育领域，招聘优秀人才对于学校的发展至关重要，校长需要通过严格的选拔程序来确保招聘到具有丰富经验和专业知识的人才。校长可以通过校内招聘渠道，例如内部推荐或者校园招聘会，来吸引那些对学校使命和愿景有共鸣的候选人。外部招聘也是重要途径，校长可以利用在线招聘平台、社交媒体以及招聘中介等渠道，扩大招聘范围，吸引更多具有潜力和能力的候选人。校长还可以通过专业平台发布招聘信息，例如教育人才网站或行业组织的招聘板块以便吸引在教育领域有专业经验和热情的人才。在招聘过程中除了关注候选人的专业技能和经验外，校长还应特别注重人才的匹配度和团队协作能力。招聘的人才应当与现有团队的文化和价值观相符，以确保其能够顺利融入团队，发挥最大的作用。团队协作能力也是考量招聘人才的重要因素，校长可以通过面试、团队项目演练等方式来评估候选人的团队合作能力。在招聘流程中注重这些方面可以确保招聘的人才能够与现有团队紧密合作，共同推动学校的发展。举例来说，一所学校正在寻找一位教育技术领域的专家加入领导团队，校长可以通过在教育技术论坛发布招聘信息，吸引有丰富教育技术经验的候选人。在面试过程中，校长可以针对该候选人的项目经验、教学理念等方面进行深入探讨，以确保教育技术人才与学校的发展方向和团队协作需求相符合。通过这样的招聘方式，学校可以吸引到优秀的教育技术人才，为学校的技术教学提供更好的支持和推动。

（二）建立合作关系

建立合作关系是学校领导者必须重视的一项战略性任务。通过与其他学校、教育机构和行业组织建立合作关系，学校可以实现资源共享、经验交流和共同发展的目标。与同城其他学校建立教学合作关系是一个重要的途径。通过合作，学校可以共同开展跨学科教学项目，提供更丰富多样的学习体验，激发学生的学习兴趣和创造力。学校之间可以互相借鉴经验，共同探讨教学方法和课程设计，提升教育质量和教学水平。除了与其他学校的合作，与教育机构和行业组织建立合作关系也是一个重要的策略，例如学校可以与教育研究机构合作开展教育科研项目，共同探讨教育理论和实践问题，推动教育创新和发展。与行业组织合作可以为学生提供更多的实习和就业机会，促进学校与社会的紧密联系，使学校教育更加符合社会需求和行业发展趋势。在建立合作关系的过程中校长需要注重建立长期稳定的合作伙伴关系并重视双方利益的平衡，合作关系应建立在互信、互惠和共赢的基础上，充分尊重对方的权益和利益，共同探讨合作项目的目标和实施计划，确保合作的持续性和成果的可持续发展。

（三）促进团队合作

促进团队合作对于校长来说是至关重要的，因为一个团结合作的团队才能有效地实现学校的目标和愿景。内部团队合作是构建强大领导团队的基础。校长应鼓励团队成员之间营造开放、诚信和尊重的沟通氛围以便共同制订战略规划并分工合作，推动学校的改革和发展。通过定期召开团队会议、设立有效的沟通渠道以及建立透明的决策机制，校长可以促进团队成员之间的互动和合作，确保每个人都能发挥其潜力，为学校的发展贡献力量。外部团队合作，可以为学校带来更多资源和支持。校长可以与其他部门、机构或组织建立合作关系，共同开展各类项目或活动，例如可以与当地企业合作开展校企合作项目，为学生提供实习机会和职业发展支持，促进学校与社会的密切联系。校长还可以积极参与教育网络或联盟，与其他学校分享经验和资源，共同探讨教育改革和创新，推动教育事业的发展。为了促进团队合作校长需要具备领导力和团队管理能力，应该激励团队成员参与合作，鼓励发表意见和建议并及时给予反馈和支持。校长还应该注重团队建设，组织团队培训和活动，提升团队成员的合作意识和团队凝聚力以共同应对各种挑战和机遇。

（四）培养领导接班人

在学校领导团队的建设中培养领导接班人是确保学校长期稳定发展的重要战略，校长在这方面扮演着关键角色，需要制订有效的培养计划和提供相应支持。

校长可以通过与潜在接班人的沟通，制订个性化的发展计划，根据其职业目标和发展需求提供指导和支持，这包括明确职业路径、设定发展目标、提供专业培训和资源等方面。为潜在的接班人提供专业培训和实践机会是至关重要的，可以通过安排参与重要项目、提供导师指导、参加领导力发展课程等方式来实现。校长还可以鼓励接班人参加行业研讨会、学术会议等活动，拓宽视野，提升专业素养和领导能力。校长需要给予潜在接班人更多的挑战和责任，让潜在接班人在实践中成长和锻炼，这可以通过逐步增加接班人的工作职责、赋予更多决策权和管理权限等方式来实现。逐步承担更多责任的过程中潜在接班人可以不断提升自身能力，适应未来领导工作的需求。持续的领导接班人培养计划，是保持领导力延续性和稳定性的关键。校长需要关注接班人的成长情况，不断调整培养计划确保其发展与学校的需要相匹配。通过这样的培养计划，学校可以培养出一批具有领导潜质和能力的接班人，为学校未来的发展奠定坚实的基础，实现领导力的平稳过渡和持续发展。

在构建领导团队与协作网络的过程中，校长们需要采取多种策略，招聘优秀人才是基础，校长们应通过严格的选拔程序，吸引具有丰富经验和专业知识的候选人，注重其团队协作能力与学校文化的匹配。建立合作关系可以带来资源共享和共同发展的机会，与其他学校、教育机构和行业组织建立合作伙伴关系至关重要。促进团队内外部合作是必要的，校长们应鼓励团队成员之间营造良好的沟通和合作氛围，与外部合作伙伴积极开展各类项目和活动。校长们应着力培养领导接班人，制订个性化的发展计划，为成员提供专业培训和实践机会，逐步承担更多责任确保领导力的延续和稳定。通过这些努力，学校将能够建立强大的领导团队与协作网络，为学校的长期发展奠定坚实的基础。

三、领导策略与国际视野

在当今急速变革的教育环境中，学校校长扮演着关键的领导角色，领导需要制定并实施一系列领导策略以确保学校跟上时代步伐，适应新的教育需求和发展趋势，这些策略包括制定变革策略、推动创新实践、拓宽国际视野以及推动教育研究。通过这些举措，校长们不仅能够提升学校的教育质量，还能够培养学生的全球竞争力和综合素养。这里深入探讨这些领导策略的具体内容及其重要性。

（一）制定变革策略

在当今快速变化的教育环境中，校长作为领导者需要制定变革策略以引领学校适应新的教育要求和发展趋势。校长应进行全面的情境分析，了解学校的优势、挑战和机遇并与教职员工进行有效沟通，共同识别需要变革的领域和目标。根据这些分析结果，校长可以制定整体的变革愿景和战略，明确变革的重点和方向。校长需要设定明确的目标和时间表，制订具体的行动计划确保变革的顺利推进和有效实施。举例来说，校长可以决定推行项目化学习，为学生提供跨学科的综合学习体验，可以与教师团队合作，制定课程设计和教学方法并提供培训和支持，以确保教师能够适应并应用项目化学习的方法。在变革过程中校长需要不断监测进展，评估变革效果并及时做出调整和改进，以确保变革策略的成功实施。

（二）推动创新实践

作为学校的领导者，校长应积极推动创新实践，促进教育的发展和提高教学质量。校长可以鼓励教师团队积极尝试新的教学方法和教育技术并提供相应的支持和培训。校长还可以创建教师交流平台，定期组织教师分享创新实践的经验和成果以促进教师间的互相学习和启发。校长还应鼓励学生参与创新实践，例如开展科学研究、参与社区服务项目等以培养学生的创造力和解决问题的能力。一个例子是，校长可以引入新的教育科技工具，例如虚拟现实技术，用于学生的实践和探索活动。通过这样的创新实践，学生可以更加直观地体验和理解学术知识并提高学生的学习动力和参与度。

（三）拓宽国际视野

为了培养全球视野和全球竞争力，校长应积极拓宽学校的国际视野，促进国际化教育交流与合作。校长可以与其他国际学校建立合作关系，促进学生间的互访和文化交流，让学生深入了解不同的文化和教育体系。校长还可以邀请国际教育专家来学校举办讲座或工作坊，为教师提供国际化教育的专业培训和支持。校长还可以积极参与国际教育组织、学术会议等活动，提升学校的国际影响力和声誉。举例来说，校长可以与国际学校组织合作，开展联合项目，例如双语学习项目或文化艺术交流项目，为学生提供更广阔的国际交流平台，培养学生的跨文化沟通和合作能力。

（四）推动教育研究

作为学校领导者，校长应重视教育研究的推动，鼓励教师参与研究活动并促进实践经验与理论知识的结合。校长可以设立专门的教育研究机构或中心，支持教师进行研究项目，提供研究经费和资源。校长还可以鼓励教师参与学术会议、发表研究论文，与其他学校和研究机构进行学术交流，为学校教育改革和发展提供理论指导和实践借鉴。举例来说，校长可以与大学教育系合作，开展教育研究项目，探讨新的教育理念和方法并将研究成果应用于学校的实践中以提升教育质量和学生综合素养。

制定变革策略、推动创新实践、拓宽国际视野和推动教育研究是学校校长在面对快速变化的教育环境时的关键任务。通过这些策略，校长能够引领学校实现持续发展，促进教育的创新和提高教学质量，培养学生具备全球视野和综合素养。这些举措不仅有助于学校应对未来的挑战，也为学生的未来成功奠定了坚实的基础。

四、培养领导力与创新意识

在当今快速变化的教育环境中，培养领导力与创新意识已成为学校发展的重要任务之一。为了让教职员工在面对不断涌现的挑战时能够勇敢地领导与创新，学校需要采取一系列有针对性的举措。这里探讨如何通过提供专业培训、建立反馈机制、激励创新行为以及塑造创新文化来有效地培养教职员工的领导力与创新意识。

（一）提供专业培训

为了培养领导力与创新意识，学校可以提供各类专业培训，帮助教职员工不断提升自身能力和技能。这种培训可以涵盖领导力发展、创新方法、团队合作等方面，例如，学校可以邀请专业的领导力培训机构或教育专家来为校长和教师提供系统的领导力课程，教授如何有效地管理团队、激励员工并处理挑战。学校还可以组织创新工作坊，让教师学习最新的教学方法和教育技术，激发教师的创新思维和实践能力。通过这样的专业培训，教职员工能够更好地应对日常工作中的挑战，积极参与学校的发展与变革。

（二）建立反馈机制

建立反馈机制是培养领导力与创新意识的重要举措，其核心在于为教职员工提供及时、准确的反馈以帮助了解自身表现并促使改进与成长。在这一过程中学校可以采取多种方式来建立反馈机制。定期进行 360 度评价是一种有效的方式。通过这种评价方式，教师和管理人员可以收到来自同事、下属和上级的匿名评价，了解在不同角色下的表现和影响力，从而发现自身的优势和改进空间。建立定期的个人发展计划也是重要的一环。在这个过程中教职员工可以与领导共同制定个人目标和发展计划，明确所需的技能和能力以及达成这些目标的具体步骤和时间安排，这样一来，教职员工就能够在领导力和创新意识方面不断成长和提升，为学校的发展贡献更多的力量。

（三）激励创新行为

激励创新行为对于学校的发展至关重要，学校可以采取多种措施来鼓励教职员工展现创新精神。学校可以建立一个创新奖励计划，定期评选出在教学、管理或学校发展方面做出突出贡献的个人或团队，这些奖励可以包括奖金、证书、奖章等形式并给予公开的认可和表彰，激励其他教职员工也投身于创新之中。学校可以为教师提供创新项目的资金支持和资源，这些资源可以用于开展教学研究、实践项目或者组织创新活动，例如提供研究经费、实验室设备、技术支持等以帮助教师实现创新想法并将其付诸实践。学校可以营造一种鼓励创新的文化氛围，让教职员工感受到的创新行为受到欢迎和重视，这包括在教学和管理中容忍失败，鼓励尝试新方法并为实验性的创新提供支持和理解。学校可以定期举办分享会或者发布创新成果的通讯，让教职员工有机会分享自己的创新经验和成功案例，这不仅可以激励他人也加入创新的行列，还能够建立起相互学习、共同进步的氛围。学校可以组织专门的培训、研讨会或参与行业会议以帮助教职员工获取最新的教育技术、教学方法和管理理念，激发他们的创新意识并提升专业水平。

（四）塑造创新文化

学校塑造创新文化是为了激发教职员工的创造力和想象力，从而推动学校的持续发展和进步，为了营造这样的文化氛围，学校可以采取多种措施。学校可以组织定期的创新活动或比赛，为教师和学生提供展示自己创意和创新成果的平台，这些活动可以包括创意大赛、科技展览、艺术节等，让教职员工有机会分享的创新想法和实践成果，激发更多的灵感和想法。学校领导可以通过言传身教的方式，示范和倡导创新思维和实践。领导者可以鼓励教职员工不断挑战现状，勇于尝试新的方法和理念，提供必要的支持和鼓励，例如领导者可以分享自己的创新经验和故事，激励他人也加入创新的行列。学校可以建立一个开放、包容的工作环境，让教职员工敢于提出新的想法和建议，无论是在教学上还是管理上。学校领导应该鼓励员工勇于表达自己的观点并认真倾听和考虑，为他们提供实现创新想法的机会和资源。学校可以设立专门的创新基金或奖励机制，为教职员工提供资金支持和奖励，鼓励积极参与到创新实践中。这样一来，教职员工就会感受到自己的创新行为受到重视和认可，从而更加积极地投入创新工作中。

通过提供专业培训，建立反馈机制，激励创新行为以及塑造创新文化，学校能够有效地培养教职员工的领导力与创新意识。这些举措不仅有助于教职员工在日常工作中更好地应对挑战，还能够激发他们的创造力和想象力，推动学校持续发展与进步，因此学校应该致力于营造一个积极向上、鼓励创新的文化氛围，为教职员工的成长与发展提供有力支持。

第三节　课程改革的策略规划

一、设定课程改革的目标与方向

课程改革是教育发展中的重要环节，而设定清晰的目标与方向则是确保改革成功的关键一步。在这个过程中长期和短期目标的明确性至关重要，为改革提供了清晰的方向和引导。确定合适的改革方向也至关重要，它涉及课程设置、教学方法以及评价体系等多个方面的选择。这里探讨如何确立课程改革的目标并确定适合学校和学生群体的改革方向，以提高改革的针对性和实效性。

（一）确立目标

在设计课程改革目标时，关键是确保明晰长期和短期目标，以便为改革提供清晰的方向和引导。长期目标应该是对学生全面素养的追求，包括但不限于综合素质、学科专业性以及创新思维的培养。短期目标则集中在特定学科的教学效果改善、学生参与度提高等方面，这种目标的层次结构使得课程改革更具有系统性和可操作性。举例来说，长期目标涵盖学生跨学科综合能力的培养，这需要培养学生的批判性思维、团队协作能力和实际问题解决能力。而在短期内，可以设定目标，如在某一学科领域加强学生的创造性思维，通过特定教学方法激发学生对知识的兴趣，提高解决学科问题的能力。设定课程改革的目标的核心在于确保学生在学习过程中获得全面的发展，这包括学科知识的广度和深度，也关注学生在学科之间的综合能力，这些目标的制定应该充分考虑学生的未来需求，使其具备在不同领域中成功应对挑战的能力。通过确立这样的目标，课程改革将更有针对性，有助于促使学校、教育者和学生共同努力，取得实质性的成果。这样的目标设定，能够激发学校和教师的积极性，推动教育的不断创新和进步。

（二）确定方向

确定课程改革的方向至关重要，它指引着改革的路径和方式，涉及课程设置、教学方法、评价体系等多个方面的选择。在确定方向时需要考虑学校的整体定位、学生的需求以及教育发展的趋势以确保改革的针对性和实效性。一个方向是注重跨学科融合。随着社会的发展和知识的不断更新，学科之间的边界变得日益模糊。跨学科融合能够促进知识的综合运用和创新思维的培养，有利于学生全面发展，因此在课程改革中可以加强不同学科之间的整合，设计跨学科的课程和项目，培养学生的综合素养和跨学科思维能力。另一个方向是强调实践与应用能力培养。传统的教学往往侧重于理论知识的传授，而缺乏实践操作和应用能力的培养，因此课程改革可以重点关注实践性教学，提供更多的实践机会和项目任务，让学生通过实际操作来巩固知识、培养技能并锻炼解决问题的能力。强化信息技术教育也是一个重要的方向。随着信息技术的发展，教育方式和手段正在发生深刻变革。课程改革可以充分利用信息技术，创新教学模式，提供个性化学习的平台和工具以满足学生多样化的学习需求，促进学生自主学习和创新能力的培养。举例来说，如果学校的目标是培养学生的创新能力和团队合作精神，那么课程改革的方向是将跨学科合作和项目式学习融入课程中。通过跨学科的项目，学生可以在实践中探索和解决问题，培养创新思维和团队合作能力。这种方向的选择与学校的目标紧密相连，有助于实现课程改革的目标并提升学生的综合素养。

设定课程改革的目标与方向是推动教育不断创新和进步的关键步骤。在确立目标时需要明晰长期和短期目标以确保学生在学习过程中获得全面的发展。确定改革方向时需要考虑学校整体定位、学生需求以及教育发展趋势以确保改革的针对性和实效性。跨学科融合、实践与应用能力培养以及信息技术教育的改革方向，有助于促进学生综合素养的提升和创新能力的培养。通过设定清晰的目标与方向，课程改革将更有针对性地推动学校、教育者和学生共同努力，取得实质性的成果。

二、课程改革的规划与实施步骤

课程改革是教育体系不断发展的必然要求，而其成功实施离不开深入的调研分析、明确的规划和切实可行的实施步骤。探讨课程改革的规划与实施步骤，强调了在改革过程中首要的调研分析阶段。通过全面了解当前课程存在的问题和需求，课程改革能够更有针对性和科学性，确保其朝着符合学生、教师和社会期望的方向发展。这里将以调研分析为起点，深入探讨制订计划和实施方案的关键步骤，以确保课程改革的成功推进。

（一）调研分析

在进行课程改革之前，需要进行调研分析以全面了解当前课程存在的问题和需求，这包括对学生的学习状况、教师的教学水平、课程设置的合理性等方面的调查和分析。通过调研分析，可以为课程改革提供具体的参考依据和数据支持，确保改革方向的科学性和针对性。举例来说，可以通过学生问卷调查、教师座谈会、课程评估等方式，收集学生、教师和家长的意见和建议，了解对当前课程的认知和期望。也可以对学生的学习成绩、学科竞赛情况等进行分析，发现课程存在的问题和不足之处。

（二）制订计划

在完成调研分析后，接下来需要制订课程改革的详细计划，这包括确定改革的目标、具体的改革内容和时间安排以及相关资源的配置等。制订计划时需要充分考虑学校的实际情况和资源条件确保计划的可行性和有效性，例如可以根据调研结果确定改革的重点和优先领域，制定针对性的改革目标和具体措施。也需要确定改革的时间节点和阶段性目标，合理安排改革的实施步骤和时间表。还需要考虑相关资源的调配和支持，包括人力、物力、财力等以确保改革计划的顺利实施。

（三）实施方案

制订好改革计划后，接下来就是实施具体的改革方案，这包括组织教师培训、更新教学设施、调整课程设置等方面的具体措施。在实施方案时需要充分考虑教师和学生的需求和参与，加强与家长和社会的沟通和合作，共同推动改革的顺利实施。例如可以组织针对性的教师培训，提升教师的教学水平和改革意识；更新教学设施，配备先进的教学设备和教材资源；调整课程设置，引入跨学科融合和实践性教学等新模式。通过这些具体措施的实施，可以有效推动课程改革的落地和实施，提高教育教学的质量和水平。

课程改革的规划与实施是一项复杂而重要的任务，其成功取决于深入的调研分析、明确的计划和切实可行的实施方案。通过对学生、教师和课程的全面了解，能够确定改革的优先领域和目标。随后制订详细计划，明确改革的内容、时间表和资源配置确保改革计划的可行性。通过实施方案，包括教师培训、设施更新和课程调整等具体措施，促使课程改革的顺利实施。调研分析、制订计划和实施方案三者紧密相连，构成了一体化的课程改革策略，为教育体系的不断进步奠定了坚实基础。

三、资源分配与优先级设置

课程改革是提升教育质量、培养学生综合素质的关键措施之一，而其成功实施离不开对学校现有资源的科学评估与优先级设置，以及多方合作的有力支持。这里深入探讨在课程改革中的资源分配与优先级设置的重要性以及多方合作在改革中的不可或缺的角色。

（一）资源评估

资源评估是课程改革的基础，通过对学校现有资源的仔细审查和评估，为制订科学合理的改革方案提供关键信息。人力资源方面的评估至关重要。学校需要分析教师的专业背景，了解其专业领域和教学经验。对教师的培训需求也应进行全面考察以确保具备适应新课程要求的能力和技能，例如如果引入了新的教学方法或技术，那么培训教师以适应这些变化将变得尤为重要。在物力方面的评估涵盖了教学设施、教材资源和技术设备的全面审查。学校需要确保教室和实验室等教学场所的充足性和安全性，评估教材的适用性和更新情况。技术设备的现状和可用性也需要被纳入考虑，特别是在数字化教学方兴未艾的今天，学校是否具备足够的技术支持对于课程改革的成功实施至关重要。在财力方面的评估将直接影响到改革的可行性。学校管理层需要对学校的财务状况进行全面了解，确保有足够的经费用于改革项目。预算的合理安排和资金的灵活运用也是关键因素，可确保资源得以最大化利用。

（二）优先级设置

在资源评估的基础上，学校需要制定优先级设置以确定课程改革中的重点领域和任务，这一过程涉及多方面因素的考量，包括改革的紧迫性、重要性和可行性以及学校的发展方向和学生、教师的需求。学校可以根据调研结果和学生的学习需求确定优先改革的领域，例如，调研发现学生在某一学科的学习成绩普遍较低，那么提升这一学科的教学质量成为优先改革的重点。学校也可以结合社会发展趋势和行业需求，选择与之相关的课程进行优先改革以提高学生的竞争力和就业能力。学校还需考虑教师的能力和培训需求。如果教师在某一领域的专业水平较低，那么提升的教学水平成为优先改革的任务之一。学校也可以通过提供针对性的培训和支持，激发教师的创新意识和改革动力，推动改革工作的顺利实施。学校需要考虑改革的可行性和资源的分配情况。在确定优先级时，必须充分考虑到学校现有资源的限制和分配情况，确保改革工作能够顺利进行，如果学校财力有限，那么可以选择优先改革一些成本较低但影响较大的领域，以最大限度地发挥资源的效益。

（三）多方合作

课程改革的成功实施需要来自各方的积极参与和合作。多方合作是确保改革工作顺利进行的关键。学校管理层在改革中扮演着重要的角色，需要提供资源和政策支持，为改革提供组织保障和指导。管理层的领导决策能够为改革工作提供必要的支持和动力，促使改革方案的顺利实施。教师团队的积极参与至关重要。是改革的执行者和推动者，直接影响着改革的质量和效果。教师需要积极配合和参与改革工作，提升自身的教学水平和专业素养，不断改进教学方法和手段以适应新的课程要求。学生家长的理解和支持也是至关重要的。家长是学生的第一任教育者，对学校的改革举措持有的态度直接影响着学生的学习态度和效果。因此学校需要积极与家长沟通，解释改革的意义和目的，争取理解和支持，共同推动学生的发展和进步。地方政府和相关社会组织的支持也是课程改革成功的重要保障。地方政府可以提供政策支持和资源保障，为学校的改革工作提供必要的政策和法律保障；相关社会组织可以提供专业支持和资源共享，为学校的改革提供更广阔的平台和资源。

综合考虑人力、物力和财力三方面的资源评估，学校能够为制订科学合理的改革方案提供坚实基础。优先级设置则进一步确保改革工作的有序进行，根据紧迫性、重要性和可行性等因素明确改革的重点领域和任务。然而这一切的成功离不开多方合作的积极参与。学校管理层、教师团队、学生家长以及地方政府和社会组织等各方的共同努力将为课程改革注入新的活力，推动改革取得实质性成果。通过这种综合而有序的合作模式，学校将更好地应对教育发展的新挑战，培养更具创新力和竞争力的学生。

四、制定可持续发展的课程策略

在当今快速变化的社会背景下，教育体系需要不断调整和改进课程以适应学生的需求和新的挑战。持续改进、教师培训以及吸纳反馈是制定可持续发展的课程策略的关键组成部分。通过这些策略，学校可以确保课程内容和教学方法与时俱进以提高教育质量并实现教育目标。

（一）持续改进

持续改进是教育体系中保持活力和适应性的关键。随着社会的不断变化，课程设计需要与时俱进，不断调整以满足学生的需求和应对新的挑战。为实现这一目标，学校可以建立一套定期的课程评估机制确保对课程的全面审查，这包括收集学生、教师和家长的反馈意见以了解对当前课程的看法和建议。例如，在每学期结束时学校可以组织教师会议，邀请学生参与座谈以深入了解教学活动中的挑战和亮点。通过分析这些反馈信息，学校可以及时发现课程的实际效果和存在的问题。这种信息驱动的反馈系统将使学校能够灵活地调整课程内容和教学方法，以确保其与学生的需求和教育目标保持一致。在这个过程中学校可以采用先进的技术工具，例如在线调查和虚拟会议，以便更广泛地收集意见并加强参与度。借鉴其他学校和国际先进经验是持续改进的另一个关键因素。学校可以主动开展校际交流和合作，共同研究最佳实践，例如，学校可以与同一城市或其他地区的学校建立合作关系，分享成功经验和教训，这样的合作不仅有助于解决共同面临的问题，还能够激发创新思维，为课程发展提供新的思路和方向。

（二）教师培训

教师培训对于提高课程质量和教学效果至关重要。教师作为课程实施的关键角色，其专业水平和教学技能直接决定了学生的学习成果，因此学校应该为教师提供持续的专业培训和发展机会以帮助不断提升自身的能力和素养。学校可以组织各种形式的教师培训活动，涵盖课程设计、教学方法、评估技巧等方面的内容。这些培训可以是研讨会、讲座、研究小组或工作坊等形式，旨在向教师介绍最新的教育理念、教学策略和评估方法。通过这些培训，教师可以了解到前沿的教育理论和实践，从而更好地指导学生的学习。学校可以邀请资深的教育专家或行业领军人物来进行培训，这些专家可以分享自己的成功经验、教学技巧和最佳实践，为教师提供宝贵的指导和启示。通过与专家的互动和交流，教师可以汲取更多的教学智慧，拓宽自己的教学视野，提升自身的教学水平。学校还可以建立教师交流平台，为教师提供一个分享经验、交流观点的机会，这可以是线上或线下的平台，例如教师专业发展社区、教学沙龙或教学研讨会等。通过这些平台，教师可以互相学习、相互支持，共同成长。可以分享自己的教学经验、教学资源和教学成果，讨论教学中的难题和挑战，共同探讨解决方案，从而不断提升教学质量。

（三）吸纳反馈

吸纳反馈对于课程的持续发展至关重要。学校应该确立健全的反馈机制以便及时收集、分析并应用学生、教师和家长的反馈意见，这样可以更好地了解他们的需求和期望，并将这些反馈纳入课程改进的过程中。学校可以通过定期组织课程评估调查来收集反馈意见，这些调查可以涵盖课程设置、教学质量、教材选择等方面。通过向学生和家长发放问卷或进行面对面的访谈，学校可以收集到多样化的反馈意见。而根据这些反馈，学校可以及时调整课程内容和教学方法以满足学生和家长的需求，提高课程的针对性和实效性。学校还可以建立学生代表会和家长委员会，作为反馈意见的渠道之一，这些代表会和委员会可以定期召开会议，就课程改革和发展提出建议和意见。通过这样的机制，学校可以更直接地听取学生和家长的声音，了解到真实需求并采取相应的措施进行改进。学校还应该建立一个有效的反馈分析系统，以确保收集到的反馈意见得到充分的分析和利用。通过对反馈意见进行系统性的整理和分析，学校可以发现课程存在的问题和不足之处并及时采取措施进行改进，这样可以保证课程的持续发展并提高学生的学习体验和学习成效。

制定可持续发展的课程策略是教育体系保持活力和适应性的关键。持续改进、教师培训和吸纳反馈是实现这一目标的重要手段，有助于提高教育质量，实现教育目标，促进学生的全面发展。

第四节　创新课程的研发

一、课程内容与结构的创新设计

当今社会变化迅速，传统教育模式已经无法满足学生应对未来挑战的需求，因此课程内容与结构的创新设计变得至关重要。这里探讨三种创新设计方法：引入现代前沿理论和思维模式、跨学科融合与交叉连接以及项目式学习和问题导向教学。这些方法旨在培养学生的创新能力、批判性思维和实际解决问题的能力，为其未来的发展奠定坚实基础。

（一）引入现代前沿理论和思维模式

在当今快速发展的社会中，传统的科学教育已经不能满足学生应对未来复杂挑战的需求，因此，在课程设计中着力引入现代前沿理论和思维模式，旨在培养学生的创新能力和批判性思维。举例而言，在科学课程中不仅关注传统的科学知识传授，还要引入系统思维和设计思维。系统思维使学生能够从整体的角度看待问题，理解事物之间的相互关系和影响，而非孤立地记忆零散的知识点。通过系统思维的培养，学生将能够更全面地理解科学现象，并能够将这一理解应用到解决实际问题的过程中。注重培养学生的设计思维，从科学问题的角度出发，尝试寻找创新性的解决方案。设计思维强调通过不同的角度和方法来解决问题，培养学生的创造力和实际应用能力。通过在科学课程中融入设计思维，期望学生不仅能够理解科学理论，还能够将其灵活运用，提出新颖而切实可行的解决方案，这样的课程设计不仅有助于学生更深入地理解科学知识，还能够激发他们的创造力和解决问题的主动性。培养学生具备系统思维和设计思维的能力将有助于他们更好地适应未来社会的快速变化和不断涌现的复杂问题，因此引入现代前沿理论和思维模式是课程创新中的一项关键策略，可为学生提供更为全面而有深度的教育体验。

（二）跨学科融合与交叉衔接

跨学科融合与交叉连接是现代教育中日益重要的一环，它能够为学生提供更加综合和全面的学习体验，促进在不同领域之间的思维转换和知识应用。设计一门"科技与艺术"的课程正是这种跨学科融合的典型例子。通过将计算机科学和艺术设计两个看似截然不同的领域结合起来，学生将有机会探索科技与艺术之间的奇妙联系。在这样的课程中学生可以通过学习编程技能，利用计算机科学的方法和工具来创作艺术作品，例如，可以利用编程语言和图形设计软件来生成视觉艺术作品，或者通过交互式媒体来展现艺术概念。学生也可以通过艺术作品来表达科技的思想和概念。可以通过绘画、雕塑、音乐等艺术形式来呈现科技的发展历程、未来愿景或者对社会和环境的影响，从而将抽象的科技概念转化为观众能够理解和感受的形式，这样的跨学科课程不仅有助于拓宽学生的学科视野和知识领域，还能够培养他们的创新能力和批判性思维。学生在跨学科学习的过程中将不断面临来自不同学科领域的挑战和问题，需要运用多种思维方式和方法来解决，从而提高他们的综合素养和解决问题的能力。

(三) 项目式学习和问题导向教学

项目式学习和问题导向教学是一种注重实践和应用的教学方法，旨在培养学生的实际解决问题的能力和团队协作意识。在社会科学课程中应充分采用这两种方法以激发学生的兴趣、提高学科理解，并培养他们的独立思考和解决问题的技能。通过项目式学习，学生有机会在一个较为真实和复杂的背景下进行学习，参与到一个完整的项目中。以社会科学为例，可以组织学生进行社会调查或实地考察。可以选择感兴趣的社会问题，深入实地进行研究，收集数据，分析问题的根本原因，最终提出解决方案，这不仅让学生将理论知识应用到实践中，还能够培养他们的独立研究和解决问题的能力。问题导向教学使学生从问题出发，在解决问题的过程中深入学习相关知识。在社会科学课程中可以设定具体的问题情境，要求学生通过研究和分析，提出解决方案，例如可以探讨社会不平等、环境问题等议题，激发学生思考社会现象背后的原因和影响，培养对社会问题的敏感性和责任感。通过这两种教学方法，学生将不仅是知识的接受者，更是实践者和问题解决者。在解决实际问题的过程中，培养批判性思维、团队协作和创新能力，这样的学习经历将为学生提供更深刻的理解和更丰富的经验，使他们更好地应对未来社会和职业挑战。

通过引入现代前沿理论和思维模式，课程设计能够更好地培养学生的创新能力和批判性思维；跨学科融合与交叉连接可以拓宽学生的学科视野和知识领域，促进其综合素养的提升；而项目式学习和问题导向教学则能够激发学生的兴趣，培养其独立思考和解决问题的能力。这些创新设计方法共同助力学生更好地适应未来社会的变化和挑战，成为具有创造力和实践能力的全面发展的个体。

二、整合跨学科与实践学习

在现代教育中整合跨学科与实践学习已经成为提高学生综合素养和应对复杂问题能力的重要手段，跨学科项目团队合作、社会实践与行业合作以及跨界课程融合等措施，为学生提供了更加丰富和深入的学习体验，促进了理论知识与实践技能的有机结合。这里探讨这些措施的具体实施方式以及对学生学习和发展的积极影响。

（一）跨学科项目团队合作

在现代教育中跨学科项目团队合作是一种有效的学习方式，能够将不同学科领域的知识和技能有机地结合起来，培养学生的综合素养和团队合作能力，例如，可以组建一个由理工科、人文科学和艺术设计等不同专业背景的学生组成的团队，共同解决一个复杂的问题或开展一个跨学科项目。比如，一个关于城市可持续发展的项目可以结合工程技术、社会学、经济学等多个学科领域，通过团队合作完成城市规划设计、社区调查和可持续发展方案的制订。

（二）社会实践与行业合作

社会实践与行业合作是现代教育的重要组成部分，它为学生提供了与实际工作环境接轨的机会，促进了理论知识与实践技能的有机结合。在商科课程中学生参与企业实习项目是一种典型的社会实践与行业合作方式。通过实习，学生能够深入了解企业的运作模式、市场需求以及行业发展趋势，将课堂所学的理论知识与实际工作情境相结合，加深对商业管理、市场营销等课程内容的理解和应用。例如一名学生在市场营销课程中学习了市场调研的方法论，在实习中便有机会将这些理论应用于实际项目中，通过参与实地调研、分析竞争对手、制定营销策略等实践活动，学生不仅加深了对课程内容的理解，还培养了解决问题的能力、团队合作意识和沟通技巧，为未来的职业发展奠定了坚实基础。因此社会实践与行业合作为学生提供了丰富的学习机会，有助于他们更好地适应和融入职场环境，提升就业竞争力。

（三）跨界课程融合

跨界课程融合是一种创新的教学模式，旨在打破学科间的界限，促进不同领域知识的交流与整合。通过将多个学科领域的知识和技能有机结合，跨界课程能够为学生提供更加综合和全面的学习体验，培养其创新能力和跨学科思维。举例来说，开设一门名为"科技与艺术创新"的跨界课程，可以将计算机科学、艺术设计和创意思维等多个学科内容融合在一起。在这门课程中，学生将有机会探索科技与艺术的交汇点，通过实践性的学习活动培养创新意识和跨学科思维。比如学生可以通过学习编程技能，利用计算机科学的方法和工具来创作艺术作品，如生成艺术、交互装置等。也可以通过艺术作品来表达科技的思想和概念，例如利用虚拟现实技术展现科学实验场景或数据可视化艺术呈现。通过跨界课程的学习，学生不仅能够拓宽自己的学科视野，还能够培养创新能力和解决问题的能力。跨界学习的过程中学生将面临来自不同领域的挑战和问题，需要运用多种思维方式和方法来解决，从而提高其综合素养和适应能力。

跨学科项目团队合作、社会实践与行业合作以及跨界课程融合是现代教育中重要的实践措施，有助于打破学科间的界限，促进不同领域知识的交流与整合。通过这些措施，学生能够在实践中应用所学知识，培养团队合作能力和创新思维，提高综合素养和就业竞争力，因此教育机构和教育者应积极推动跨学科与实践学习的深入实施，为学生提供更加丰富和多样化的学习体验，助力其全面发展与成长。

三、利用技术推动课程创新

在当今教育领域，技术的迅速发展为课程创新提供了丰富性。其中虚拟现实（VR）和增强现实（AR）技术、在线协作平台与远程教学工具以及数据分析与人工智能支持等工具和方法，正日益受到教育者和学者的关注。这些技术不仅为教学提供了新的方式和工具，更重要的是为学生带来了全新的学习体验和机会。这里探讨这些技术在课程创新中的应用，并就其对教学和学习的影响进行分析和总结。

（一）虚拟现实（VR）和增强现实（AR）应用

虚拟现实（VR）和增强现实（AR）技术是当今课程创新中备受瞩目的工具。为学生提供了一种沉浸式的学习体验，让他们能够以全新的方式探索课程内容。在生物学领域，学生可以通过 VR 技术仿佛置身于人体细胞内部，透过微观视角直观地观察细胞器的结构和功能，这种亲身体验不仅使得抽象的概念变得具体可见，还能够激发学生的好奇心和学习动力。而在历史课程中，AR 技术的运用则为学生提供了一次时光穿越的机会。通过 AR 技术，学生可以将古代建筑、文物等物体投射到现实场景中仿佛置身于历史现场，目睹历史事件的发生，感受历史文化的魅力，这种身临其境的体验不仅使得历史课程更加生动有趣，还能够加深学生对历史事件和文化背景的理解和记忆。因此 VR 和 AR 应用为课程注入了新的活力，提升了课程的趣味性和互动性，从而激发了学生的学习兴趣，促进了知识的深入理解和应用。

（二）在线协作平台与远程教学工具

随着网络技术的飞速发展，在线协作平台和远程教学工具正成为课程创新的关键支持，这些工具的出现为学生和教师提供了更便捷、高效的合作与学习方式。通过在线协作平台，学生可以在不同的时间、地点与同学共同编辑文档、制作演示文稿，开展小组项目，实现远程实验操作和小组讨论，这种互动不仅促进了团队合作和学习效率，也培养了学生的协作能力和沟通技巧。另一方面，远程教学工具如视频会议软件使得教师与学生之间的实时互动成为可能，无论学生身在何处都能参与课堂教学，打破了地域限制，这种灵活性不仅为学生提供了更多学习机会，也为教师提供了更多教学方式。总的来说，在线协作平台和远程教学工具的使用不仅拓展了课堂教学的边界，提高了教学效率和灵活性，也为学生创造了更加丰富多样的学习体验。

（三）数据分析与人工智能支持

数据分析与人工智能技术在课程创新中扮演着重要角色，为教学提供了精细和个性化的支持。通过收集和分析学生学习行为数据，教师可以深入了解学生的学习需求和困难点，有针对性地调整教学内容和方法，例如通过学习管理系统的数据分析，教师可以发现学生在特定知识点上的表现较差，或者某些学生的学习进度明显落后。基于这些数据，教师可以及时采取措施，例如提供额外辅导、调整教学策略以帮助学生更好地理解和掌握知识。人工智能技术也可以根据学生的学习行为和反馈，生成个性化的学习建议和推荐资源。通过分析学生的学习轨迹、兴趣爱好以及学习偏好，人工智能系统可以为每名学生量身定制适合其学习风格和水平的教学内容和资源，从而提高学习的效果和效率，因此数据分析与人工智能支持不仅可以提供更加精准和个性化的教学指导，也能够提升学生的学习体验和学习效果，为课程创新注入了新的活力。

虚拟现实（VR）和增强现实（AR）技术为学生提供了沉浸式的学习体验，使得抽象的概念变得具体可见，激发了学生的学习兴趣和动力。在线协作平台与远程教学工具拓展了教学的边界，促进了学生的团队合作和学习效率，打破了地域限制，为学生提供了更多学习机会。数据分析与人工智能支持则为教师提供了精准和个性化的教学指导，提升了学生的学习体验和效果。利用技术推动课程创新不仅丰富了教学方法和手段，也提升了教学质量和学习效果，为教育领域的发展注入了新的活力。

四、课程评估与持续改进

随着教育理念的不断演变和社会需求的提升，课程评估与持续改进成为教育体系中不可或缺的一环。为了培养学生全面发展的能力，迫切需要建立更为全面和多维度的评价体系，摒弃传统侧重考试成绩的方式。这里围绕多维度评价、实时反馈与个性化指导以及教师团队的专业发展与交流这三个方面，探讨如何在课程设计和实施中不断追求卓越。

（一）多维度的评价体系建立

在推动课程创新的过程中，建立多维度的评价体系是至关重要的一环。传统的评价方式往往侧重于考试成绩，而现代教育注重培养学生的综合能力，因此多维度评价体系应包括学科知识的掌握、实际问题解决能力、创新思维、团队协作等多方面。举例而言，在科学课程中学生除了需要掌握基础知识，还应该参与科学实验、分析实验结果并能提出自己的独立见解，这样的多维度评价有助于全面了解学生的学业表现，从而更好地指导课程改进和学生发展。

（二）实时反馈和个性化指导

课程评估需要更加注重实时反馈，使教师和学生能够及时了解学习进展和问题。通过在线平台、即时测验和互动工具，教师可以收集学生的实时数据并据此调整教学策略。举例来说，一位教师在课堂上使用在线投票工具，快速了解学生对某一概念的理解程度，然后根据结果调整接下来的讲解或深化讨论。个性化指导也变得更为可行。通过学生的学习数据，教师可以为每名学生提供定制的学习建议，帮助他们更好地发挥自己的优势和克服学习障碍。

（三）教师团队的专业发展和交流

为了持续改进课程，教师团队的专业发展和交流是不可或缺的。定期的专业培训、研讨会和教学观摩可以促使教师了解最新的教育理念和方法。举例而言，一个学校设立了定期的教学沙龙，鼓励教师分享成功的教学实践，交流经验和教训，这样的专业交流有助于激发教师的创新精神，共同探索更有效的教学策略，进而提升整体课程质量。通过营造一个积极的专业发展和交流氛围，教师团队能够共同成长，为课程创新提供更为坚实的基础。

多维度的评价体系建立、实时反馈与个性化指导以及教师团队的专业发展与交流是构建卓越课程的重要组成部分。通过这些措施，能够更好地了解学生的学业表现，及时调整教学策略，不断提升教师团队的专业水平，推动课程的持续改进，在不断追求卓越的过程中能够更好地满足学生的需求，培养出更具综合素养的人才。

第二章　构建支持性的学习环境

第一节　物理空间与虚拟学习空间的设计

一、创造灵活多功能的学习环境

在当今教育领域，创造灵活多功能的学习环境已成为学校建设的重要方向之一。通过设计可变动的布局与家具、提供多样化的学习资源以及考虑学生需求与人性化设计，学校可以打造一个更加适合学生学习和成长的环境。就这些方面展开讨论，探索如何构建一个支持性和包容性的学习环境。

（一）设计可变动的布局与家具

在设计可变动的布局与家具方面，关键在于创造一个灵活多功能的学习环境以适应不同的教学需求和学习方式。教室的布局应该能够根据具体课程的特点进行调整，从而营造更为适宜的学习氛围。比如在一堂讨论性质的课程中可以采用圆桌式的座位布置，鼓励学生之间的互动和交流；而在一节实验课上，教室的布局需要更为宽敞以容纳实验设备和学生的活动空间。通过使用可调整高度和移动式的家具，教室的布局可以更加灵活以适应不同学科的教学需要。例如桌子和椅子可以根据需要进行调整以满足学生不同身高的需求，或者在需要合作时轻松移动以形成小组学习的空间。这样的设计能够增强学生的参与感和学习效果，创造一个更加活跃和富有创造力的学习环境。

（二）提供多样化的学习资源

在教育环境中提供多样化的学习资源是培养学生积极性和探索精神的关键，这些资源包括但不限于图书馆、实验室和数字化平台等，为学生提供了广泛而深入的学习机会。图书馆是学校不可或缺的资源之一。通过设立数字化图书馆，学生可以轻松获取电子书籍、学术论文以及各种多媒体资料，而无须受制于传统图书馆的开放时间和实体书籍，这样的资源丰富了学生的学习内容，拓展了他们的知识范围，激发了他们的求知欲。实验室的建设与配备对于培养学生的实践能力和科学精神至关重要。一个设备先进、资源丰富的实验室能够为学生提供良好的实验环境，鼓励进行实践探究和科学探索。通过动手操作和实地实验，学生不仅可以加深对理论知识的理解，还可以培养观察、实验设计和问题解决的能力，使学习更为丰富和实用。数字化资源也是学生学习过程中不可或缺的一部分。通过数字化平台，学生可以获得各种在线课程、教学视频、模拟实验等资源，获得随时随地的学习机会。这样的学习资源不仅丰富了学生的学习内容，还提供了多样化的学习方式和学习路径，满足了不同学生的学习需求和兴趣。

表 2-1-1　提供多样化的学习资源在教育中的重要性

学习资源	特点与优势
图书馆	提供丰富的纸质书籍和电子资源
	可以随时随地获取信息，拓展学生的知识范围
	数字化图书馆消除了时间和空间的限制
实验室	提供良好的实验环境
	设备先进、资源丰富的实验室可以加深学生对理论知识的理解
	通过动手操作和实地实验，培养学生的观察、实验设计和问题解决能力
数字化平台	提供各种在线课程、教学视频、模拟实验等资源
	丰富了学生的学习内容，提供了多样化的学习方式和学习路径
	满足了不同学生的学习需求和兴趣，促进个性化学习和自主学习

（三）考虑学生需求与人性化设计

考虑学生需求与人性化设计在创造支持性学习环境中起着至关重要的作用。通过深入了解学生的习惯、喜好以及潜在的特殊需求，学校可以设计出更符合学生个体差异的学习环境，从而提升学生的学习体验和参与度。一个明显的例子是为那些更倾向于独立学习的学生提供适应性的学习区域。在这个区域内，可以配置专门的独立学习桌椅、书柜和独立照明设施以创造一个安静、私密的学习环境，这有助于那些更喜欢自主学习和集中注意力的学生更好地融入学习过程，提高效率和深度。针对有特殊需求的学生，学校应该提供无障碍设施，确保他们能够顺利使用学习环境中的各项资源。例如，设立无障碍通道、提供辅助听觉设备或视觉辅助工具以确保学习环境对于各类学生都是公平的，这样的人性化设计有助于打破学习中的各类障碍，为每名学生提供平等的学习机会。人性化设计还可以体现在家具的选择上，例如选择符合人体工程学的座椅，确保学生在学习时能够保持良好的坐姿，减轻长时间学习带来的身体疲劳。通过关注这些细节，学校能够创造一个更加贴近学生需求的学习环境，推动学生的全面发展，激发更大的学习潜力。

表 2-1-2　考虑学生需求与人性化设计观点总结

学生需求与人性化设计	观点
适应性学习区域	为倾向于独立学习的学生设计专门的学习区域，配置独立学习桌椅、书柜和照明设施
	创造安静、私密的学习环境，有助于自主学习和集中注意力，提高学习效率和深度
无障碍设施	面向有特殊需求的学生提供无障碍设施，例如无障碍通道、辅助听觉设备和视觉辅助工具
	确保学习环境的公平性，打破各类学习障碍
人体工程学座椅	选择符合人体工程学的座椅确保学生在学习时能够保持良好的坐姿
	减轻长时间学习带来的身体疲劳，提高学生的舒适度和注意力集中程度

　　创造灵活多功能的学习环境需要综合考虑布局与家具设计、多样化的学习资源以及学生需求与人性化设计。通过灵活的教室布局和家具配置，学校可以适应不同的教学需求和学习方式，提高学生的参与感和学习效果。提供丰富多样的学习资源，包括图书馆、实验室和数字化平台，可以拓宽学生的知识视野并激发他们的学习兴趣和探索精神。考虑学生的个体差异和特殊需求，进行人性化设计，可以为每名学生提供公平和包容的学习机会，推动全面发展，发掘潜能，创造灵活多功能的学习环境是促进学生学习和成长的关键所在。

二、利用技术构建虚拟学习平台

在当今数字化时代，利用技术构建虚拟学习平台已成为教育领域的重要趋势。通过整合在线学习资源、创新教学工具与应用以及建立在线学习社区与合作平台，为学生提供更丰富、更灵活的学习体验，促进知识的共享和交流，提升学习效果。这里深入探讨这些技术如何为虚拟学习平台的建设带来积极的影响。

（一）整合在线学习资源

在建设虚拟学习平台时，整合在线学习资源是为学生提供全面学习体验的重要一环，这种整合不仅丰富了学习内容，还拓展了学生的学习选择和机会，从而促进了他们的学习和发展。虚拟学习平台可以整合各种开放式在线课程（MOOC），这些课程涵盖了各种学科和主题，由全球知名大学和专家提供。学生可以根据自己的兴趣和需求，在平台上自由选择并参与这些课程，无须受制于传统课程设置，从而拓宽了他们的知识视野。教学视频也是虚拟学习平台不可或缺的资源之一。通过整合各种形式的教学视频，包括讲座录像、实验演示、案例分析等，学生可以通过视听方式更加直观地理解和掌握知识，提高学习效率和深度。电子书籍和学术论文的整合也为学生提供了丰富的学习资料。虚拟学习平台可以提供电子书库，学生可以随时随地获取各种学科的电子书籍，满足的学习需求。整合学术论文和期刊文章，可以帮助学生深入研究特定主题，拓展知识广度和深度。

（二）创新教学工具与应用

在虚拟学习平台上创新教学工具与应用的引入为教学带来了全新的性，极大地提升了教学效果和学习体验。其中虚拟实验室是一项具有重要意义的创新工具。虚拟实验室通过模拟实际实验场景，为学生提供了与传统实验室相似的实验体验，但消除了时间和空间上的限制。学生可以在虚拟环境中进行实验探究，观察现象、操作设备，从而深入理解实验原理和科学知识，这种灵活性和便利性不仅节省了资源和成本，也增加了学生的实验机会，促进了他们的实践能力和科学精神的培养。交互式教学工具也是虚拟学习平台上的重要组成部分，例如在线白板可以实现学生和教师之间的实时互动和合作，学生可以在白板上书写、绘图，教师可以及时给予反馈和指导，促进学生的思维交流和问题解决能力的培养。学习游戏是一种融合了娱乐性和教育性的教学工具，通过游戏化的方式吸引学生的注意力，可增加他们的参与度和积极性，从而更好地促进知识的消化和吸收。

（三）建立在线学习社区与合作平台

在虚拟学习平台上建立在线学习社区与合作平台是为了促进学生之间的互动与合作，从而提升整体学习效果。通过这样的社区和平台，学生可以更加轻松地与同学和教师进行交流、分享学习心得、提出问题并共同探讨解决方案，这种互动不仅促进了知识的共享和交流，还有助于拓宽学生的思维和视野。通过虚拟学习平台上的讨论论坛或社交功能，学生可以自由地发表观点、提出疑问，与同学和教师进行互动和讨论。这种交流不受时间和空间的限制，学生可以随时随地参与其中，拓展了学习的边界并加强了彼此之间的学习共同感。建立在线合作平台能够鼓励学生组建学习小组，共同完成项目任务或解决问题。学生可以根据自己的兴趣和专长，选择合适的伙伴，共同制订学习计划并通过合作实践解决现实问题，这样的合作不仅培养了学生的团队合作和沟通能力，还提高了问题解决的效率和质量。

利用技术构建虚拟学习平台是为了提供更全面、更灵活的学习体验。通过整合各种在线学习资源，学生可以自由选择并参与各种课程，拓宽知识视野；创新教学工具与应用提升了教学效果，例如虚拟实验室和交互式教学工具；建立在线学习社区与合作平台促进了学生之间的互动与合作，增强了学习共同体感。这些技术的引入为教育带来了全新的可能性，为学生的学习和发展提供了更广阔的空间。

三、促进学习环境的互动性与合作性

在当今教育环境中促进学习环境的互动性与合作性已经成为教育的重要趋势之一。特别是在虚拟学习平台的背景下，设计互动式学习活动、营造合作学习氛围以及整合跨学科学习资源等方法成为实现这一目标的关键手段。这里深入探讨这些方法在提升学习效果、培养学生综合能力方面的作用。

（一）设计互动式学习活动

设计互动式学习活动对于建立积极的学习环境至关重要，在虚拟学习平台上利用各种互动工具如在线白板和实时投票系统，可以激发学生的参与度和学习热情。举例来说，在一门编程课程中可以设置编程挑战赛，让学生通过虚拟平台提交编程作品并与同学们进行比拼，这种活动不仅鼓励了学生动手实践的精神，还提供了一个展示自己技能的机会。学生们在解决挑战的过程中不仅可以学习到编程知识，还能培养解决问题的能力和团队合作精神。通过这样的互动式学习活动，学生们不再是接受知识，而是参与其中，从而更深入地理解和掌握所学内容，这样的活动也有助于建立学习共同体，让学生们在互动中相互学习、共同成长。

表 2-1-3　设计互动式学习活动行动方案及措施

目标	具体措施
提高学生参与度和学习热情	使用虚拟学习平台上的互动工具，设计具有挑战性和趣味性的学习活动，营造一个友好的学习氛围
培养学生的动手实践精神、解决问题能力和团队合作精神	在编程课程中设置编程挑战赛，分组让学生共同解决编程难题，提供实时反馈和指导
深入理解和掌握所学内容	设计具有挑战性的学习任务，鼓励学生分享自己的思考和理解，提供个性化的学习支持和反馈
建立学习共同体	创建在线论坛或群组，定期组织学习交流活动，鼓励学生在学习中互相支持和帮助

（二）营造合作学习氛围

营造合作学习氛围对于提高学生的团队合作能力和整体学习效果至关重要，虚拟学习平台在这方面发挥着重要作用。通过提供在线小组项目和协作文档编辑等功能，为学生创造了合作学习的良好环境。举例来说，在文学课程中学生可以被分成小组，每个小组负责分析和解读一部分文学作品，通过虚拟学习平台，可以共同编辑文档将各自的观点和分析整合在一起。通过这样的合作方式，学生们不仅能够从多个角度理解文学作品，还能够学会倾听和尊重他人的观点，培养团队合作精神。虚拟学习平台还提供了讨论论坛和即时通信等功能，方便学生们在合作学习中进行沟通和交流。可以随时在平台上提出问题、分享想法，与组员进行讨论和互动，从而加深对学习内容的理解和掌握。通过在虚拟学习平台上营造合作学习氛围，学生们不仅能够提高团队合作能力，还能够深化对知识的理解和应用；这种合作学习模式不仅有助于个人的学术发展，也为团队合作和社会交往能力的培养奠定了基础。

（三）整合跨学科学习资源

整合跨学科学习资源是构建综合性教育体系的重要步骤，而虚拟学习平台的引入为实现这一目标提供了便捷的途径。在科技与艺术的综合课程中通过虚拟学习平台，学生可以接触编程和艺术设计，参与创意项目的开发，从而实现跨学科学习的无缝衔接。举例来说，学生在这门综合课程中可以通过平台上的编程模块学习基础的编程知识，然后将这些知识应用到艺术设计中。例如可以使用编程技能来创造交互式艺术品，结合科技元素使艺术作品更加生动。这样的整合不仅拓展了学生的学科知识，还培养了跨学科思维和创新能力。虚拟学习平台的优势在于能够提供丰富的学习资源，包括在线课程、实验模拟和专业导师指导。通过整合跨学科的学习资源，学生可以在一个平台上获取来自不同领域的知识，打破了传统学科间的壁垒，这有助于培养学生的综合素养，使其在未来面对复杂问题时能够综合运用不同学科的知识和技能。

设计互动式学习活动能够激发学生的学习热情，使其在解决挑战的过程中积极参与，从而更深入地理解和掌握所学内容。营造合作学习氛围则能够提高学生的团队合作能力。通过在线平台提供的各种协作工具，学生们能够共同合作完成项目、分享想法，从而深化对知识的理解和应用。而整合跨学科学习资源则为学生提供了更全面的学习体验，打破了传统学科的界限，培养了跨学科思维和创新能力。这些方法的综合运用不仅提升了学生的学术水平，也为其未来的职业发展奠定了坚实的基础。

四、环境对课程创新的支持作用

在现代教育的发展中，支持课程创新的环境和机制变得至关重要。学校和教育机构应当努力营造一个能够激发教师和学生创造力、提供实践机会的学习氛围，通过创造灵活多样的学习空间，提供先进的技术支持以及鼓励教师与学生的反馈与改进，可以为课程创新打下坚实基础。这里探讨环境对课程创新的支持作用，并介绍创造空间与营造氛围、提供技术支持与资源共享平台以及鼓励反馈与改进等方面的具体做法。

（一）创造课程创新的空间与氛围

为了营造支持课程创新的空间与氛围，学校和教育机构须致力于打造灵活多样的学习环境。创客空间、实验室和多功能教室的设计不仅提供了物理空间上的支持，更激发了学生的创造力和实践能力，例如在创客空间中学生可以通过使用3D打印机、编程软件等工具将自己的创意付诸实践，从而深化对知识的理解。教育机构还应当鼓励教师采用创新的教学方法，如小组讨论、项目驱动的学习等，这些方法能够在课堂中引入更多实际案例和实践性任务，使学生参与到真实问题的解决中。通过倡导小组讨论，学生们得以分享不同的观点和思考，促进了批判性思维的培养。项目驱动的学习则通过实际项目的设计和实施，培养了学生的问题解决能力和团队合作精神。这种积极的学习环境不仅关注课堂内的教学，还强调学生在开放式学习环境中的发展。通过提供灵活的学习空间，学校为学生提供了更多地探索和发现的机会，使他们能够更全面地发展自己的技能和兴趣。这种空间的创造有助于培养学生的创造性思维、实践动手能力以及自主学习的能力，从而为未来的学习和职业奠定坚实的基础。

（二）提供技术支持与资源共享平台

为了支持课程创新，学校需要提供先进的技术支持和资源共享平台。一种有效的方式是投资建设虚拟学习平台，该平台应集成各种在线教育工具、数字图书馆和多媒体资源以满足教师和学生的需求。通过这些平台，教师可以轻松创建具有互动性和创新性的在线课程，结合多媒体资源和在线工具，增强学生的学习体验，例如教师可以利用虚拟实验室进行科学实验，让学生在虚拟环境中进行实验操作，从而安全、方便地学习科学知识。借助在线合作工具，学生可以在虚拟平台上进行项目协作，实现异地合作、实时交流，极大地促进了团队合作和创新能力的培养。这样的虚拟学习平台不仅提供了丰富的学习资源和工具，还促进了信息的快速传递和共享，为课程创新提供了更广泛的信息。通过充分利用技术支持和资源共享平台，学校能够更好地满足教学需求，推动课程创新和教育改革的深入发展。

（三）鼓励教师与学生的反馈与改进

在支持课程创新的环境中，鼓励教师和学生提供反馈并促进改进至关重要。定期的教学评估和学生调查是评估教学效果和学习体验的重要途径。通过这些评估，教师可以了解教学方法对学生的影响，从而及时调整教学策略和课程内容。学校还应建立起教学改进的机制，为教师提供尝试新教学方法的机会并鼓励分享成功的经验，这种机制能够促进教师之间的交流与合作，推动教学水平的不断提升。学生的反馈也是至关重要的，能够通过课程评价、建议框等方式表达对课程的看法和建议。学校可以设立学生参与的课程评估小组，让学生直接参与到课程设计和改进的过程中。通过与教师的密切合作，学生可以分享的学习体验、提出改进建议，从而增强了学生的参与感和责任感，例如教师可以根据学生的反馈调整教学内容和方法，更好地满足学生的学习需求和兴趣。如果学生反映某一部分内容不易理解，教师可以采用更生动的教学方式或者提供额外的辅助材料来帮助学生理解。通过不断地接受反馈和改进，教师能够提高教学质量，激发学生的学习热情，从而促进课程创新和教育发展的持续进步。

支持课程创新的环境是教育发展的关键所在。学校和教育机构需要创造灵活多样的学习空间，包括创客空间、实验室和多功能教室，以激发学生的创造力和实践能力。提供先进的技术支持和资源共享平台，如虚拟学习平台，为教师创造了丰富的在线教育工具和多媒体资源，推动课程创新性。鼓励教师和学生的反馈与改进是持续优化课程的关键。定期的教学评估和学生调查以及学生参与的课程评估小组，为教师提供了及时的反馈和改进空间。通过这些措施，学校能够建立起支持课程创新的机制，不断提升教学质量，激发学生的学习热情，为教育的未来发展奠定坚实基础。

第二节　培养学习社区

一、构建学习社区的策略

在当今高速发展的信息时代，建立一个积极、有序的学习社区对于培养学生的综合素养至关重要。为了实现这一目标，需要采取一系列策略来构建一个蓬勃发展、充满活力的学习社区。这里探讨制订全面的学习社区规划、引入技术支持以及设计有吸引力的社区活动这三个关键策略，并结合实际案例进行说明。

(一) 制订全面的学习社区规划

学习社区的规划是构建一个有序、可持续发展的学习环境的基础。需要明确学习社区的愿景和目标以确定未来发展的方向。对社区成员的需求和期望进行调研和分析确保规划能够满足不同群体的需求。制定长期和短期的发展策略，包括资源配置、活动组织、人员培训等方面，以保证规划的落实和执行，例如一所学校制订了学习社区规划，其中包括建设一个互动性强、资源丰富的在线学习平台。规划中明确了平台的目标是提供便捷的学习资源和交流空间，促进教师和学生之间的互动和合作。通过调研发现，教师希望平台能够提供丰富的教学资源和工具，便于课程设计和在线教学。学生则希望平台能够提供个性化学习的功能，帮助自己更好地掌握知识。基于这些需求，学校制订了技术开发计划和教师培训计划，以确保平台能够满足各方的需求并得到广泛应用和支持。

(二) 引入技术支持

技术支持的引入可以提升学习社区的效率和便捷性，促进信息的共享和交流。学校可以整合在线平台和工具，搭建虚拟学习环境，为教师和学生提供更多的学习资源和交流机会。学校还可以推动数字化资源的共享，利用技术手段提高社区的信息化水平，如建设数字图书馆、开发在线课程等，例如一所学校引入了在线课程平台，为教师提供了丰富的在线教学资源和工具。教师可以在平台上发

43

布课程资料、布置作业、组织讨论等，方便学生在线学习和互动。学校还建立了数字图书馆，收集整理了大量的电子图书和期刊资源，供教师和学生免费使用。这些技术支持的引入，极大地促进了学习社区成员之间的信息共享和交流，提高了学习效率和质量。

（三）设计有吸引力的社区活动

有吸引力的社区活动可以增加社区成员的参与度和凝聚力，促进学习社区的发展和壮大。学校可以举办各种线上线下的学习活动，如主题讨论、研讨会、学术分享等以激发成员的学习兴趣和动力。学校还可以制定奖励机制，对积极参与和表现突出的成员进行表彰和奖励，以鼓励更多人参与到社区活动中来，例如一所学校举办了一场主题为"科技与未来"的线上研讨会，邀请了多位专家学者和业内人士进行分享和交流。教师、学生和家长们积极参与了讨论并就科技发展对教育的影响和未来发展方向进行了深入探讨。在活动结束后学校对参与者进行了表彰，对表现突出的教师和学生进行了奖励，以鼓励继续积极参与学习社区的建设和发展。

构建学习社区的过程中，制订全面的规划、引入技术支持以及设计有吸引力的社区活动是至关重要的。通过明确社区目标、满足成员需求、整合技术资源和举办吸引人的活动，可以促进社区成员之间的交流互动，提高学习效率和质量。这些策略的有效实施将为学习社区的健康发展奠定坚实基础，为学生提供更广阔的学习空间和更丰富的学习资源。

二、促进教师、学生和家长的参与

要建设一个蓬勃发展的学校社区，促进教师、学生和家长的参与至关重要。通过建立有效的沟通渠道、制定明确的参与政策以及提供专业培训和支持，学校可以创造一个共同发展的环境，激发每个社区成员的潜能，实现全面发展的目标。

（一）建立有效的沟通渠道

建立有效的沟通渠道对于学校社区的协作和发展至关重要，学校可以采取多种方式来促进教师、学生和家长之间的积极参与。搭建在线平台是一个非常有效的方法。通过建立专门的学校社区网站或使用现有的社交媒体平台，学校可以为教师、学生和家长提供一个便捷的交流空间。在这个平台上可以分享学习经验、交流想法、提出问题并及时获取学校的最新动态和通知，例如学校可以创建一个专门的 Facebook 群组或微信公众号，让社区成员能够方便地互动和分享信息。设立反馈通道也是非常重要的。学校可以建立在线或线下的反馈机制，鼓励教师、学生和家长提出建议和意见，这可以通过匿名调查、意见信箱或定期举办的反馈会议来实现。通过收集和分析反馈，学校可以更好地了解社区成员的需求和关切，从而做出更好的决策和改进。定期组织座谈会也是促进沟通和参与的重要途径。学校可以定期组织教师、学生和家长的座谈会，就重要议题展开讨论，分享经验和观点，这种面对面的交流可以增进彼此之间的理解和信任，促进团队合作和共同发展。

表 2-2-1　建立有效的沟通渠道观点总结

关键观点	细节描述
搭建在线平台	建立专门的学校社区网站或利用社交媒体平台，提供便捷的交流空间，利用 Facebook 群组、微信公众号等平台
设立反馈通道	建立在线或线下的反馈机制，采用匿名调查、意见信箱或定期的反馈会议，收集和分析反馈
定期组织座谈会	定期组织教师、学生和家长的座谈会，在座谈会上讨论重要议题，通过面对面的交流增进彼此之间的理解和信任

（二）制定明确的参与政策

为了确保学校社区的参与是有组织、有计划的，制定明确的参与政策至关重要，这样的政策可以为教师、学生和家长明确角色和责任，规范的参与方式和频率，从而有效地推动学校社区的发展。对于教师而言学校可以规定每学期至少参与一次线上讨论或线下研讨会，这些讨论和研讨会可以是针对特定教学主题或学校发展方向的，通过教师们的集体讨论和交流，促进教学经验和教育理念的共享，提高教学水平。对于学生学校可以规定每月至少提交一份学习心得或参与一次学生会议。学习心得可以是对课堂学习的总结和思考，也可以是对校园生活的感悟和建议。而学生会议则可以提供交流和合作的平台，让学生们参与学校决策和管理，培养他们的领导能力和团队意识。对于家长学校可以鼓励他们参与学校举办的家庭教育活动，如家长讲座、家长学习班等。学校还可以建立家长委员会或家长志愿者团队，让家长们参与到学校管理和服务中来，加强学校与家庭的联系和合作。通过这样明确的参与政策，学校能够有效地引导和规范教师、学生和家长的参与行为确保他们能够积极参与到学习社区的建设中来，共同推动学校的发展和进步。

（三）提供专业培训和支持

为了确保教师、学生和家长能够充分参与学习社区并发挥的作用，学校需要提供专业培训和支持，这种支持可以涵盖多个方面，包括技术培训、学科知识更新以及家庭教育方面的指导。技术培训是至关重要的。随着科技的不断发展，教师、学生和家长需要不断学习新的技术工具和平台以适应现代教育的需求。学校可以定期邀请专业人士进行线上或线下的技术培训，教授教师如何有效地利用教学软件、在线平台和数字化工具进行教学，为学生和家长提供更便捷的学习体验。学校还应该为教师提供学科知识更新的机会。教学是一个不断发展的领域，教师需要时刻保持学科知识的更新和提升。学校可以组织各种形式的学术研讨会、讲座和专题培训，邀请学科专家分享最新的教学理念、方法和研究成果，帮助教师不断提升教学水平和专业素养。对于家长而言学校可以提供家庭教育方面的指导和支持。家庭是学生成长的重要环境，家长的教育方式和态度对学生的发展有着重要影响。学校可以组织家长讲座、家庭教育培训班等活动，为家长们提供育儿经验、教育技巧和心理健康方面的知识，帮助他们更好地理解和引导孩子的成长。

为了确保学校社区的协作和发展，建立有效的沟通渠道是关键所在。学校可以通过搭建在线平台、制定明确的参与政策以及提供专业培训和支持来促进教师、学生和家长的积极参与，这些举措不仅能够促进社区成员之间的交流和合作，还能够提升整个学校的教育水平和社区凝聚力，为学校的可持续发展奠定坚实的基础。

三、强化社区内外的合作伙伴关系

在当今社会学校不再是孤立的存在，而是与社区内外的合作伙伴紧密联系，共同促进教育事业的发展。强化社区内外的合作伙伴关系已经成为学校发展的重要战略之一。这里探讨三个重要方面：与其他学校建立合作关系、合作企业参与学习社区建设以及引入专业机构支持，从而为学校社区的持续发展提供更多的思路和性。

（一）与其他学校建立合作关系

建立与其他学校的合作关系对于学校社区的发展至关重要，通过与其他学校建立联合教研组，可以共同探讨教学方法、课程设计等问题，从而提升教学质量。例如可以与一所优秀的中学合作，共同探讨如何提高数学教学的效果，分享成功的教学经验和案例。还可以开展跨校主题活动，如联合举办文化节、运动会等，通过这些活动增进学生之间的交流与合作，拓宽他们视野，培养其团队合作精神和创新能力。通过这样的合作，不仅可以促进学校内部的发展，还可以与其他学校共同进步，实现共赢的局面。

（二）合作企业参与学习社区建设

合作企业的参与对于学校社区的建设具有重要意义，与科技公司合作可以为学校提供先进的教学设备和技术支持，从而提升教学质量。例如与一家科技公司合作，可以引进交互式智能白板、虚拟实验室等先进设备，为学生创造更加生动、丰富的学习环境，激发其学习兴趣和创造力。与当地企业合作可以为学生提供更多实践机会和职业指导，帮助他们更好地了解职业发展和社会需求。通过与企业合作开展实践项目或实习机会，学生可以将课堂学习与实际工作结合起来，提升自己的专业能力和就业竞争力。例如与一家地方企业合作，可以组织学生参与实际的社会调研或解决实际的问题，让在实践中学习，培养解决问题的能力和团队协作精神。

表2-2-2　合作企业参与学习社区建设行动方案及措施

行动方案	具体措施
与科技公司合作提升教学质量	建立合作关系，引进先进设备，教师培训
与当地企业合作提供实践机会和职业指导	建立合作关系，提供实践机会，职业指导
开展实践项目与解决实际问题	与地方企业合作，学生参与，导师指导

（三）引入专业机构支持

引入专业机构的支持对学校社区的发展有着深远的影响，可以邀请教育专家或心理学家为教师提供专业的培训和指导，从而提升教育水平。例如与一家专业的教育培训机构合作，可以组织定期的教师培训课程，涵盖教学方法、课程设计、评估方法等多个方面，帮助教师不断提升专业素养，应对教育领域的挑战。可以邀请心理学家开展家长讲座，提供有关儿童心理健康、家庭教育等方面的专业知识，帮助家长更好地理解和引导孩子的成长。与非营利组织合作可以推动社区的公益活动，促进社区内外的互动与共享，例如与一家关注教育公益的组织携手，可以共同开展义务教育支持计划，为贫困地区的学生提供学习资源和辅导服务。还可以合作开展社区服务项目，例如环保活动、社区清理等，增强社区凝聚力和责任感。

表2-2-3　引入专业机构支持观点总结

方面	具体支持措施
提升教育水平	与教育培训机构合作，组织定期教师培训，邀请教育专家提供教学指导和专业培训
支持家长参与	邀请心理学家开展家长讲座，提供关于儿童心理健康、家庭教育等方面的专业知识和指导，与非营利组织合作开展家庭教育支持计划
推动社区公益活动	与关注教育公益的非营利组织合作，共同开展义务教育支持计划，合作开展社区服务项目

通过与其他学校的合作，学校可以借鉴的成功经验，共同提升教学水平；与企业合作可以为学校社区提供更多资源和实践机会，促进学生的全面发展；而引入专业机构的支持，则可以提供更专业的教育服务和指导，推动学校社区的健康发展。这些合作关系不仅促进了知识的传播和共享，也增强了社区的凝聚力和共

同责任感，为学校社区的未来发展奠定了坚实的基础。通过与其他学校的合作，学校可以借鉴的成功经验，共同提升教学水平；与企业合作可以为学校社区提供更多资源和实践机会，促进学生的全面发展；而引入专业机构的支持，则可以提供更专业的教育服务和指导，推动学校社区的健康发展。这些合作关系不仅促进了知识的传播和共享，也增强了社区的凝聚力和共同责任感，为学校社区的未来发展奠定了坚实的基础。

四、社区资源在课程改革中的应用

在当今教育体系中社区资源的充分利用和合理应用已经成为学校课程改革的重要方向之一。通过与社区资源的紧密合作，学校能够丰富教学内容，促进学生全面发展，提高教学质量。这里探讨社区资源在课程改革中的应用，并就制定资源共享机制、运用社区资源进行跨学科合作，以及利用社区反馈优化课程设计等方面进行具体阐述。

（一）制定资源共享机制

制定资源共享机制是学校社区与周边社会资源密切合作的重要举措之一。通过建立这样的机制，学校能够充分利用社区资源，丰富教学内容，提高教学质量，例如与当地图书馆的合作可以为学生和教师提供丰富的阅读资源。学校可以与图书馆达成协议，制定规范的借阅制度，使学生和教师能够免费借阅图书馆的各类书籍、期刊和资料，这样的合作不仅能够让学生接触到更广泛的知识领域，还能够为教师提供更多的教学参考和支持，促进教学内容的多样化和深度化。类似地，这种资源共享机制也可以应用于其他社区资源，如博物馆、科研机构等。通过建立互惠互利的合作体系，学校与社区的关系得以深化，教学与社区资源得以充分整合，共同推动课程的创新和发展，为学生提供更加丰富多彩的学习体验。

（二）运用社区资源进行跨学科合作

运用社区资源进行跨学科合作是促进学生跨学科思维和知识综合能力发展的重要途径，学校与当地社区资源的合作可以为学生提供更为丰富的学习体验，拓宽知识视野。例如学校可以与当地自然历史博物馆合作，将自然科学和历史学科结合起来，通过博物馆中的展品引导学生探讨地球历史和生物演变。在这样的合作中学生不仅可以通过观察化石、岩石等展品了解地球演变的过程，还能够了解相关历史事件对自然环境的影响。通过跨学科的探索和学习，学生将更加全面地理解地球的历史变迁并培养出整合不同学科知识的能力。这样的合作也能够激发学生对学科之间关联的兴趣，促进跨学科思维的发展。因此运用社区资源进行跨学科合作不仅能够丰富课程内容，还能够培养学生的综合素养和创新能力，为其未来的学习和发展奠定坚实的基础。

（三）利用社区反馈优化课程设计

利用社区反馈优化课程设计是学校不断提升教学质量、适应社区需求的关键手段，社区反馈不仅是宝贵的信息来源，也是建立学校与社区密切联系的桥梁。例如学校可以与家长协会建立合作机制，通过定期座谈会、调查问卷等方式，收集学生在校外实践中的学习体验和家长的观点，这样的反馈不仅来自学生的亲身感受，还包括了家长对于学校教育的期望和建议。通过充分倾听社区的声音，学校能够更加全面地了解社区的教育需求和期望。基于社区反馈，学校可以及时调整课程设计确保课程内容更贴近社区的实际需求，例如如果社区反馈表明学生对某一特定领域的兴趣浓厚，学校可以加入相关的实践项目或深度探究课程，满足学生的学科追求。又或者，如果社区反馈指出某一方面的课程并未达到期望效果，学校可以通过调整教学方法、引入新的教学资源等方式进行优化，这样的及时反馈和调整机制有助于提高教学的实效性和适应性，使学校的课程更贴合学生的需求，提高教学的实际效果，这种与社区的密切合作不仅是单纯的反馈和调整，更是建立了一种共同成长的伙伴关系。通过这样的合作，学校不仅能够更好地利用社区资源，也能够更好地回应社区的期望，实现教育资源的最优配置，使课程更具针对性和可持续性。这种紧密的联系将学校和社区连接在一起，共同推动教育事业的发展。

社区资源的有效应用对于学校课程改革具有重要意义。通过制定资源共享机制，学校能够充分利用社区资源，丰富教学内容，提高教学质量。运用社区资源进行跨学科合作，能够促进学生跨学科思维和知识综合能力的发展，为其提供更加丰富多彩的学习体验。利用社区反馈优化课程设计可以及时调整教学内容确保其更贴近社区的实际需求，提高教学的实效性和适应性，因此密切与社区合作，充分利用社区资源是推动学校课程改革的重要途径之一，也是促进教育事业发展的有效举措。

第三节　教学方法与技术的融合

一、推广项目式学习、翻转课堂等教学法

在当今教育领域，推广创新的教学方法是为了更好地满足学生多样化的学习需求，其中项目式学习和翻转课堂作为备受瞩目的教学法，注重学生的实践参与和深度思考。这里探讨项目式学习和翻转课堂的实施与效果评估，深入剖析操作策略与学生参与度的关系以及教师在这两种教学法中的角色转变和适用场景。

（一）项目式学习的实施与效果评估

项目式学习作为一种基于实践和合作的教学方法，在实施过程中需要经过有效的评估以确保其效果。评估项目式学习的效果可以从多个方面进行，包括学生的学习成果、团队合作能力、问题解决能力等。学生的学习成果可以通过项目成果展示、作品评比等形式进行评估，而团队合作能力和问题解决能力则可以通过观察团队合作过程、分析解决问题的思路等方式进行评估。例如，在一个科技创新项目中学生需要分组合作设计并完成一个实际的科技产品，评估可以通过产品的创新程度、团队的协作效果以及解决问题的能力来进行，这种综合性的评估能够更全面地了解项目式学习的实施效果，为进一步优化教学提供参考。

（二）翻转课堂的操作策略与学生参与度

翻转课堂作为一种颠覆传统教学模式的教学法，其成功实施需要合理的操作策略和提高学生的参与度。操作策略包括提前准备好在线学习资源，如视频、课件等确保学生能够自主学习并在课堂上进行讨论和实践。教师还需提供指导性问

题或任务，引导学生深入思考和讨论课程内容。为了提高学生的参与度，教师可以采用小组讨论、问题解答、案例分析等互动方式，激发学生的学习兴趣和主动性。例如在一堂讨论性质的翻转课堂中教师可以设计一些开放性问题，要求学生在课前观看相关视频并在课堂上以小组形式展开讨论，从而增强学生的学习参与度和合作能力。

（三）教师角色转变与项目式学习、翻转课堂的适用场景

项目式学习和翻转课堂的成功实施需要教师角色的转变，从传统的知识传授者转变为学习的引导者和促进者。在项目式学习中教师更像是团队的指导者和学习资源的提供者，需要引导学生解决问题、合理分配任务并在需要时给予指导和反馈。而在翻转课堂中教师则更注重课堂上的引导和促进学生思考的氛围营造，通过与学生互动，激发他们的学习兴趣和思维能力。适用场景方面，项目式学习适合于需要学生团队合作和实践能力的课程，如科学实验、工程设计等；而翻转课堂则适用于需要学生主动思考和讨论的课程，如讨论性的社会科学课程、问题解决型的数学课程等，因此教师需要根据不同的课程特点和学生需求，灵活运用项目式学习和翻转课堂并不断调整自己的角色以达到更好的教学效果。

项目式学习和翻转课堂的实施并非简单的任务，需要教育者充分理解其核心理念并灵活运用在不同的教学场景中。在项目式学习方面，通过全面的效果评估，能够更全面地认识到学生在学科知识、团队协作和问题解决等方面的发展情况，为未来的教学提供有力的依据。而翻转课堂则强调学生在课前自主学习，通过互动性的课堂讨论增强学习效果。教师在这两者中都扮演着引导者和促进者的角色，需要随时调整自己的定位以适应学生的学习需求，因此在教学实践中教育者应充分发挥创造力，结合不同科目和学生特点，灵活应用项目式学习和翻转课堂，促进学生全面发展，助力教育的不断创新。

二、整合数字技术与在线资源

随着数字技术的迅速发展，教学过程也在逐渐转变。从生物学中的虚拟实境（VR）技术到数学教学中的开放式教育资源（OER）的利用，教学已经变得更加生动、丰富和个性化。然而数字技术的快速变化也给教师带来了挑战，需要不断

适应新的教学工具和技术以确保教学质量和学生参与度的提高。教师培训是解决这一问题的关键，而专业发展培训、实际操作指导和个性化支持是提高教师数字技术素养的有效途径。这里探讨数字技术在教学中的应用案例、在线资源的筛选与利用以及教师培训的挑战与解决方案。

（一）数字技术在教学中的应用案例

数字技术在教学中的应用案例之一是虚拟实境（VR）技术在生物学教学中的运用。生物学涉及许多微观的生物过程和结构，传统的教学方法无法提供足够直观的学习体验。然而借助 VR 技术，学生可以穿戴 VR 头盔，仿佛置身于生物体内部，实时观察细胞结构、分子运动以及生物过程的发生，例如学生可以通过 VR 体验观察细胞分裂过程，立体感受细胞器在细胞质中的运动，或者在生态系统中追踪食物链的转移，这种沉浸式的学习体验使学生能够以更直观、深入的方式理解生物学概念，激发了他们的学习兴趣和探索欲望。通过 VR 技术，学生不仅可以观察生物学现象，还可以与之进行互动。可以通过手柄或手势控制器操作虚拟环境，拆解细胞结构、触摸细胞膜，甚至模拟实验操作，这种互动式学习不仅增强了学生的参与度和自主性，还促进了他们的动手能力和问题解决能力的培养。由于 VR 技术能够创造出高度真实的环境，学生在虚拟实境中的学习体验往往更加生动和有趣，有助于提高学习的效率和质量。

（二）在线资源的筛选与有效利用

在教学中充分利用在线资源是提供丰富、高质量学习材料的关键。其中一个成功的案例是利用开放式教育资源（Open Educational Resources，OER）来支持数学教学。OER 是一种免费、可自由使用、可再分发的教育资源，包括教材、课件、视频、练习题等，这些资源以开放的授权方式发布，可在教学环境中广泛应用。教师可以通过筛选符合课程标准的 OER 来为学生提供免费的教材和其他学习资源，例如教师可以访问各大知名在线平台（如 Khan Academy、Coursera、edX 等）或学术机构网站，查找与课程内容相关的 OER 资源，这些资源通常由专业教育机构或领域专家开发，内容丰富、质量可靠。通过结合课程教学目标和学生学习需求，教师可以有针对性地选择适合的 OER 资源，用于支持课堂教学。

利用 OER 资源的优势之一是降低了学生的经济负担。相比传统教科书或付费在线课程，OER 资源通常是免费提供的，学生无须购买昂贵的教材，从而降低了学习成本。OER 资源的多样性和灵活性也为满足不同学生学习风格和需求提供了支持。教师可以根据学生的水平和兴趣选择不同类型的 OER 资源，包括视频、交互式练习、在线课程等，以丰富学生的学习体验并提高他们的学习成效。

（三）教师培训与数字技术融入课程的挑战与解决方案

教师培训在数字技术融入课程中扮演着至关重要的角色，因为教育者需要不断适应迅速发展的数字化教学工具和技术。然而许多教师在使用新技术时面临挑战，因此提供定期的专业发展培训是解决这一问题的有效途径。在某学区的成功实践中，专门的数字技术导师团队被组建起来，担任着培训和支持教师的角色，这个团队通过定期组织研讨会，分享最新的数字技术应用案例和教学实践经验以激发教师的学习热情。在线培训平台也被引入，以便灵活地提供培训资源，使教师能够在自己的时间里学习和应用新技术，这种多元化的培训方式确保了教师可以根据自己的学习风格和时间安排获取所需的信息。实际操作指导是另一个解决方案，它通过提供实际的技术使用案例和课堂实践，帮助教师更好地理解和应用数字技术。导师团队定期组织教师参与实际的教学模拟，让亲身体验数字技术在课堂中的应用，从而增加教师的自信心和实际操作能力。个性化的支持也是成功的要素之一。导师团队在培训中不仅提供标准化的内容，还根据教师的需求和水平，提供个性化的指导和建议，这样的定制化培训有助于确保每位教师能够根据自己的情况灵活运用数字技术，逐步提高他们的教学水平。

数字技术正在逐步融入教学中，为学生提供了更加生动和丰富的学习体验。虚拟实境技术在生物学教学中的运用，让学生能够以沉浸式的方式理解生物学概念，而开放式教育资源的利用则降低了学生的经济负担，提高了学习的灵活性和多样性。然而教师面临着使用新技术的挑战，因此提供定期的专业发展培训、实际操作指导和个性化支持是解决这一问题的关键，这些措施将有助于教师更好地融入数字技术，提高教学质量，为学生提供更好的学习体验。

三、促进个性化与差异化学习

在当今多元化的教育环境中个性化与差异化学习已经成为教育领域的关键课

题，为了更好地满足每名学生的独特需求和学习风格，教师需要深入思考并实施个性化学习路径的设计和差异化学习策略的应用。这里探讨个性化学习路径设计与实施、差异化学习策略的应用以及学生参与个性化学习的动力激励与评估方法，旨在为教育工作者提供有效的指导与启示。

（一） 个性化学习路径的设计与实施

个性化学习路径的设计和实施是为了满足每名学生的独特需求和学习风格，在这个过程中教师需要深入了解每名学生的学习能力、兴趣爱好和学习方式以制订适合的个性化学习计划。例如针对一些学生更偏向视觉学习，教师可以为他们提供更多的视觉化教学资源，如图表、图像和视频，以帮助他们更好地理解知识。对于另一些学生更偏向听觉学习的情况，教师可以通过讲解、讨论和听力材料来满足他们的学习需求。通过综合运用不同的教学方法和资源，教师可以为每名学生打造出独一无二的学习路径，帮助他们更好地实现学习目标。

（二） 差异化学习策略在多元化班级中的应用

在一个多元化的班级里，学生们拥有不同的学习能力和学习风格，差异化学习策略的应用成为满足每名学生需求的关键。在数学课堂上，教师可以采用分层教学的方法，这意味着将学生们按照数学水平划分成不同的小组。对于数学能力较强的学生，教师可以提供更加复杂和挑战性的问题，激发他们的学习兴趣并促使发展更深层次的数学思维。相反对于数学能力较弱的学生，教师则可以提供更简单、更直观的教学资源，例如使用更多的视觉化教学工具或者提供额外的练习题以帮助建立起对数学基本概念的理解。通过这种个性化的教学方法，每名学生都能够在适合自己水平的环境中学习并取得更好地学习效果，这不仅能够提高学生的学习成绩，也能够增强他们的学习动力和自信心，从而营造整个班级的学习氛围和促进团结力。

表 2-3-1　多元化班级中差异化学习策略

学生类型	教学策略
数学能力较强的学生	提供复杂和挑战性的问题，激发学习兴趣，促使发展深层次的数学思维
数学能力较弱的学生	提供简单、直观的教学资源，如视觉化工具或额外的练习题，帮助建立对数学基本概念的理解
整体班级效果	个性化的教学方法能够提高学生的学习效果，提高学习成绩，增强学习动力和自信心，营造整个班级的学习氛围和促进团结力

（三）学生参与个性化学习的动力激励与评估方法

激励学生积极参与个性化学习是提高其学习效果的重要途径。教师在实施个性化学习时，可以采取多种激励措施和评估方法来增强学生的学习动力和提高学习成果。设立明确的学习目标和奖励机制是必要的，通过与学生共同设定个人化的学习目标，可以激发他们的学习动力。例如在语言学习中，教师可以与学生一起制定具体的学习目标，如每周掌握一定量的词汇或完成一篇短文。完成这些目标的学生可以得到奖励，例如表扬、奖励物品或特殊待遇，这将激励学生更加努力地学习。提供及时的反馈和鼓励对于激发学生的学习动力至关重要。教师可以通过定期的个人会谈、评估反馈或简短的鼓励语言来帮助学生认识到的进步并激励继续努力，例如在语言学习中教师可以针对学生的口语、听力、阅读和写作能力提供具体的反馈和建议，积极鼓励学生在日常交流中运用所学知识。营造积极的学习氛围也是激励学生参与个性化学习的重要手段。教师可以通过组织小组活动、讨论和合作项目等方式营造积极的学习氛围，鼓励学生之间相互学习和分享经验。教师还可以利用技术工具，如在线学习平台和学习管理系统来跟踪学生的学习进度和成绩，及时调整个性化学习计划，以确保每名学生都能得到适当的支持和指导。

个性化与差异化学习的实施需要教师深入了解每名学生的学习需求和学习风格，并据此设计相应的教学路径和策略，个性化学习路径的设计与实施包括了为每名学生量身定制学习计划，利用不同的教学资源和方法满足其需求。差异化学习策略的应用则在于为多元化班级中的学生提供适应其不同学习水平和风格的教学方式。教师在促进学生个性化学习过程中需要采取激励措施和评估方法，包括设立学习目标与奖励机制、提供及时反馈与鼓励以及营造积极的学习氛围等。个性化与差异化学习的实施不仅有助于提高学生的学习成绩，也能够增强其学习动力和自信心，促进整个班级的学习氛围和团结力的形成。

四、技术在促进课程创新中的作用

当今时代技术已经成为教育领域的一大推动力，尤其在课程创新方面发挥着关键作用。其中技术在跨学科合作、实践与理论结合的教学模式以及课程评估与持续改进机制中发挥着重要作用。这里探讨技术在这些方面的作用并阐明其对教育的积极影响。

（一）技术在跨学科合作中的推动作用

在当今社会，科技的飞速发展为跨学科合作提供了前所未有的机遇。通过利用各种技术工具和平台，学生能够轻松地跨越学科界限，与来自不同领域的同学合作。举例来说，一个数学专业的学生可以与艺术或工程领域的同学合作，共同开发一个数字艺术作品或设计一个可视化数据模型，这种合作不仅是简单的知识交流，更是在解决实际问题的过程中融合了不同学科的专业知识和技能。通过在线协作平台，例如 Google Docs 或 Microsoft Teams，学生可以即时共享和编辑文件，通过视频会议或聊天工具进行实时沟通。这样的交流方式打破了地域限制，使得合作更加高效便捷。跨学科合作不仅促进了学生的创造性思维和团队合作能力的培养，还加深了对不同学科之间关系的理解，培养了解决跨学科问题的能力，从而提高了他们的综合素养，因此技术在跨学科合作中的推动作用是不可忽视的，它为学生提供了更广阔的学习空间和更丰富的学习体验。

（二）利用技术促进实践与理论结合的教学模式

利用技术促进实践与理论结合的教学模式是教育领域的一个重要发展趋势。通过技术的运用，学生可以在课堂上进行各种实践活动，巩固理论知识。虚拟实验软件和模拟器为学生提供了一个安全、可控的环境，使他们能够进行与现实环境相关的实验，如化学实验或工程设计，而无需担心实验材料的耗费或设备的损坏，这种实践活动不仅能够增强学生的理解能力，还能够激发他们的兴趣，提高他们的学习动力。除了虚拟实验，视频教程、在线模拟和虚拟现实技术也是促进实践与理论结合的重要手段。通过观看视频教程，学生可以深入了解实际工作场景，了解各种理论知识在实践中的应用。在线模拟则为学生提供了一个模拟实际情境的机会，让他们能够在模拟环境中解决真实世界中的问题，从而培养他们的问题解决能力和实践能力。而虚拟现实技术则可以为学生提供身临其境的学习体验，使他们更加深入地理解和体验所学的理论知识。

（三）技术支持下的课程评估与持续改进机制

技术在课程评估与持续改进机制中的应用为教育提供了更为精细化和有效的手段，教师可以利用在线测验和考试系统实时监测学生的学习情况。这样的系统不仅能够帮助教师了解学生的学习进度和掌握程度，还能够及时发现学生的学习困难和问题，从而有针对性地进行辅导和帮助。通过这种方式，教师可以更好地掌握整体教学进度，及时调整教学策略，确保每名学生都能够跟上课程的学习进度。借助数据分析工具，教师可以对学生的学习表现进行深入分析。通过对学生学习数据的收集和分析，教师可以发现学生在哪些知识点上存在较大的困难以及原因。这种数据驱动的分析能够帮助教师更准确地了解学生的学习状况，为他们提供个性化的学习支持和指导。教师也可以根据学生学习数据的分析结果，及时对课程内容和教学方法进行调整和改进，以提高教学效果和学生的学习成果。

技术的不断发展为教育带来了诸多机遇，其中之一便是促进课程创新。在跨学科合作方面，技术为学生提供了跨越学科界限的可能性。通过各种在线工具和平台，能够与来自不同领域的同学合作，共同解决实际问题，培养创造性思维和团队合作能力。在实践与理论结合的教学模式中，技术为学生提供了安全、可控的实践环境以及丰富的学习资源，从而提高了他们的理解能力和学习动力。在课程评估与持续改进方面，技术的应用使教师能够实时监测学生的学习情况并根据数据分析结果调整教学策略，以提高教学效果和学生的学习成果。技术在促进课程创新中发挥着重要作用，为教育提供了更加丰富和有效的教学手段。

第四节　创新文化的培育

一、建立鼓励创新与尝试的校园文化

在当今竞争激烈的社会中，创新已经成为推动社会进步和个人发展的关键因素之一。而学校作为培养未来领导者和创新者的摇篮，承担着重要的责任来培养学生和教师的创新能力，因此建立一个鼓励创新与尝试的校园文化至关重要。这里探讨如何通过设立创新奖励机制、创建开放的学习环境以及提供创新教育培训来促进校园创新文化的发展。

（一）设立创新奖励机制

在校园内建立创新奖励机制是为了激励学生和教师积极参与创新活动，推动校园创新文化的发展。通过设立各种奖学金、奖项或荣誉称号，学校可以有效地鼓励那些提出创新想法并付诸实践的个体。举例来说，设立年度最佳创新项目奖，可以激励学生和教师积极开展创新项目，鼓励在科研、实践或创业方面做出突出贡献。设立最具创意论文奖，可以促进学术界的创新思维和研究成果的产出。举办创新创业大赛并为获奖者提供奖金和支持，可以激发更多学生和教师的创新热情，推动创新成果的转化和应用。这样的奖励机制不仅能够提高学校的创新活动参与度，还能够为那些取得成就的个体提供认可和鼓励，进一步营造校园的创新文化氛围。

（二）创建开放的学习环境

为了培养创新文化，校园应该建立一个开放、包容的学习环境，让每个人都感到可以自由地思考和尝试。学校可以通过建立各种开放的学习场所来实现这一目标，如创客空间、实验室、艺术工作室等，这些场所不仅提供了展示创新成果和交流创新想法的平台，还为学生和教师提供了实践和探索的空间。在这些场所中学生和教师可以自由地尝试各种创新项目，探索自己的兴趣和潜力，从而激发创新的动力和创造性思维。除了提供开放的学习场所，学校还应该鼓励学生和教师之间的跨学科合作和交流。不同学科之间的交流和碰撞往往会激发出新的创新想法和解决方案，因此学校可以组织各种跨学科的活动和项目，如跨学科论坛、合作研究项目等，促进不同领域之间的交流与合作。通过这些活动，学生和教师可以分享彼此的经验和知识，相互启发，共同推动创新的发展。

（三）提供创新教育培训

为了培养学生和教师的创新能力，学校可以提供创新教育培训课程，这些课程旨在帮助掌握创新的方法和技能，激发创新思维并将创新理念融入日常学习和工作中。创新思维培训，通过引导学生和教师进行创新思维训练，培养观察问题、发现机遇、解决挑战的能力，这种培训可以包括解决问题的方法论、创新思维的技巧和实践案例等。通过设计创意课程，鼓励学生和教师进行创意探索和实践，这些课程可以涵盖创意激发、头脑风暴、原型设计等内容，帮助从不同的角度思考问题并提出创新的解决方案。创业实践指导也是创新教育的重要组成部分。学校可以邀请成功的创业者或企业家来校园进行分享和交流，让学生和教师了解创业的经验和教训。学校还可以组织创业训练营、创业比赛等活动，提供创业实践的机会，帮助将创新理念转化为实际行动。

为了建立鼓励创新与尝试的校园文化，学校可以采取多种措施，通过设立创新奖励机制，激励学生和教师积极参与创新活动并为他们的努力和成就提供认可和鼓励。创建开放的学习环境，为学生和教师提供自由思考和尝试的空间，促进跨学科合作和交流，从而激发创新的动力和创造性思维。提供创新教育培训，帮助学生和教师掌握创新的方法和技能，将创新理念融入日常学习和工作中。通过这些举措，学校可以逐步培养出更多具有创新精神和能力的人才，推动校园创新文化的发展，为社会的进步和发展注入新的活力。

二、激发教师与学生的创新精神

在当今快速变化的社会中，创新精神已经成为教育中不可或缺的一部分，学校不仅需要培养学生的创新能力，还应该激发教师的创新潜力以推动教育的进步和社会的发展。为此，提供多样化的学习资源、鼓励跨学科合作以及提供导师指导等措施都是至关重要的。这里探讨如何通过这些途径激发教师与学生的创新精神，促进教育的持续创新和发展。

（一）提供多样化的学习资源

学校为激发教师与学生的创新精神，关键之一是提供多样化的学习资源。数字化的图书馆资源是其中的重要组成部分。学校可以通过建立数字化的创新资源中心将学术期刊、电子图书、研究报告等汇聚在一起，为师生提供广泛而深入的知识储备，这样的中心不仅能够满足学科知识的需求，还能够及时更新最新的研究成果，为创新提供前沿信息支持。在线学习平台也是提供多样化学习资源的有效途径。学校可以整合各类在线课程、教学视频、虚拟实验等资源，让教师和学生能够随时随地灵活学习，这种方式不仅拓展了学习的时空范围，还使得各个领域的知识更加贴近实际应用。通过在线平台，学生可以根据自己的兴趣和需求，选择并深入学习各类创新领域的知识。引入先进的实验设备和技术也是提供多样化学习资源的重要手段。学校可以建设现代化的实验室，配备最新的仪器设备，为学生提供实践操作的机会，这样的实验环境不仅有助于培养学生的实际动手能力，还能够激发他们在科学、工程等领域的创新思维，例如生物科技领域的实验设备可以促使学生深入了解生物技术的应用，从而激发尝试创新性研究的兴趣。

（二）鼓励跨学科合作

鼓励跨学科合作是培养创新精神的重要途径，学校可以通过设立跨学科的研究项目来推动不同学科之间的合作。这种跨学科的合作模式鼓励教师和学生跨足不同领域，共同探索交叉点，从而促进创新的产生和传播。举例来说，假设有一生物学专业的学生和一计算机科学专业的学生共同开展项目，可以将生物信息学与人工智能结合起来，探索如何利用计算机技术分析生物数据，发现生物系统中的规律性和特征。通过这样的合作，可以结合生物学的专业知识和计算机科学的技术手段，共同开发出创新的研究方法和工具，为生物医学领域的研究和应用带来新的突破和进展。这样的跨学科合作有助于打破学科壁垒，促进不同学科之间的交流与融合。学生在跨学科合作中可以从不同学科的视角去思考问题，拓展思维的边界，从而激发出更多创新的想法和解决方案。跨学科合作还能够促进知识的交流与共享，加速学科发展的进程，为解决复杂问题提供更加全面和多样化的视角。

表 2-4-1　鼓励跨学科合作行动方案及措施

行动方案	具体措施
设立跨学科研究项目	学校领导层设立跨学科研究项目基金
	教师组建跨学科研究团队
	确定跨学科研究项目的主题和范围
提供支持和资源	提供跨学科研究项目的指导和支持
	提供必要的实验室设施、计算资源等物质条件
促进跨学科交流与合作	组织跨学科研讨会、学术交流会等活动
	鼓励跨学科研究团队与行业企业、科研机构等外部合作伙伴合作
强化评价与奖励机制	建立跨学科研究项目的评价标准和评价体系
	设立跨学科研究项目的奖励机制

（三）提供导师指导

为了引导学生更好地发展创新精神，学校应该提供导师指导，这是非常重要的一环。导师在创新项目中的角色是至关重要的，不仅能够为学生提供专业知识和技能，还能够分享自己的经验，帮助学生在创新实践中找到正确的方向。举例来说，一位计算机科学的导师可以指导学生参与开发新型应用程序。通过分享自己在软件开发领域的经验和技术，导师可以帮助学生了解行业最新的趋势和技术，指导如何设计和开发创新的应用程序。导师还可以为学生提供项目管理和团队合作方面的建议，帮助更加高效地完成创新项目。一位艺术设计的导师可以协助学生探索创新的艺术表达形式。通过分享自己在艺术设计领域的经验和创作技巧，导师可以帮助学生拓展艺术创作的思路，激发挖掘自身潜力和独特性的动力。导师还可以为学生提供艺术作品的评价和建议，帮助不断提升艺术创作的水平和品质。

表 2-4-2　提供导师指导观点总结

观点	重点
导师角色至关重要	提供专业知识、经验分享和指导，帮助学生在创新实践中找到正确方向
提供专业知识和技能	帮助学生掌握行业最新的趋势和技术，为创新项目提供技术支持和指导
拓展创新思路	引导学生探索新的艺术表达形式或项目开发方向，激发学生挖掘自身潜力和独特性的动力
提升作品品质	帮助学生不断提升作品品质，促进艺术创作或项目开发的持续改进和进步
培养项目管理和团队合作能力	帮助学生更加高效地完成创新项目并学会与他人合作共同成长

要激发教师与学生的创新精神，学校可以采取多种策略。提供多样化的学习资源，包括数字化的图书馆资源、在线学习平台以及先进的实验设备和技术以满足师生的知识需求和创新探索。鼓励跨学科合作，通过设立跨学科的研究项目，促进不同学科之间的交流与融合，从而培养学生跨学科思维和解决问题的能力。提供导师指导，让教师分享经验、提供专业知识和实践建议，帮助学生在创新实践中找到正确的方向，促进他们的全面发展和成长。通过这些努力，学校可以为教师与学生的创新精神注入新的活力，推动教育事业不断迈向新的高度。

三、庆祝创新成果与进步

在当今社会创新成果的庆祝与分享不仅是一种仪式性的活动，更是对学校科技创新与学术研究的推动与肯定。学校作为创新的摇篮，应当为教师和学生提供展示和分享创新成果的平台，激发创新的活力，推动学校的创新文化和学术氛围不断提升。在这一背景下举办创新成果展示活动、发布创新成果报告以及设立创新成果奖项成为学校促进创新发展的重要举措。

（一）举办创新成果展示活动

学校定期举办创新成果展示活动，目的是为教师和学生提供一个展示和分享创新成果的平台，这种活动不仅是一次展示，更是激励创新的源泉，推动着学校的创新文化和学术水平的不断提升。在这样的活动中，学生和教师可以展示在各个领域的研究成果和创新项目，例如在科技创新展中学生可以展示开发的新型应用程序、设计的智能装置或者实施的工程项目。教师也可以展示研究成果、学术论文以及参与的创新项目。这种展示不仅是对他们努力和成就的肯定，也是为他们提供一个交流和学习的机会。举办创新成果展示活动还可以促进交流与合作。通过观摩和交流，学生和教师可以了解到其他人的研究方向、成果和方法，激发新的灵感和想法，这种交流与合作有助于跨学科的融合和知识的共享，推动创新活动的持续发展和进步。

（二）发布创新成果报告

学校定期发布创新成果报告是为了记录和分享教师和学生在创新领域取得的进展和成果，这些报告可以包括教师和学生的研究成果、创新项目以及科技创新的应用成果等。通过这种方式，学校可以向社会展示自己在科技创新和学术研究方面的实力和成就，提升学校的知名度和影响力。发布创新成果报告的方式有多种，比如可以在学校网站上建立专门的创新成果报告栏目，定期更新最新的成果和进展，这样的网站不仅可以向社会展示学校的创新成果，还可以为学生提供一个了解学校科技创新和学术研究方面的资源。学校还可以在学术会议或研讨会上进行宣讲，向其他学校和研究机构展示自己的创新成果，与其他学校和研究机构进行交流和合作。通过定期发布创新成果报告，学校可以不断提升自己在科技创新和学术研究方面的实力和影响力，吸引更多的优秀教师和学生加入学校的创新团队中，推动学校的创新发展和科技进步。

（三）设立创新成果奖项

学校设立创新成果奖项的目的在于表彰在科技创新、学术研究等领域取得突出成就的教师和学生，以激励更多人积极参与创新活动，不断追求卓越，这种奖项的设立可以是多方面的，其中包括最佳创新项目奖、最具潜力奖等多个奖项以全面覆盖各个创新领域，鼓励更多人投身创新实践。举例来说，学校可以设立"科技创新奖"，专门奖励在科技领域取得显著成果的教师和学生，这个奖项可以覆盖多个科技领域，如计算机科学、工程技术、生物医学等，鼓励在科技创新方面继续发挥作用。也可以设立"最佳学术研究奖"，奖励在学术研究领域取得突出成就的教师和学生，激励在学术探索和理论研究中不断前行，这些奖项的设立不仅可以肯定个人的努力和成就，更是为整个学校营造了一个积极向上、追求创新的氛围。通过这样的奖项激励机制，学校可以吸引更多的人才参与到创新活动中来，促进学校科技创新和学术研究的不断发展，推动学校整体实力的提升。

学校定期举办创新成果展示活动，为教师和学生提供了一个展示和分享创新成果的平台，并通过展示活动促进了交流与合作，推动创新活动的不断发展和进步。学校定期发布创新成果报告，记录和分享教师和学生在创新领域取得的进展和成果，提升了学校的知名度和影响力。学校设立创新成果奖项以表彰在科技创新、学术研究等领域取得突出成就的教师和学生，激励积极参与创新活动，推动学校整体实力的提升，这些举措共同构成了学校庆祝创新成果与进步的重要举措，为学校的创新发展注入了新的活力与动力。

四、处理失败与挑战的正向态度

在学校教育中，处理失败与挑战的正向态度至关重要，接纳失败并从中学习、提供支持和鼓励以及营造共享经验的氛围，是构建这种积极态度的重要组成部分。通过这些措施，学校可以培养学生的坚韧和毅力，帮助他们更好地应对未来的挑战。在以下内容中将深入探讨这些关键要素。

（一）接纳失败并从中学习

面对失败与挑战需要以一种积极的态度来对待，应该接纳失败并从中学习。失败并不意味着结束，而是提供了宝贵的学习机会。学校应该鼓励教师和学生将失败看作是成功道路上的一部分而不是终点，如果一名学生在科学实验中遭遇失败，教师可以引导其反思失败的原因并鼓励从中吸取教训，为下一次尝试做好准备，这种接纳失败的态度，有助于培养学生面对挑战时的坚韧和毅力，使他们能够在未来更好地应对各种困难和挑战。

表 2-4-3　接纳失败并从中学习观点总结

观点	重点
积极对待失败与挑战	学校应该以积极的态度对待失败与挑战将其视为宝贵的学习机会而不是消极的终点
失败是成功道路上的一部分	失败应该被看作是成功道路上的一部分，学校应该鼓励教师和学生将失败视为学习过程中不可或缺的组成部分
从失败中学习	教师可以引导学生反思失败的原因并鼓励学生从中吸取教训，为下一次尝试做好准备
培养学生的坚韧和毅力	接纳失败并从中学习有助于培养学生面对挑战时的坚韧和毅力，使学生能够更好地应对未来的各种困难和挑战

（二）提供支持和鼓励

为学校的教师和学生提供支持和鼓励至关重要，需要让他们知道他们不是独自面对挑战的。在面对失败和困难时可以寻求他人的帮助和支持，学校可以通过设立导师制度来实现这一目标，让有经验的教师担任新教师或学生的导师，分享经验和提供建议。导师制度不仅帮助新人更快地融入学校环境，还促进了教师和学生之间的交流和合作。学校还可以提供心理健康支持服务，帮助个人应对挑战时出现的情绪压力，这种支持包括心理咨询服务、心理健康教育和资源指导等。通过这些举措，学校可以建立一个支持和理解的社区，为教师和学生提供必要的支持，让他们能够更好地应对各种挑战和困难。

表 2-4-4　提供支持和鼓励具体措施

具体措施	描述
设立导师制度	指派有经验的教师担任新教师或学生的导师，分享经验、提供建议并提供支持和指导
提供心理健康支持服务	提供心理咨询服务、心理健康教育和资源指导，帮助个人应对挑战时出现的情绪压力并提供必要的心理支持和帮助

具体措施	描述
促进交流和合作	通过导师制度和心理健康支持服务，促进教师和学生之间的交流和合作，建立一个支持和理解的社区，提供相互支持和鼓励
培训导师和心理健康专业人员	提供培训课程，帮助导师和心理健康专业人员获得必要的技能和知识，以更好地支持和指导教师和学生，应对各种挑战和困难
定期评估和调整支持措施	定期评估导师制度和心理健康支持服务的效果，根据反馈和实际情况调整和优化支持措施，确保其能够有效地满足教师和学生的需求

（三）营造共享经验的氛围

为了帮助教师和学生更好地处理失败与挑战，学校应该营造一个共享经验的氛围，这种氛围可以让彼此分享失败与挑战的经历并从中学习。通过分享经验，可以了解到不同人在面对类似问题时采取的不同方法，从而拓展自己的思维方式，找到更有效的解决方案。为了实现这一目标，学校可以组织定期的经验分享会，让教师和学生分享在创新项目中遇到的困难和解决方法，这样的活动不仅有助于解决问题，还能增强团队合作和凝聚力。通过共享经验，教师和学生可以更好地理解彼此的工作方式和思维方式，建立起更加融洽的关系，这种共享经验的氛围有助于学校建立一个更加开放和包容的文化，为教师和学生提供更多发展和成长的机会。

表 2-4-5　营造共享经验的氛围观点总结

观点	描述
营造共享经验的氛围	学校需要营造一种氛围，鼓励教师和学生分享失败与挑战的经历
分享经验促进不同方法的学习	个体能够了解到在面对相似问题时采取的不同方法，寻找更有效的解决方案
定期组织经验分享会	提供平台让教师和学生分享创新项目中遇到的困难和解决方法，促进问题解决和团队合作
增强团队合作和凝聚力	通过共同面对挑战，建立起更加紧密的关系，营造良好的工作氛围

观点	描述
理解彼此工作方式和思维方式，建立融洽关系	通过共享经验，教师和学生能够更好地理解彼此的工作方式和思维方式，建立融洽的关系，促进更有效的沟通和协作
建立开放和包容的文化，提供发展和成长机会	共享经验的氛围有助于学校建立开放和包容的文化，为教师和学生提供更多发展和成长的机会

　　学校应该鼓励教师和学生以积极的态度面对失败与挑战。接纳失败并从中学习，失败并不意味着结束，而是提供了宝贵的学习机会。提供支持和鼓励对于帮助教师和学生克服挑战至关重要。学校可以通过设立导师制度和提供心理健康支持服务来实现这一目标。营造共享经验的氛围有助于教师和学生从彼此的经验中学习并促进团队合作和凝聚力。通过这些举措，学校可以建立一个积极的学习环境，培养学生面对挑战时的坚韧和适应能力，为他们的未来发展奠定坚实基础。

第三章 教师发展与专业成长

第一节 教师在课程改革中的角色

一、作为课程改革推动者的教师

教师在教育领域扮演着举足轻重的角色，特别是在课程改革中既是推动者也是实践者。理解和支持课程改革的理念、有效沟通和协调相关事务以及带领团队共同制订和实施改革计划是教师在这一过程中的关键职责。这里深入探讨教师在课程改革中的作用，从理念支持到团队领导的多个方面展开论述。

（一）理解和支持课程改革的理念

理解和支持课程改革的理念对于教师在推动教育改革中发挥作用至关重要。理解课程改革的理念意味着教师需要对当前教育环境和学生需求有清晰的认识，这不仅包括对教育理念和目标的理解，还涉及对教学方法和评估方式的认知，例如随着信息技术的发展和社会需求的变化，学生需要具备更多的创新能力、解决问题的能力和团队合作能力，因此教师需要支持采用更加探究式和实践性的教学方法以培养学生的综合能力和实际应用能力。理解课程改革的理念还意味着教师需要关注学生的个体差异和多样化需求。每名学生都是独特的个体，在学习方式、兴趣爱好和学习目标上都有所不同，因此课程改革需要更加注重个性化教育和差异化教学以满足不同学生的需求，例如一位数学教师采用差异化教学的方法，根据学生的学习水平和学习风格，为他们提供个性化的学习体验和支持。理解和支持课程改革的理念可以激发教师的教学热情和创新精神。当教师深刻理解课程改革的意义和目标时，会更加积极地参与到改革中，探索和尝试新的教学方法和策略，例如一位语言教师会尝试使用游戏化教学或项目式学习来激发学生的学习兴趣,从而提高学生的学习效果和满意度。

(二) 有效沟通和协调与课程改革相关的事务

在课程改革中教师不仅是教学的实施者,更是重要的协调者和沟通者。需要与各方保持密切的联系确保改革计划的顺利推进和实施。教师需要与学校管理层进行有效的沟通,以确保课程改革与学校的整体目标和愿景相一致,这意味着教师需要清楚地表达改革的目的、计划和预期结果,并与学校领导讨论如何将改革计划整合到学校的教育发展战略中去。教师需要与其他教师进行协调合作,特别是在跨学科课程改革中。例如一位语文教师与历史教师需要共同设计一个关于古代文化的跨学科课程。在这种情况下,教师需要密切合作确保各个学科的内容有机衔接,避免重复和冲突,提供给学生一个综合性和丰富的学习体验。教师还需要与学生及其家长进行沟通,以了解他们的需求和反馈。学生和家长是课程改革的重要参与者和受益者,因此他们的意见和建议对于改革计划的制订和实施至关重要,例如教师可以通过开展座谈会、填写调查问卷等方式收集学生和家长的意见,了解对课程改革的期望和反馈,从而调整和优化改革计划。

(三) 带领团队共同制订和实施改革计划

在课程改革中教师不仅是改革的推动者,更是团队的领导者,需要具备优秀的团队领导和管理能力以便带领团队共同制订和实施改革计划。教师需要建立一个强大的团队,包括其他教师、学生和家长等各方,这需要教师具备良好的沟通能力和人际关系技巧,能够与团队成员建立良好的合作关系和信任基础。教师需要明确和清晰地制订改革计划并有效地分配任务和资源。在制订改革计划时教师应该充分考虑团队成员的专业背景、能力和兴趣,合理安排每个人的任务和责任。例如一位数学教师负责设计数学课程的改革内容,而一位艺术教师负责美术课程的改革内容,通过合理分工,可以最大限度地发挥团队成员的优势,提高工作效率和改革的质量。教师需要激励和激发团队成员的积极性和创造力,使他们能够全身心投入改革工作中。这需要教师具备良好的领导力和鼓舞人心的能力,能够激励团队成员克服困难,勇于创新。例如教师可以定期组织团队会议,分享工作进展和成果,鼓励团队成员积极提出建议和意见,共同解决问题和克服挑战。

　　教师作为课程改革的推动者，需要具备广泛的技能和能力。应理解并支持课程改革的理念，注重学生个体差异和多样化需求，积极采用探究式和实践性的教学方法。教师需要在与各方的有效沟通和协调中发挥重要作用，与学校管理层、其他教师以及学生家长密切合作确保改革计划顺利推进。教师需要具备团队领导和管理能力，带领团队共同制订和实施改革计划，有效分配任务和资源，激励团队成员的积极性和创造力，从而确保改革计划的成功实施。

二、促进教师主动参与和贡献

　　在当今教育领域，课程改革和教学创新是推动教育进步的关键因素之一。然而要实现课程改革的目标并提升教学质量，需要教师的积极参与与贡献，因此学校管理层在激发教师热情、提升能力并营造鼓励创新的氛围方面扮演着至关重要的角色。这里探讨如何促进教师的主动参与和贡献，以推动课程改革和教学创新的实现。

（一）激发教师对课程改革的兴趣和热情

　　在激发教师对课程改革的兴趣和热情方面，学校管理层扮演着关键的角色。组织课程改革研讨会、专题讲座或学术会议是一种有效的方式，这些活动提供了一个平台，让教师能够与来自不同学科领域的专家学者互动，分享彼此的经验和见解。通过参与这些活动，教师可以获取最新的教育理念和实践案例，从而拓展自己的思维和教学方法。举例来说，可以邀请成功实施课程改革的学校的教师代表分享的经验，这种实际案例的分享能够激发其他教师的兴趣，让看到课程改革的实际成果和好处，这样的经验交流有助于建立一个共同的教学目标和愿景，增强教师的集体认同感和团队合作精神。为了进一步激发教师的兴趣，学校可以设立一些小型的项目或实践任务，让教师能够在课程设计和教学实践中发挥创造性，这样的项目可以允许教师在保持一定教学框架的基础上进行自由发挥，培养他们的教学创新能力。例如鼓励教师设计新颖的课程模块、采用先进的教育技术，或者组织实地考察等活动都能够激发教师的热情，使他们更加积极投入到课程改革的实践中。为教师提供充分的支持和自主权也是激发热情的关键，这包括提供足够的时间和资源，让教师能够深入参与课程改革工作。让他们在改革过程中能够有更大的自主权，能够根据自己的专业特长和学科特点进行创新，这样的支持和自主权能够增强教师的责任感和投入感，提高参与课程改革的积极性。

（二）提供培训和资源支持，增强教师的能力

提供培训和资源支持是增强教师能力的重要途径之一，学校可以组织课程改革相关的专业培训课程，这些培训课程可以包括理论知识、实践技能以及教学方法的探索。邀请教育专家、资深教师或行业从业者来主持这些培训，能够为教师提供系统的指导和建议，帮助他们更好地理解和应用课程改革的理念和方法。建立课程改革的资源库也是非常重要的，这个资源库可以收集整理相关的教学资料、案例、教学工具以及教学技术，为教师提供丰富的教学参考和支持，这些资源可以来自学校内部的教学实践，也可以来自外部的教育机构或专业组织。通过这样的资源支持，教师可以更加便捷地获取到最新的教学资讯和案例，从而提升自己的教学水平和能力。学校还可以鼓励教师参与到课程改革的实践中去，让他们能够通过实践来提升自己的能力，例如学校可以支持教师参与到课程设计、教学方法的探索以及教学评价等方面的工作中去，为他们提供一个发挥创新能力和专业技能的平台。通过这样的实践机会，教师可以在实践中不断地积累经验，提升自己的教学水平和能力。

（三）营造鼓励教师创新的氛围，倡导教育实践的分享与合作

为了营造一个鼓励教师创新的氛围并促进教育实践的分享与合作，学校管理层可以采取多个措施。学校可以设立课程改革创新奖励机制，奖励那些积极参与课程改革实践并取得成功的教师，这样的奖励可以是荣誉称号、奖金，或者其他形式的奖励，以激励教师投入创新实践中。学校可以建立教师交流平台，通过定期举办教学经验交流会、座谈会或研讨会等形式，让教师们有机会分享自己的教学实践和心得体会，这种交流平台可以是线上的论坛、社交媒体群组，也可以是线下的会议、讲座等形式，以促进教师之间的交流与合作。学校可以支持教师参与课程改革项目的合作研究，通过组建教师团队，共同探索课程改革的问题、制订解决方案并在实践中不断调整和完善，这样的合作研究不仅可以提升改革实践

的效果和成效，也能够增进教师之间的合作意识和团队精神。

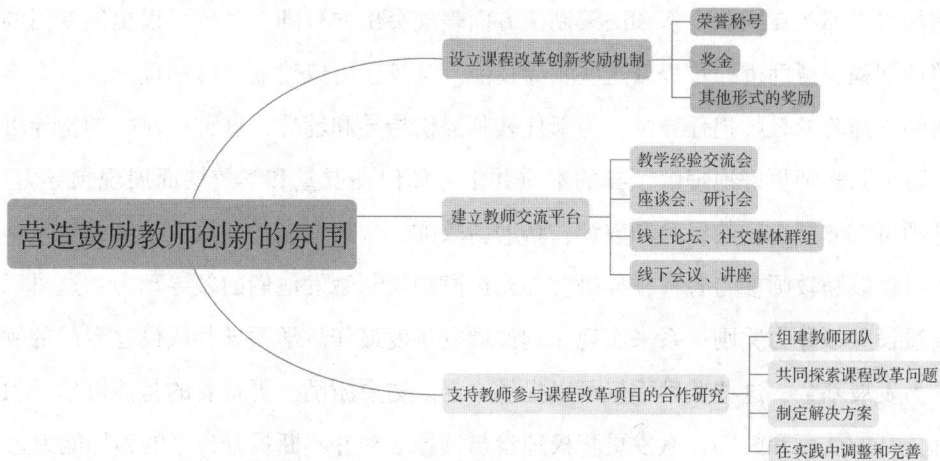

图 3-1-1　营造鼓励教师创新的氛围思维导图

　　为激发教师的热情与兴趣，学校管理层可以通过组织研讨会、培训课程以及提供项目支持等方式，为教师们创造参与课程改革的机会和条件。提供丰富的资源支持和分享平台，如建立交流会、奖励制度和合作研究项目，能够促进教师之间的合作与分享，从而营造鼓励创新的教育氛围，推动教育实践的持续改进与提升。通过这些措施，教师们将更加积极地投入课程改革和教学创新的实践中，为学生的学习与发展带来更加丰富和有意义的教育体验。

三、教师领导力的培养

　　在当今复杂多变的教育环境中教师的领导力显得尤为重要，培养教师的领导潜力和能力，不仅有助于提升教育质量，还能够推动学校的持续发展。这里探讨如何通过一系列措施来发展教师的领导潜力和能力，培训教师在课堂和学校层面展现领导力的技能，并通过激励机制激发教师的领导动力以实现教师领导力的全面提升。

（一）发展教师的领导潜力和能力

　　为了培养教师的领导潜力和能力，学校需要采取一系列措施以确保教师在个人和团队层面都能够展现出卓越的领导力。学校可以制订定期的领导力发展计划，这些计划应该以教师的个人发展需求为基础，重点培养其领导潜力，这包括定期对教师的领导潜力进行评估并根据评估结果提供个性化的培训和发展机会。例如对于那些在团队合作和决策制定方面表现突出的教师，学校可以提供专门的培训课程，帮助进一步提升这些领导技能。学校还可以建立导师制度，由具有丰富领导经验的教师担任导师，为新任教师提供指导和辅导，这种一对一的指导可以帮助新教师更好地理解领导的本质并学习如何在课堂和学校层面展现领导力。导师可以分享自己的经验和教训，帮助新教师更快速地成长和适应新的角色。学校可以鼓励教师参与各种领导机会并通过激励机制激发他们的领导动力，这可以通过设立领导力奖励体系来实现，例如颁发年度最佳教学领导奖或设立专门的领导力发展基金，这些奖励不仅可以提供一定的物质激励，更重要的是能够给予教师公开的认可和鼓励，激发更积极地参与领导活动并不断提升自己的领导能力。

（二） 培训教师在课堂和学校层面展现领导力的技能

培训教师在课堂和学校层面展现领导力的技能是一项复杂而重要的任务，可以通过多种方法和策略来实现。教师可以接受课堂管理培训，学习如何有效地组织课堂、管理学生行为并创造积极的学习环境，这种培训可以包括学习时间管理技巧、建立规则和期望以及处理冲突等方面的内容。教师需要具备良好的沟通技巧，不仅可以与学生进行有效地交流，还可以与同事、家长和管理层进行合作。沟通技巧培训可以帮助教师学会倾听、表达清晰和尊重他人的观点。教师通常需要在团队中合作，例如与其他教师合作制定课程、参与学校委员会或团队项目等。团队协作培训可以帮助教师学会有效地与他人合作、解决冲突并达成共识。教师在日常工作中需要做出各种决策，例如课程设计、评估方法选择等。决策制定培训可以帮助教师学会分析问题、权衡利弊并做出明智的决策。通过组织模拟演练和角色扮演活动，教师可以在模拟的场景中实践领导技能，例如处理学生纪律问题、与家长沟通、参与团队会议等，这种实践可以增强教师的自信心和实操能力。

（三） 通过激励机制激发教师的领导动力

激发教师领导动力的激励机制对于提高学校整体领导力水平和促进教育质量的提升至关重要，学校可以建立完善的领导力奖励体系，设立不同层次的奖项，如"最佳教学领导奖""卓越学科领导奖"等,以表彰在不同领域展现卓越领导力的教师,这些奖项可以包括荣誉证书、奖章、经济奖励或者额外的专业发展机会。为那些在学校管理、教学创新和团队协作等方面表现卓越的教师提供晋升机制,让有机会担任更高级别的职务,这不仅是一种激励,也是一种对其领导力发展的认可。学校可以组织领导力发展计划的竞赛,鼓励教师提交自己的发展计划并评选出最具创新和可行性的方案。获胜者可以获得奖金、培训机会或者其他专业发展资源,激发更多教师参与领导力培训。学校可以建立导师制度,由有丰富领导经验的教师担任导师,指导新晋教师发展其领导潜力。通过与导师的互动,教师能够得到实际经验的分享和指导,促进其领导力的成长。学校可以设立专门的教育基金,用于支持教师参与领导力培训、学术研究和国际交流。颁发奖学金的方式可以基于提出创新教学方法、领导项目成功等标准,从而激发教师主动参与各类专业发展。

通过定期的领导力发展计划、建立导师制度以及提供领导机会和激励机制,学校可以有效地培养教师的领导潜力和能力。通过课堂管理培训、沟通技巧培训、团队协作培训和决策制定培训等方式,教师可以获得在课堂和学校层面展现领导力所需的技能。建立完善的领导力奖励体系、晋升机制、竞赛机制和导师制度等激励机制,可以进一步激发教师的领导动力,推动其积极参与领导活动,从而全面提升教师领导力水平,促进学校的发展和教育质量的提升。

四、建立教师支持网络

在现代教育体系中,建立教师支持网络是至关重要的,这一网络不仅有助于促进教师之间的专业成长和经验交流,还能够提升教学水平、加强团队合作,从而推动整个学校教育的发展。这里探讨如何设立专业发展交流平台、构建导师制度以及利用科技手段建立在线社群,从而建立起完善的教师支持网络。

(一)设立专业发展交流平台,促进教师之间的沟通

为了促进教师之间的专业成长和经验交流,学校可以采取一系列措施来设立专业发展交流平台。定期举办教研活动、专题讲座或研讨会是一种有效的方式,这些活动可以由学校组织,也可以邀请外部专家来进行讲解和指导。在这些平台

上教师们可以分享自己的教学经验、探讨教学方法以及交流教育理念,从而相互学习、借鉴,提升教学水平,例如可以组织一次以"课堂互动技巧"为主题的研讨会,教师们可以分享各自在课堂上应用的互动方式和效果,共同探讨如何提高学生的参与度和学习效果。学校还可以定期举办教学沙龙活动。教学沙龙是一种小范围、轻松愉快的交流形式,通常在晚饭后或周末举行。在教学沙龙上可以邀请一些优秀的教师担任分享嘉宾,分享自己在教学实践中的心得体会和有效的教学方法。其他教师则可以在听取分享的同时,提出自己的问题和疑惑,进行互动交流。通过这种形式,教师们可以轻松地交流和学习,增进彼此的了解和信任。为了方便教师随时随地进行交流和分享,学校还可以建立在线平台,如教师论坛或社交媒体群组,这些平台可以作为一个虚拟的交流空间,教师们可以在其中发表自己的见解、提出问题,与其他教师进行互动,例如可以建立一个专门的微信群,供教师们讨论教学中的问题和困惑,分享教学资源和经验。通过这些在线平台,教师们可以随时随地进行交流和学习,提升教学水平,促进专业成长。

(二)构建导师制度,实现经验传承与新教师支持

建立导师制度有助于促进教师专业发展,导师应具备丰富教学经验和专业知识,既是新教师的指导者也是良师益友。为保证制度有效,学校可提供导师和新教师培训,涵盖教学方法、学科知识更新等内容。建立定期交流机制,如座谈会有助于建立信任关系,了解新教师需求。提供观摩课机会,让新教师学习导师实践经验。通过评估和反馈监测制度效果,确保促进新教师成长,提升教学水平。这一综合制度有助于实现经验传承,提高教师素质,推动学校教育发展。

(三)利用科技手段建立在线社群,拓展教师间的协作与资源共享

利用科技手段建立在线社群是促进教师协作与资源共享的有效方式,学校可建立微信、QQ等群组,按学科、年级等划分,方便教师交流和讨论。利用在线教学平台建立教师社区,教师可发布教学心得、课程设计等,学习借鉴他人经验。组织线上讲座、研讨会等活动丰富教师专业知识,促进交流合作。加强管理与维护确保社群活跃与质量,包括规章制度制定、教师培训、问题及时处理等,这样的在线社群有助于提升教学质量,促进教师专业成长。

通过设立专业发展交流平台，教师们可以定期参与教研活动、专题讲座和研讨会，分享教学经验、探讨教学方法，从而提升自身的教学水平。构建导师制度有助于新教师从经验丰富的教师身上汲取知识，更好地适应教学工作。利用科技手段建立在线社群可以方便教师们随时随地进行交流和资源共享，促进教师之间的协作与合作。建立教师支持网络是促进教育教学质量提升的重要举措，将有助于推动学校教育事业的不断发展。

第二节 专业发展计划

一、设计针对课程改革的培训项目

随着时代的变迁和社会的发展，教育也在不断进行着改革。其中课程改革作为教育改革的核心内容之一，扮演着推动教育发展的重要角色。为了适应不断变化的教育环境和培养具有综合能力的学生，课程改革要不断探索和创新。然而要实现有效的课程改革，需要有针对性地培训项目来支持和引导教师的实践。这里探讨如何设计针对课程改革的培训项目，包括研究课程改革趋势、制定有培训内容以及开展培训活动等方面。

（一）研究课程改革趋势

研究课程改革的趋势对于制定有效的培训项目至关重要，理解当前教育政策对课程改革的影响是必不可少的。政策的调整往往会引导教育体系朝着特定方向发展，例如倡导更注重素质教育或技能培养。教学方法和理念也在不断演变，例如传统的以教师为中心的教学模式向学生为中心的教学模式转变，更强调学生的参与和自主学习。近年来 STEM 教育受到广泛关注，强调实践性教学和跨学科融合。了解这一趋势意味着培训项目应更关注 STEM 教育，为教师提供相关支持。深入研究课程改革的趋势有助于教育机构和政策制定者把握教育发展方向，指导制定针对性的培训内容，推动教育体系的改革和发展。

（二）制定课程改革培训内容

制定课程改革培训内容须考虑当前教育环境和教师需求，内容包括跨学科课程设计，特别是 STEM 教育，项目式学习理念和方法，实验性教学设计与组织以及技术支持课程教学。培训还应关注评价体系建立和教师专业发展，如教学技能提升等，这些内容旨在帮助教师提升教学质量，推动课程改革和教育发展。

（三）开展课程改革培训活动

为有效开展课程改革培训活动，可采取多种形式和方法。定期组织研讨会、讲座邀请专家分享最新理念和实践经验，提供新思路。举办工作坊和训练营，通过实际操作深化理解，将理论知识转化为实际行动。组织教学观摩活动促进教师互相学习，提升教学水平。通过小组讨论和合作项目激发创新意识，促进合作和交流。建设在线学习平台提供学习资源，让教师随时随地学习和交流，这些活动形式旨在全面提升教师的课程改革意识和实践能力。

课程改革培训项目的设计至关重要，它需要紧跟教育发展的潮流，关注政策调整、教学理念变化以及教育技术的应用等方面，通过研究课程改革的趋势，制定符合教师实际需求的培训内容，并通过多种形式的培训活动来促进教师的专业发展和能力提升。这样的培训项目将有助于教师更好地适应和引领课程改革的发展，推动教育体系朝着更加开放、创新和多元化的方向发展。

二、提供持续的专业学习机会

为教师提供持续的专业学习机会是教育领域中至关重要的一项举措。随着社会的发展和教育的不断变革，教师需要不断提升自己的专业水平和教学能力以更好地适应新的教育需求和挑战。在这个背景下，定期举办研讨会、推行专业读书会以及提供在线学习资源等举措成为教师持续发展的重要支持。这里探讨这些措施的具体实施方式和意义。

（一）设立定期研讨会

定期举办研讨会是教师持续专业发展的重要组成部分，这些研讨会旨在为教师提供一个平台，探讨最新的教育理念、教学方法和教育技术的应用以及分享彼此的经验和见解，例如每月组织一次研讨会，可以邀请国内外的教育专家或者学者作为主讲人，分享在教育领域的研究成果和实践经验，这些专家可以介绍最新的教育理论、教学方法和课程设计，为教师们带来新的思路和启发。研讨会也是一个教师们互相交流的平台。教师们可以分享自己的教学探索和反思，讨论教学中遇到的问题和挑战并共同探讨解决的方法。通过参加这样的研讨会，教师们可以不断拓宽自己的教育视野，提升教学水平，为学生提供更优质的教育服务。

（二）推行专业读书会

推行专业读书会是为教师提供持续专业学习的一种有益方式，这种形式的学习活动能够激发教师对教育领域的兴趣，促使深入研究和思考。在专业读书会上教师们可以选择与教育相关的专业书籍、学术期刊或研究论文进行阅读并在一起进行讨论和分享心得，例如可以每季度选定一本经典著作或者最新研究成果，邀请教师们共同阅读并进行深入讨论。通过这样的读书会，教师们不仅可以了解教育领域的前沿知识和最新趋势，还能够分享彼此的理解和观点，相互启发和促进成长。专业读书会还可以培养教师们的批判性思维和分析能力，帮助他们更好地理解教育理论，并应用到实际教学中。通过积极参与专业读书会，教师们将不断提升自己的专业素养和教育水平，为提升学生的学习效果和教育质量做出更大的贡献。

（三）提供在线学习资源

随着互联网的普及和发展，提供在线学习资源已经成为教师持续专业学习的重要方式之一。学校可以建设专门的在线学习平台以便教师们随时随地访问各种教育资源和学习工具，这些资源包括但不限于教学视频、教案模板、在线课程、教育论坛和学术期刊等。通过这些资源，教师们可以根据自己的需求和兴趣，自主选择适合自己的学习内容和学习时间，例如可以观看教学视频学习先进的教学方法和技巧，下载教案模板进行课程设计，参加在线课程学习教育理论和实践经验，或者在教育论坛上与同行交流讨论。这些在线学习资源为教师提供了便捷和灵活的学习方式，不仅可以节省时间和成本，还能够促进教师之间的交流和合作。通过积极利用在线学习资源，教师们可以不断提升自己的教学能力和专业素养，更好地适应教育发展的需要，为学生提供更优质的教育服务。

持续的专业学习机会对教师的成长和发展至关重要。通过定期举办研讨会，教师们可以与专家学者深入交流，获取最新的教育理念和实践经验；推行专业读书会可以促进教师深入思考和学习，拓宽教育视野；提供在线学习资源则为教师提供了便捷灵活的学习途径，帮助随时随地提升自己的专业水平。这些举措的实施将有助于教师们更好地适应教育的变革和发展，为学生提供更优质的教育服务。

三、强化教师的技术运用能力

在当今数字化时代，教师的技术运用能力对于提高教学效果和教育质量至关重要。为了强化教师的技术能力，学校需要采取一系列措施，包括组织技术培训课程、提供实践指导和支持，以及鼓励教师创新实践。通过这些措施，教师们将更加熟练地运用各种教学工具和技术，提升教学效果，为学生提供更优质的教育服务。

（一）组织技术培训课程

为加强教师的技术应用能力，学校应组织多样化的技术培训课程，这些课程涵盖从基础到高级的各种教学技术，包括电子白板、教学软件等基础工具以及虚拟现实、人工智能等前沿技术的应用。学校可以邀请专业的技术培训机构或企业提供定制化课程，围绕教学技术趋势、工具使用技巧、在线教育平台操作展开。通过专业培训机构的支持，教师们能够获得系统化、结构化的知识，更好地应用现代教学技术。利用专业的在线平台进行培训也是一种有效方式，提供灵活的学习时段和地点，方便教师根据自身时间安排选择合适的培训课程。这种方式尤其适合时间紧张的教师，使其能够随时提升技术能力，提高教学质量。

（二）提供实践指导和支持

除了提供理论培训，学校还应为教师提供实践指导和支持。建立由专家和资深教师组成的技术支持团队，解决技术问题并提供实用建议。安排技术专家或资深教师进行现场指导，定期举办技术沙龙或工作坊，共同探讨实际操作和解决教学难题。通过这些举措，教师能更顺利地将技术应用于教学，提高教学效率和质量，学生也能获得更好的学习体验。

（三）鼓励教师创新实践

鼓励教师进行创新实践是提高其技术运用能力的关键。学校可设立教师创新项目基金，为其提供经费支持，激励尝试新的教学方法和技术应用。例如教师可利用基金开发个性化教学软件，结合互动性、多媒体元素和个性化学习路径，提供更富有趣味的学习体验。此举既锻炼教师技术运用能力，又为学生提供更个性化和有效的学习资源。学校还可建立教师交流平台，包括研讨会、在线社区和创新实践展示活动，为教师提供分享创新经验的机会。通过这样的平台，教师们可以学习成功经验、激发创新灵感，并共同建立一个进步的教育共同体。例如一位教师利用虚拟实验室开展在线实验教学，通过交流平台分享了他的经验和成果。

强化教师的技术运用能力是提高教学质量和学生学习体验的重要举措。学校可以通过组织多样化的技术培训课程、提供实践指导和支持以及鼓励教师创新实践来实现这一目标，这些举措将有助于教师们更好地应对技术挑战，提高其技术运用能力和信心，进而提升教学质量，促进学生的全面发展。

四、评价与反馈的重要性

评价与反馈在教育中扮演着至关重要的角色。建立有效的评价体系、提供及时的反馈机制以及支持教师改进教学是学校提升教学质量的关键举措。这里探讨这些方面的重要性并提出相应的建议。

（一）建立有效的评价体系

建立有效的评价体系是确保教学质量持续提升的关键。评价体系应该涵盖多个方面，包括学生学习表现、教师教学效果、课程设置等。其中学生的学习表现可以通过考试成绩、作业质量、参与度等指标来评估；教师的教学效果可以通过学生反馈、同行评估以及教学观摩等方式来评价；而课程设置的评价可以从课程目标的达成程度、教材选用的合理性等方面进行评估。例如学校可以定期组织教学评估小组，由教研组成员和学校管理者共同对教学进行评价和反馈，从而促进教学质量的不断提升。

（二）提供及时的反馈机制

提供及时的反馈机制对于教师持续提升教学质量至关重要，学校可通过多种方式建立此机制确保教师了解教学表现并做出相应调整和改进。鼓励学生提供口头或书面反馈，通过课堂讨论、匿名调查问卷或反馈表格实现。学生反馈直接反映教学效果，帮助教师了解学生学习体验和需求，发现问题和改进空间。建立同行评议机制，让教师相互观摩和交流经验，促进合作共同成长。通过定期教学评估和督导提供反馈，由学校领导或教育顾问进行客观评价并提出改进建议，从更宏观角度审视教学质量，发现问题和改进方向。这些举措将帮助教师不断改进教学，提高教学质量。

（三）支持教师改进教学

支持教师改进教学是学校提升教学质量的关键措施，学校可通过提供专业培训和指导，涵盖教学方法、课堂管理、评估技巧等方面帮助教师提高专业水平。邀请资深教育顾问或教学专家进行培训，分享实用教学技巧和经验，组织教学研讨会或工作坊，让教师深入讨论教学难题，共同寻找解决方案。提供发展空间和资源支持，包括教学设备、教材资源、教学软件等，促使教师更好地开展教学工作。鼓励教师参与教学研究和课程设计，拓展教学领域，提升教学能力，营造良好的学习氛围和建立团队合作机制，鼓励教师相互交流和合作，共享教学经验。设立奖励机制，表彰教学优秀的教师，激励其继续努力为教育事业做出更大的贡献。这些举措将有助于激发教师的学习热情，促进教学水平的不断提升。

评价与反馈是教育质量持续提升的关键环节，学校应该建立有效的评价体系，提供及时的反馈机制以及支持教师改进教学。这样可以促进教学质量的不断提升，为学生提供更优质的教育服务。

第三节 教师合作与团队建设

一、促进跨学科教师团队合作

在当今教育领域，跨学科教学团队合作已成为促进学生综合发展的重要策略，然而要实现跨学科教学的有效合作，需要建立明确的合作目标和愿景，建立高效的交流平台和沟通机制以及促进教师间的互相理解与尊重。这里探讨如何促进跨学科教师团队合作的关键步骤。

（一）制定跨学科合作的目标和愿景

在促进跨学科教师团队合作的过程中，制定明确的合作目标和愿景至关重要，这一步骤不仅可以为团队提供清晰的方向，还能确保合作的针对性和有效性，也有助于激发教师的合作热情和动力。制定跨学科合作的目标有助于确立团队的共同使命和价值观，这些目标可以涵盖学生的学习成果、课程的整合与创新、教师专业发展等方面。例如一个跨学科项目的目标是通过整合语言艺术、科学、社会研究和技术等学科知识，培养学生的创造力、批判性思维和解决问题的能力，从而提升的综合素养和学习成就；例如明确的合作愿景可以激发教师的合作热情和动力，愿景可以是对未来的美好展望和期许是对教育事业发展的憧憬和追求；例如学校希望通过跨学科合作，打破传统学科的界限，创造出更具创新性和前瞻性的教育模式，为学生提供更丰富、更有意义的学习体验。

（二）建立跨学科交流平台和沟通机制

建立跨学科交流平台和高效的沟通机制，对于促进跨学科教师团队合作至关重要，这样的平台和机制有助于打破学科间的壁垒，促进教师间的互相学习和合作。创建在线平台是一种有效的方式，供教师们分享课程设计、教学资源和最佳实践，这个平台可以是学校内部的网络系统或者专门的在线协作工具。教师们可以在这里发布自己的教学资源、经验分享和教学心得，也可以互相评论和提出建议。通过这样的在线平台，教师们可以方便地获取跨学科教学的相关资源和信息，促进教学理念的交流和碰撞。定期召开跨学科会议也是非常重要的，这些会议为教师们提供了面对面交流的机会，使教师能够更加深入地了解其他学科的教学特点和需求。在会议上教师们可以分享自己的教学经验，讨论课程设计的方法和策略，共同探讨跨学科教学的挑战和解决方案，这样的会议不仅能够促进教师之间的交流和合作，还能够增强团队的凝聚力和归属感。

（三）促进跨学科教师间的互相理解与尊重

促进跨学科教师间的互相理解与尊重是构建协作团队的重要步骤，这有助于打破学科之间的界限，促成更加紧密的合作关系。学校可以组织跨学科研讨会和工作坊，为教师提供深入了解其他学科特点和需求的机会。这类活动可以包括专题讲座、小组讨论、案例分享等形式，让教师们深入了解其他学科的教学理念、方法和挑战。通过与跨学科同事的互动，教师们能够建立起对其他学科工作的认知并逐渐形成共鸣，为未来的合作打下基础。鼓励教师进行互访是促进互相理解的有力手段。通过亲身体验其他学科的教学环境，教师们可以更全面地了解同事所从事的工作，体会到其他学科的独特之处。这种互访不仅可以促使教师建立起对其他学科工作的尊重，还有助于建立起更加紧密的合作关系。培养团队成员之间的良好关系是确保跨学科合作成功的关键，通过团队建设活动、集体座谈等形式，促使教师们更好地了解彼此的背景、兴趣和专业技能。这种良好的人际关系将为合作营造积极的氛围，降低合作过程中的沟通障碍，提高工作效率。

制定跨学科合作的目标和愿景是确立团队共同使命和价值观的基础，建立跨学科交流平台和沟通机制是打破学科间壁垒、促进教师间互相学习和合作的关键，促进跨学科教师间的互相理解与尊重则是构建协作团队的重要步骤。通过这些步骤的实施，将有助于促进跨学科教师团队合作的效果，为学生提供更丰富、更有意义的学习体验。

二、共享资源与最佳实践

在现代教育领域，教师们之间的合作和资源共享变得越来越重要，为了提升整体教学质量并促进教学方法的创新，学校和教育机构采取了一系列措施来促进教师间的资源共享和最佳实践的分享。其中包括创建资源共享平台或网络、举办资源分享会议或研讨会，以及建立最佳实践的案例库和教学经验分享机制。这里深入探讨这些举措并分析其对于提升教学质量和促进教师间合作的重要性。

（一）创建资源共享平台或网络

创建资源共享平台或网络是促进跨学科教师团队协作的有效途径，学校可通过内部网络系统或在线协作工具建立平台为教师提供交流和分享教学资源的渠道。该平台能够支持教师上传和下载课程设计、教学资源等，实现跨学科教学的深度整合。例如某学校的"教学创新共享平台"允许不同学科的教师分享教学资源，通过关键词搜索和学科分类，教师可以轻松找到并借鉴其他学科的优秀资源。这样的平台打破了学科之间的信息壁垒，促使教师在共同平台上交流经验、分享创新，快速应用彼此的成功经验。通过资源共享，学校为跨学科教师团队创造了开放、协作的环境，提升了教学质量，为学生提供更创意和深度的学习体验。

（二）举办资源分享会议或研讨会

举办资源分享会议或研讨会是促进教师经验交流和共享最佳实践的重要活动，这样的会议提供了一个平台，让教师能够面对面分享教学经验、成功案例和创新方法，激发教学创意和合作精神。例如一所学校定期举办名为"教学创新研讨会"的活动，吸引了来自不同学科领域的教师参与。在研讨会上教师展示成功案例，分享教学策略和方法，例如使用文学作品激发写作能力或将实验教学与实际问题解决结合起来。通过这样的会议，教师们不仅学习借鉴他人经验，还可以与其他教师深入交流，共同探讨跨学科教学挑战和解决方案。这种互动有助于激发创新思维，增进合作意识和团队凝聚力，促进教师团队合作，提升教学质量为学生学习成效提供重要支持。

（三）建立最佳实践的案例库和教学经验分享机制

建立最佳实践的案例库和教学经验分享机制旨在让教师从他人的成功经验中汲取教训，促进教学水平提升和方法创新。这一机制收集和整理各种优秀的教学案例、成功经验和方法，为教师学习提供便捷途径。例如一所学校建立了名为"教学创新案例库"的在线平台，教师可以分享自己在教学实践中的优秀成果和创新方法。其中包括历史教师设计的生动历史课和数学教师利用游戏化教学提高学生兴趣的经验，这些案例详细描述了教学目标、设计、过程和效果，为其他教师提供有益参考。通过这一机制，学校为教师提供了共享和学习的平台，促进了交流合作，提升了教学质量。不断更新丰富此机制将激励教师持续学习成长，推动教育教学创新进步。共享资源与最佳实践在教育领域中扮演着至关重要的角色。通过创建资源共享平台、举办资源分享会议以及建立最佳实践的案例库和分享机制，教师们能够更好地交流经验、借鉴成功案例并共同探讨教学创新的特性。这些举措不仅促进了教师之间的合作与交流，也为学生提供了更加丰富和有趣的学习体验，从而推动了教育教学的不断发展与进步。

三、团队教学与协作项目

在当今教育领域，设计跨学科的教学项目和课程以及推动团队教学与协作项目已成为培养学生全面素养和跨学科思维的重要手段，这一举措不仅融合了多个学科的知识和技能，为学生提供更丰富深刻的学习体验，也培养了综合分析和解决问题的能力，为未来学习和职业发展奠定了坚实基础。在团队教学与协作项目方面，通过科学探索团队的案例，学生在小组中合作完成任务，不仅提高了学术水平，还培养了沟通、协调和领导等重要技能。这种团队合作的教学方法在培养学生的协作能力和团队精神方面具有显著的效果。通过开展跨学科的研究和实践活动，学生将理论知识与实际问题结合起来，运用多个学科的知识分析和解决复杂问题。

（一）设计跨学科的教学项目和课程

设计跨学科的教学项目和课程是为了促进学生全面发展和跨学科思维能力，举例来说，一个名为"可持续城市规划"的项目，将地理、社会学、经济学和环境科学融合，可让学生从多角度思考城市可持续发展问题。学生学习地理分析城市地形和气候，利用社会学研究城市居民生活方式，利用经济学评估资源利用，利用环境科学提出生态保护方案。通过这些项目学生不仅学习了学科知识，还培养了综合分析和解决问题的能力，从而为未来学习和工作奠定基础。这样的教学项目可促进学生学术发展，培养跨学科思维和团队合作能力。

（二）通过团队教学培养学生的协作能力

团队教学是培养学生协作能力和团队合作精神的有效途径之一。通过在团队中合作完成任务，学生不仅可以提高自己的学术水平，还能够培养沟通、协调和领导等重要技能。举例来说，想象一个名为"科学探索团队"的团队教学项目，在这个项目中学生被分成小组，每个小组负责探索一个科学问题或实验，例如学生被要求研究植物生长的影响因素，或者设计一个物理实验来验证某个假设。在这个过程中学生需要共同商讨、制订实验方案、分工合作并最终呈现他们的研究成果。通过这样的团队教学项目，学生不仅能够学会如何在团队中合作，还能够锻炼自己的领导和组织能力。在小组中需要学会倾听他人的意见、尊重他人的想法并在团队中发挥自己的作用。通过相互协作和互相支持，学生们能够共同完成任务并从中体会到团队合作的重要性和价值。

（三）开展跨学科的研究和实践活动

开展跨学科的研究和实践活动是为了让学生将理论知识与实际应用结合起来，培养他们的综合素养和解决问题的能力。这样的活动涵盖多个学科领域，让学生通过跨学科的角度来思考和解决复杂的现实问题。举例来说，一个关于可持续发展的跨学科研究项目可以为学生提供丰富的学习体验，在这个项目中学生需要探索可持续发展的原则和实践，并通过调查、实地考察和数据分析来深入了解相关问题，例如可以研究当地社区的能源使用情况、废物处理方式以及对环境的影响。通过这样的实践活动，学生不仅能够了解理论知识，还能够将所学知识应用到实际问题的解决中。在这个项目中学生需要运用地理、环境科学、经济学等多个学科的知识来分析和解决问题，学生需要与专家合作，收集数据并进行分析，最终提出相关的政策建议或解决方案。通过这样的跨学科研究项目，学生将培养综合素养和解决问题的能力，也促进了跨学科知识的整合和应用。

设计跨学科的教学项目和课程、推动团队教学与协作项目、开展跨学科的研究和实践活动，是培养学生全面素养、跨学科思维和团队协作能力的有效途径，这些举措不仅拓宽了学生的学科视野，丰富了他们的学习经验，还提升了他们解决实际问题的能力。通过培养具备综合素养的学生，教育机构为未来的学业和职业成功打下了坚实的基础，使他们具备更好地适应未来社会需求的能力。

四、解决合作中的挑战

团队合作中的挑战是不可避免的，但领导者可以采取积极主动的方法来有效解决这些问题，从而促进团队的协作和成果。这里深入探讨如何管理团队中的冲突和分歧，解决资源分配和责任分工的问题，以及通过提供持续的支持和培训来增强团队合作的效果和持久性。

（一）管理团队中的冲突和分歧

在团队合作中有效地管理冲突和分歧至关重要，领导者应采用积极而有效的沟通和解决冲突策略。团队会议是促进沟通的理想场所，领导者应鼓励开放的对话，确保每个成员都感到被听取和尊重。建立解决冲突的机制是确保问题及时得到解决的关键，包括设立一个专门的团队冲突解决小组，这个小组通过中立的立场、倾听各方观点并提供公正的解决方案，有效地缓解潜在的紧张局势。领导者应在团队中树立积极的冲突解决文化，鼓励团队成员将冲突视为问题解决的机会。通过提倡开放、尊重和合作的态度，领导者可以营造一个团队愿意面对和解决问题的氛围。

（二）解决资源分配和责任分工的问题

在团队合作中解决资源分配和责任分工问题是至关重要的，领导者应采取一系列措施确保资源公平分配和责任明确分工。透明的沟通是基础，领导者应与团队成员清晰、及时地沟通，传达项目计划和目标，确保每个人了解整体方向和自己的角色。制订明确的项目计划和任务清单是关键步骤，领导者与团队共同制订详细计划，明确每个人的任务和目标，避免资源浪费和责任模糊。建立有效的反馈机制也是必不可少的，领导者定期与团队成员进行反馈和评估，了解资源利用和责任履行情况。鼓励成员提出建议和意见，增强参与感和责任心，有助于发现问题并及时调整。例如在新产品开发团队中领导者与团队成员制订详细的计划，明确每个人的任务，如市场调研、产品设计和生产计划，通过明确分工避免了资源浪费和责任模糊。

（三） 提供持续的支持和培训，增强团队合作的效果和持久性

为了持续增强团队合作的效果和稳固其持久性，领导者需要提供持续的支持和培训机会，定期组织培训课程，致力于团队成员的专业技能提升，涵盖行业最新发展趋势，确保团队处于专业前沿。组织团队建设培训，培养沟通、协作、问题解决等技能，促进良好协作关系，建立定期的团队评估机制是关键，了解团队发展趋势、成员需求和存在问题，通过反馈会议和调查及时发现潜在问题，采取相应措施调整和改进。例如销售团队可以定期培训销售技巧和客户关系管理，并通过客户反馈和团队评估发现问题，及时调整改进。

在团队合作中领导者面临着多方面的挑战，包括管理冲突和分歧、解决资源分配和责任分工的问题以及提供持续的支持和培训。通过鼓励开放的对话，建立解决冲突的机制，领导者可以有效地应对团队内部的紧张局势。透明的沟通、明确的项目计划和任务清单是解决资源分配和责任分工问题的关键步骤，确保团队成员了解整体方向和自己的角色。通过定期的培训和团队评估机制，领导者能够不断提升团队成员的专业技能和团队合作技能，从而增强团队的合作效果和持久性。通过这些措施，团队能够更好地适应变化、优化工作流程并实现长期稳定和成功。

第四节 支持教师创新与实验

一、为教师创新提供资源与空间

为教师创新提供资源与空间是教育发展的重要方向之一。通过提供专业发展资源、物质支持以及时间和空间，学校可以激发教师的创新潜能，促进教学质量的不断提升。这里从这三个方面展开论述，探讨如何有效支持教师的创新实践。

（一）提供专业发展资源

提供专业发展资源是为了帮助教师不断提升自身的教学水平和专业能力，从而更好地应对日益多样化的教学需求，这些资源包括各种形式的教育培训课程、研讨会、讲座等，例如学校可以定期邀请教育专家举办专题讲座，介绍最新的教学理论和方法，让教师了解行业前沿动态，拓宽视野。组织针对特定教学领域的工作坊或研讨会也是一种有效的方式，让教师有机会深入研究和讨论自己感兴趣的教学主题，例如针对英语教学领域，可以组织口语教学技巧研讨会，让教师分享有效的口语教学策略和实践经验。这些专业发展资源不仅可以提升教师的教学能力，还可以激发他们的创新思维，促进教学方法的不断创新与改进，因此学校应该积极提供各种形式的专业发展资源，为教师的成长和发展提供有力支持。

（二）提供物质支持

提供物质支持对于教师的创新教学至关重要，这种支持包括购买教学资源、设备和软件等以满足教师实施创新教学方法的需求。学校可以投资购买先进的教学设备，如互动白板、平板电脑等，这些设备可以为教师提供更多的教学手段和方法，使他们能够更生动地呈现教学内容，激发学生的学习兴趣。学校还可以提供丰富多样的教学资源，如数字化教材、多媒体课件等，这些资源可以帮助教师更好地设计和开展教学活动，满足不同学生的学习需求，例如对于语言类课程，学校可以提供语音识别软件和在线语言学习平台，让学生通过多样化的学习方式提高语言水平。提供物质支持可以为教师的创新教学提供必要的条件和保障，促进教学效果的提升，培养学生的综合能力和创新思维，因此学校应该重视物质支持的作用，积极投入资金和资源，为教师的创新教学提供更好的支持和帮助。

（三）提供时间和空间

提供时间和空间是支持教师创新的关键因素，学校应该创造一个宽松的工作环境，给教师足够的时间和空间来思考、尝试和实践新的教学理念和方法。学校可以通过合理安排教师的工作时间来支持他们的创新实践，这意味着确保教师有足够的时间参加专业发展活动，如研讨会、培训课程等以提升他们的教学技能和知识水平。也需要给予教师足够的时间来准备课程设计和教学实验，让他们能够充分思考和筹划教学活动确保教学质量和效果。学校还应该为教师提供充足的教学场所和资源以支持他们的创新实践，这包括提供教室、实验室、图书馆等教学场所以及各种教学设备和资源，如计算机、实验器材、图书资料等。只有在这样的良好条件下教师才能够自由地开展各种教学实践活动，发挥自己的创造力和想象力，不断探索和尝试新的教学方法和策略。

为教师创新提供资源与空间是教育发展的重要保障，学校应该为教师提供丰富多样的专业发展资源，包括培训课程、研讨会等以提升他们的教学能力和专业水平。学校还应该提供物质支持，购买先进的教学设备和资源，满足教师创新教学的需求。学校还应该创造宽松的工作环境，给教师足够的时间和空间进行思考、尝试和实践，让他们能够充分发挥创造力，不断探索和尝试新的教学方法和策略，这样才能够真正推动教育的发展，培养出更多具有创新精神和实践能力的优秀教师。

二、鼓励教师进行教学实验

鼓励教师进行教学实验是推动教育创新和提高教学质量的重要举措，其中支持试错文化、提供实验平台以及建立健全的反馈机制是实现这一目标的关键。这里探讨这三个方面如何促进教师进行教学实验并最终推动教育教学的不断创新和发展。

（一）支持试错文化

支持试错文化是提升教师创新能力和教学水平的重要策略，学校应创造开放、包容的环境，让教师敢于尝试新的教学方法，接受失败并吸取教训，这种文化激发创造力，促进教学方法的不断优化。鼓励教师尝试不同的评估方式和教学工具，如在线测验、小组讨论等有助于全面了解学生学习情况，若某方式效果不佳，教师应以积极态度看待，思考失败原因并寻找改进方法，丰富经验，促进教学效果提升。支持试错文化须给予教师信任和支持，管理者应鼓励教师创新，提供必要支持和资源，建立良好沟通机制使教师能自由分享实践经验，形成共同学习和成长氛围。

（二）提供实验平台

提供实验平台是教师进行教学实验的重要支持和保障，学校应设立专门的教学实验室，配备先进设备和技术支持让教师能灵活尝试新教学方法。数学教学可提供数学建模软件和互动教学工具，设计数学游戏等活动，培养学生解决问题和创新思维能力。教师可利用实验平台进行资源共享和交流，推动教学方法创新，学校应提供培训和指导，包括教师培训课程和工作坊让教师学习如何设计实验性教学活动和评估效果。这样的支持和培训能使教师更自信、有序地进行教学实验，为教育教学的创新和发展做出贡献。

（三）提供反馈机制

建立健全的反馈机制是支持教师进行教学实验的关键，学校可定期举行评估和反馈会议让教师分享实践经验，获得同行和专业人士的建议，这有助于教师全面了解教学实践，发现问题并及时调整改进教学策略。评估会议可邀请教育专家或同行教师作为评审委员，对教学实验进行评估和反馈，提出建议并帮助教师改进。教师可与评审委员和其他教师交流，相互学习，推动教学方法创新。学校可建立其他反馈机制，如教学实验报告和学生评价，帮助教师更全面了解自己的教学实践，及时改进，这些措施有助于提高教师水平和教学质量，促进教育教学的创新发展。

在教育领域支持试错文化是培养教师创新能力和提升教学水平的重要途径之一，学校应该营造开放、包容的环境，让教师敢于尝试新的教学方法和策略并从失败中吸取经验教训。提供实验平台也是支持教师进行教学实验的关键。学校应设立专门的教学实验室，配备先进的设备和技术支持，让教师能够更灵活地进行实验性教学尝试。建立健全的反馈机制也是支持教师进行教学实验的重要环节。学校可以通过定期的评估和反馈会议，为教师提供一个分享实践经验和成果的平台，促进教学效果的不断提升，这些举措共同推动着教育教学的创新与进步。

三、支持教师参与课程研发

在当今教育领域，课程研发扮演着至关重要的角色，它直接影响着教学质量和学生学习效果。为了激发教师的创新潜能、提升课程的实效性，学校应当着力支持教师参与课程研发，这不仅需要提供充足的资源和技术支持，还需要鼓励合作研发以及促进成果共享。这里探讨如何在学校层面建立支持教师参与课程研发的机制以推动教育教学的不断创新和发展。

（一）提供研发支持

为了鼓励教师积极参与课程研发，学校应该提供充足的研发支持，这种支持不仅包括财政方面的资金支持，也包括技术和培训方面的支持。学校可以设立专门的课程研发基金，为教师提供经费来购买教材、教学资源和技术设备以支持开展课程研发工作，这些经费可以用于购买新的教辅资料、制作教学视频、开发在线教学平台等，从而丰富课程内容，提升教学质量。学校还应该提供必要的技术支持，包括提供先进的教学设备和软件工具，帮助教师更加高效地开展课程研发工作，例如学校可以建立数字化教学资源库，为教师提供各种在线教学工具和平台，方便开展课程研发和教学实践。学校还应该提供必要的培训和指导，帮助教师掌握课程研发的基本理论和方法，提升其研发能力和水平。通过这样的研发支持，学校可以激发教师的创新热情，促进教育教学的不断创新和发展。

（二）鼓励合作研发

鼓励教师之间的合作研发是推动课程创新和提高教学质量的重要途径，学校可以通过组织跨学科的团队，促使不同学科的教师共同参与课程研发项目。例如数学教师和科学教师可以联合开发跨学科的数学与科学课程，设计涵盖数学和科学领域知识的综合性教学内容，从而增强学生的学科交叉应用能力，这种跨学科的合作研发不仅能够丰富课程内容，还能够提升学生的学习体验和综合素养。除了跨学科合作外，学校还可以鼓励教师与教育技术人员、行业专家等进行合作研发。教育技术人员可以为教师提供技术支持，帮助设计并利用教育科技工具进行课程研发。与行业专家合作可以使课程内容更贴近实际应用和行业需求，为学生提供更具实践性的教学内容和体验。通过鼓励合作研发，教师们可以共享资源、共同探讨，从而在课程设计和教学实践中获得更多的启发和支持。这种合作不仅有助于提高课程质量，还能够促进教师之间的交流与合作，推动教育教学的不断创新和进步。

(三) 促进成果共享

为了促进课程研发成果的共享，学校应建立起相应的机制，让更多的教师受益于优秀的研发成果。一种有效的方式是通过举办课程展示会和教学经验分享会来实现成果的共享，这样的活动可以为教师们提供一个展示研发成果和教学经验的平台，从而促进交流和合作。在这些展示会上教师们可以分享研发成果，介绍课程设计的理念和方法并分享教学实践中的经验和心得。通过这样的交流和分享，教师们可以相互启发，借鉴彼此的经验和做法，进一步提升自己的课程设计和教学水平。学校还可以建立课程资源共享平台，为教师们提供一个方便快捷地获取和共享优质教学资源和课程设计方案的平台。通过这样的平台，教师们可以分享自己的课程设计方案、教学材料、教学视频等教学资源。也可以浏览和借鉴其他教师的优秀教学资源，这样的资源共享平台不仅有助于节约教师们的时间和精力，也能够促进教学资源的共享与交流，进一步推动课程研发的共同进步。通过建立起促进课程研发成果共享的机制，学校可以有效地促进教师之间的交流与合作，提升课程研发的效率和质量，从而推动教育教学的不断创新和发展。

学校应该在多个方面支持教师参与课程研发，提供充足的研发支持，包括经费、技术和培训等方面的支持以激发教师的创新热情。鼓励合作研发，通过跨学科团队和技术人员、行业专家的合作，丰富课程内容、提高教学质量。促进成果共享，通过举办展示会和建立资源共享平台等方式，让更多教师受益于优秀的研发成果，推动课程研发的共同进步，这样的举措将有效促进教师之间的交流与合作，提升课程研发的效率和质量，推动教育教学的不断创新和发展。

四、认可与奖励教师的创新努力

在当今教育环境中，教师的创新努力在提升学校教育质量和推动教学方法方面起着至关重要的作用，为了认可和奖励教师在课程研发领域的创新成就，学校应该建立有效的机制来激励教师的积极参与。这里探讨三种主要的方法，设立奖励机制、提供晋升机会以及宣传推广，以便更好地认可和奖励教师的创新努力，从而推动整个教育教学工作的不断提升。

（一）设立奖励机制

为了认可和激励教师在课程研发方面的创新努力，学校可以建立奖励机制，这种机制可以通过各种形式的奖励来表彰教师的优秀成就，例如学校可以设立"优秀课程设计奖"，每年评选出在课程研发领域表现突出的教师或团队并授予荣誉称号、奖金或其他形式的奖励。这样的奖励不仅可以鼓励教师在课程设计方面进行创新探索，还可以树立典范，激励更多的教师积极投入课程研发工作中。学校还可以根据教师的课程研发成果，提供不同层次的奖励以满足不同教师的需求和动力，从而推动整个教育教学工作的不断创新和发展。通过设立奖励机制，学校可以有效地认可和激励教师的创新努力，促进教育教学的不断提升。

（二）提供晋升机会

为了认可和奖励教师在课程研发中的创新努力，学校可以通过提供晋升机会来进一步激励教师的积极参与。将积极参与课程研发并取得显著成果的教师纳入晋升评估的重要考量因素，将有助于营造一种鼓励创新的文化氛围。例如学校可以明确规定，教师在课程设计、实施和评估等方面取得卓越成绩的将被纳入晋升的评估范围。这样的机制不仅能够引导教师更加关注课程研发，还能够提高整体教育水平，为学校的发展注入新的动力。通过提供晋升机会，学校吸引更多有激情和创造力的教师参与到课程研发中来。这有助于形成一个向优秀教育工作者敞开大门的体制，激发教师在课程研发上的热情。教师们也会更加主动地追求个人职业发展，提高其在教育领域的专业水平。这种以课程研发为晋升的重要考量因素的机制将有效地推动学校教育教学质量的不断提升。

（三）宣传推广

学校应该通过宣传推广的方式来认可和奖励教师在课程研发方面的创新努力，这种宣传可以通过多种渠道进行，如校报、校园网站、学校社交媒体平台等，及时报道和宣传那些在课程研发方面取得成就的教师和团队，让更多人了解和认可的工作成果。例如学校可以定期在校报或校园网站上发布关于教师们课程研发成果的专题报道，介绍他们的创新教学方法、设计理念以及取得的成效。在学校的社交媒体平台上分享教师们的成功案例和经验，引起广泛关注和讨论。除了媒体宣传外学校还可以组织相关的经验交流会和研讨会，在这些活动中，教师们可以分享他们的研发经验和教学实践，向其他教师展示的成果和创新成就，通过这样的交流和分享，可以激发更多教师的学习兴趣，促进教学方法和经验的交流，提高整体教学水平。通过宣传推广，学校不仅能够充分认可和奖励教师的创新努力，还能够激发更多教师的创新热情，推动整个学校的教育教学工作不断向前发展。这种宣传推广不仅可以提高教师的工作积极性和创造力，还可以为学校营造起一个鼓励创新的良好氛围，为教育事业的发展注入新的动力。

　　通过设立奖励机制、提供晋升机会以及进行宣传推广，学校可以有效地认可和激励教师在课程研发方面的创新努力。这些举措不仅能够激发教师的创新热情，还可以促进教学方法和经验的交流，提高整体教学水平，因此建立良好的认可与奖励体系，将为学校的教育教学工作注入新的动力，推动教育事业的不断发展。

第四章　以学生为中心的课程设计

第一节　学生需求的识别与分析

一、理解学生的学习需求与兴趣

理解学生的学习需求和兴趣是教育中至关重要的一环。通过认真分析学生的需求和兴趣，教育者能够更好地定制教学方案，提供更具吸引力和有效性的学习体验。这里探讨学习需求的分类与特点，然后介绍调查和调研学生学习需求的方法，分析学生的兴趣和学习动机，为教育工作者提供指导。

（一）学习需求的分类与特点

学习需求是学生在学习过程中所需的内容、技能或体验，通常分为实际需求和潜在需求两种类型。实际需求是学生能够明确表达的，如提高数学计算能力或掌握特定知识。潜在需求则是未被明确表达但存在的，如对新领域的探索或创造力的发展。学习需求具有多样性、动态性和个性化特点，不同学生之间的需求因其背景、兴趣、学习风格等而异，而且随着学生的成长和经历，需求也会变化。因此教育者需要关注学生的差异，持续了解和适应学生的变化需求以确保学习得到有效支持和指导。

（二）调查和调研学生的学习需求

为了全面了解学生的学习需求，教育者可以采用多种调查和调研方法，问卷调查是一种常见有效的方式，通过设计有针对性的问卷，可以系统地了解学生对课程和教学方法的喜好和期望，同时也能挖掘潜在需求。个别面谈则更深入，能够在一对一的交流中获取学生的真实想法和期望，尤其适用于识别潜在需求。小组讨论有助于收集到不同学生之间的共同和独特需求，促进彼此之间的交流和灵感。利用教学反馈表和学习日志等工具能够追踪学生的学习过程和感受，及时了解学生在课堂上的需求和体验，为教育者调整教学策略提供指导。这些方法的综合运用能够为教育者提供全面而准确的学习需求信息，为课程设计和教学提供有力支持。

（三）分析学生的兴趣和学习动机

学生的兴趣和学习动机是影响其学习过程的重要因素，了解学生的兴趣有助于定制吸引人的课程，教育者可以通过观察学生日常生活中的爱好和选择来捕捉他们的兴趣点，设计相应的教学活动。而了解学生的学习动机则有助于教育者更精准地引导学生的学习方向，有的学生受到职业发展的驱动，对与将来工作相关的知识更感兴趣；而有的学生更注重个人兴趣和成就感，对能够激发创造力的学科更有热情。教育者可以根据学生的学习动机设计课程内容和教学策略，使学生更主动地参与学习过程。学生的兴趣和学习动机之间存在相互影响的关系，激发学生的兴趣可以增强其学习动机，而满足学生的学习动机也有助于培养其兴趣。

学生的学习需求和兴趣对于教育工作者至关重要，了解学生的需求类型、特点以及调查研究方法有助于教育者更好地满足学生的实际需求，并激发其学习兴趣和动机。通过巧妙地结合课程设计和教学策略，教育者能够为学生提供更具个性化和有意义的学习体验，从而推动其全面发展。

二、考虑学生的背景与多样性

在教育中，考虑学生的背景与多样性是构建包容性学习环境的关键，了解学生的文化背景和家庭环境能够帮助教育者更好地理解学生的学习需求和期望。理解学生的年龄、性别等个体差异，有助于个性化地设计教学方案以满足每名学生的学习风格和兴趣。关注学生的特殊需求和学习障碍，是确保每名学生都能够实现其学习潜力的关键一环。

（一）考虑学生的文化背景和家庭环境

学生的文化背景和家庭环境对其学习过程有着深远的影响，教育者需要意识到不同学生来自不同的文化背景，拥有不同的价值观、信仰和习俗，这些因素会影响对学习的态度、行为和期望。例如一些学生来自强调集体主义的文化，更倾向于团队合作和集体学习；而另一些来自强调个人主义的文化，更注重个人成就和竞争。同样，学生的家庭环境也是重要的影响因素，家庭的经济状况、家庭成员的教育背景以及家庭对教育的态度都会对学生的学习产生影响，因此教育者需要通过了解学生的文化背景和家庭环境，采取相应的教学策略以更好地支持他们的学习。

（二）理解学生的年龄、性别等个体差异

理解学生的个体差异是教育中至关重要的一环，尤其需要关注年龄和性别等因素，不同年龄段的学生因为生理和心理发展水平的不同，其认知、兴趣和学习方式存在显著差异。教育者在设计教学活动时需要考虑适应不同年龄段学生的特点，如幼儿时期注重趣味性和互动性，而青少年更喜欢自主学习和实践探究。性别也会对学生的学习产生影响，尽管性别不应成为对学生进行假设的唯一标准，但在某些文化背景下存在性别差异，例如男生更倾向于数学和科学，女生更喜欢语言和人文学科。然而教育者应避免对学生进行性别刻板印象的假设，关注每名学生的个体特点和需求，提供个性化的学习支持和指导，这样的关注有助于创造更包容、灵活的学习环境，促进每名学生的全面发展。

（三）关注学生的特殊需求和学习障碍

在教育中关注学生的特殊需求和学习障碍至关重要，以确保每名学生都能充分发挥其学习潜力。针对不同的学习障碍，教育者可以采取个性化的教学方法，包括使用多种教学策略和资源，如视觉、听觉和动手实践的方法。对于注意力不集中或注意力缺陷的学生，可以通过创造有趣和多样化的学习环境来吸引学生的注意力，同时提供额外的支持和指导。对于需要特殊教育服务的学生，如身体或智力残疾、言语或听觉障碍的学生，教育者需要与专业人士合作，制订个性化的教育计划并提供适当的支持和资源，以确保这些学生在教育过程中能够获得平等的机会和资源。这种关注和支持体现了对学生个体差异的尊重，也促进了包容性教育环境的建立。

考虑学生的背景与多样性是教育中的重要议题，教育者需要关注学生的文化背景和家庭环境，理解的个体差异并关注特殊需求和学习障碍，以确保每名学生都能够得到充分的支持和关注，实现其学习潜力，这种关注和尊重学生多样性的态度将有助于建立一个包容性的学习环境，促进每名学生的全面发展。

三、学生参与课程设计的意义

学生参与课程设计是教育中一项重要而有意义的实践，这种参与不仅是为了赋予学生更多的自主性和责任感，更是为了促进他们的全面发展。通过学生的参与，课程设计不再是一种单向的传授，而是一种与学生共同探索、共同建构的过程。在这个过程中学生得到了更多地尊重和认可，也培养了他们的主动性、责任感、批判性思维以及创造力，因此学生参与课程设计具有重要的意义和价值。

（一）促进学生主动参与和投入

学生参与课程设计不仅是为了让他们感到被听取，更是为了激发他们的主动性和投入度。当学生融入课程设计的过程中时，感受到自己的声音被重视，这种认可和参与感激发了更强烈的学习动力。通过这种参与决策的过程，学生逐渐感受到对学习的掌控权，这种掌控感促使他们更积极地参与学习活动。例如想象一下一个科学班级，教师邀请学生共同决定下一个学期的研究主题。学生们可以根据自己的兴趣和好奇心提出各种各样的想法，比如生态系统的平衡、太阳能利用技术等。当意识到自己的提议被采纳并成为下一学期的研究主题时学生会感到非常兴奋和投入，这种自主选择的主题会让他们更加积极地投入，研究中因为对主题充满了好奇心和热情，从而获得更加深入和有意义的学习体验。

（二）提高学生对课程的认同感和学习动力

学生参与课程设计的过程不仅是为了传授知识，更是为了建立起学生与课程内容之间的紧密联系，从而提高对课程的认同感和学习动力。当学生的需求和兴趣被纳入课程设计中时，会感到自己的学习经验得到了重视和尊重，因此更愿意全身心地投入学习中去。举例来说，假设学生参与设计一个社区服务项目的课程，在这个过程中学生可以从社区的实际需求出发，共同探讨他们的项目方向和实施方法。当学生意识到自己的意见和建议被采纳并转化为实际的行动计划时会感到自己的贡献得到了认可，进而激发起学习的动力，会更加珍惜这个项目。因为它不仅是课堂上的一项任务，更是与实际生活紧密联系的社区服务活动，这种认同感和责任感将激发学生更加积极地投入项目中不断探索和学习，从而取得更丰硕的成果。

（三）培养学生的批判性思维和创造力

学生参与课程设计是培养批判性思维和创造力的重要途径之一，在这个过程中学生不仅是被动地接受知识，更是积极地思考问题、提出解决方案并与他人进行合作和讨论，这种互动和合作的过程激发了他们的批判性思维和创造性解决问题的能力。举例来说，假设学生参与设计一个文学作品的课程，在这个过程中学生需要分析文学作品的主题、人物以及情节并提出自己的见解和观点。通过与同学们的讨论和交流，不仅能够深入理解文学作品，还能够学会发表自己的看法并进行批判性思考，例如可以质疑作品中的人物行为是否合理，主题是否符合当代社会的价值观，从而培养了对文学作品的批判性思维。学生参与课程设计还能够激发他们的创造力。在这个过程中，学生需要提出各种各样的想法和解决方案，从而培养了他们的创造性思维，例如在设计一个文学作品的课程时，学生可以通过创作自己的故事或改编现有的作品来展现自己的创造力，这种创造性的活动不仅能够激发学生的想象力，还能够培养解决问题的能力和创新意识。

学生参与课程设计的意义体现在多个方面，它促进了学生的主动参与和投入，让他们感受到自己的声音被重视并激发了更强烈的学习动力。这种参与提高了学生对课程的认同感和学习动力，使他们更加积极地投入学习活动中去。学生参与课程设计培养了他们的批判性思维和创造力，让不仅是被动地接受知识，更是积极地思考问题、提出解决方案并与他人进行合作和讨论，因此学生参与课程设计是教育中一项重要的实践，有助于学生全面发展和成长。

四、评估学生需求的方法

评估学生需求是教育领域中至关重要的一环，它为教育决策和课程设计提供了重要的指导和依据。在进行学生需求评估时研究者常常采用各种不同的方法，包括定性方法、定量方法以及综合方法。这里探讨这些评估学生需求的方法并分析各自的特点和优劣势。

（一）定性方法

定性方法在评估学生需求方面发挥着关键作用，开放性访谈是常用的定性方法之一。通过深入的一对一交谈，研究者可以了解学生的观念、态度和需求，比如了解学生对课程内容或教学方法的看法和期望。焦点小组讨论是另一种常见的定性方法，通过组织学生进行小组讨论可以观察到学生之间的共识、分歧和对教育体验的态度。例如在设计在线学习平台时可以组织焦点小组讨论了解学生对在线学习的看法和对平台功能的期待。观察也是重要的定性方法，通过观察学生在教育环境中的行为和互动可以获取直观的信息。比如在课堂环境中观察学生对不同教学内容的反应从而评估课程的吸引力和实用性。这些定性方法可以帮助教育者更好地理解学生的需求，为教学和课程设计提供有力的支持。

（二）定量方法

定量方法在评估学生需求方面发挥着关键作用。调查问卷是其中最常见的工具之一。通过大量学生的参与，研究者可以收集广泛的数据，包括课程偏好、教学方式、学习需求等，这些数据可以通过多项选择题或评分题进行量化和分析。测试也是定量方法中常用的手段。通过标准化测试或特定主题的测试，研究者可以获取学生在特定领域的知识水平和技能掌握程度，有助于评估学生对不同课程内容的理解。统计数据分析也是定量方法的重要组成部分，通过学生的成绩、出勤率、课程评价等数据可以量化评估学生的学习情况和课程满意度。这些定量方法提供了客观、可量化的信息，为教育者和决策者提供了有力的数据支持，有助于更科学地满足学生的需求。

（三）综合方法

综合方法在评估学生需求方面发挥着关键作用，它巧妙地结合了定性和定量方法以获取更全面、深入的学生需求信息。定性研究能深入探究学生的内心想法和体验，发现隐藏在表面之下的需求和观念；而定量研究则提供大样本数据，验证定性研究的结果，使研究结论更具有普适性和可靠性。一种常见的综合方法是通过先进行定性研究，如开放性访谈或焦点小组讨论，深入了解学生的观念、期望和体验。随后通过设计调查问卷等定量手段，以大规模数据验证和补充定性研究的结果，从而量化学生需求的程度和分布情况。这种综合方法在深度和广度上取得平衡，既能深入挖掘学生的主观需求和体验又能提供具体、可量化的数据支持，综合方法的优势在于相互补充，提高了研究的全面性和可靠性。

评估学生需求的方法主要包括定性方法、定量方法和综合方法。定性方法通过深入的质性研究揭示学生的内在想法和体验，如开放性访谈和焦点小组讨论；定量方法则通过统计和量化手段获取客观、可量化的数据，如调查问卷、测试和统计数据分析；综合方法将定性和定量方法有机结合，充分利用优势以获取更全面、深入的学生需求信息。综合方法的优势在于能够在深度和广度上取得平衡，提高研究的全面性和可靠性，为教育决策和课程设计提供科学依据。

第二节 个性化学习路径

一、设计个性化的学习计划

设计个性化的学习计划是教育领域中日益受到重视的一项任务，其中考虑学生的学习风格和兴趣、确定学生的学习目标和需求以及制定灵活多样的学习路径是不可或缺的关键步骤。通过深入了解学生的个体差异，教师可以更有针对性地调整教学策略，使学习过程更贴近学生的认知方式，从而提高学习效果。这里着重探讨这三个方面在设计个性化学习计划中的重要性和实施方法。

（一）考虑学生的学习风格和兴趣

设计个性化的学习计划需要从考虑学生的学习风格和兴趣开始，了解学生的学习风格可以帮助教师更好地调整教学策略，使教学内容更贴近学生的认知方式，从而提高学习效果。不同的学生有着不同的学习偏好和方式。例如有些学生更倾向于视觉化学习，通过图表、图像等视觉元素来理解知识更为高效；而另一些学生更适合听觉学习，通过听讲座、听音频等方式学习效果更佳，因此教师在设计个性化的学习计划时应该根据学生的学习风格差异，采用不同的教学方法和资源以满足的学习需求。例如对于视觉型学习者，可以通过展示图表、演示视频等方式呈现知识点；而对于听觉型学习者，则可以通过讲解、听力练习等方式进行教学。通过考虑学生的学习风格和兴趣，设计个性化的学习计划能够更好地激发学生的学习动力和兴趣，提高他们的学习效果和体验。

（二）确定学生的学习目标和需求

确定学生的学习目标和需求是设计个性化学习计划的关键环节，教师需要与学生进行充分的沟通，了解学生的学习目标、职业规划以及对课程的期望，这种沟通有助于确保学生的个性化需求得到充分考虑，为他们提供更有针对性的学习体验打下基础。教师应鼓励学生积极表达学习目标和需求，例如一些学生希望提升专业技能为未来就业做准备，而另一些学生则关注课程的实用性和应用性。了解学生的不同需求有助于教师为每名学生量身打造个性化的学习计划，更贴合其实际情况和学习目标。教师还可以通过调查问卷或个别会谈收集学生意见和建议，进一步了解学生的学习需求。通过这些方式，教师能更全面地了解学生的背景、兴趣和学习目标，为他们提供更个性化、有针对性的教学服务奠定基础。因此确定学生的学习目标和需求是制订个性化学习计划的重要步骤，也是促进学生学习动力和成就感的关键因素。

（三）制定灵活多样的学习路径

制定灵活多样的学习路径是为了满足不同学生的学习节奏和习惯，从而促进个性化学习计划的实施。个性化学习计划需要考虑到学生的多样性，因此提供多种学习选择和路径是至关重要的。在制订个性化学习计划时，教师可以设计多样的学习活动和方式以适应不同学生的需求。例如一些学生更偏好于进行小组讨论或合作项目，因为这样的学习方式可以促进交流和合作，激发思维；而另一些学生更喜欢独立自主地进行阅读和研究，因为更享受独自探索知识的过程。除了提供不同的学习方式外，教师还可以根据学生的学习进度和需求，灵活调整学习路径。例如对于某些学生来说，需要额外的练习或补充材料来加深对知识的理解；

而对于另一些学生来说，则需要更多的挑战和拓展学习机会。

在设计个性化的学习计划时，考虑学生的学习风格和兴趣是为了更好地满足独特的认知方式，通过采用不同的教学方法和资源，激发学生的学习动力。确定学生的学习目标和需求是关键的一步，它需要通过充分的沟通了解学生的期望和职业规划，以便为每名学生量身打造个性化的学习计划。制定灵活多样的学习路径是为了适应不同学生的学习习惯和节奏，提供多样化的学习选择和方式以满足的个性化需求，这三个方面相互交融，共同构建了一个全面而贴心的个性化学习计划，为学生提供更富启发性和有效性的学习体验。

二、利用技术支持个性化学习

在当今教育领域，技术已成为推动个性化学习的重要力量，教育科技的快速发展为教学提供了全新的可能性，不断涌现的创新技术不仅丰富了学习体验，还促进了教学效果的提升。这里探讨教育科技的应用与发展趋势、个性化学习平台和工具的选择与使用，以及如何利用人工智能和大数据技术实现个性化学习。

（一）教育科技的应用与发展趋势

教育科技在当今教育领域发挥着至关重要的作用并呈现出不断创新和发展的趋势，随着信息技术的迅速发展，教育科技应用已经超越了传统的在线课堂，向着虚拟现实、增强现实等新兴技术领域迈进。例如虚拟实验室为学生提供了更丰富、更真实的实验体验，无需实际设备即可进行各种科学实验，从而激发了学生的学习兴趣和探索欲望。移动设备和智能手机的普及也为个性化学习提供了更广泛的渠道，学生可以随时随地通过这些设备进行学习，不再受时间和地点的限制，从而提升了学习的便捷性和灵活性。教育科技的应用与发展趋势不仅为学生提供了更好的学习体验，也为教育者提供了更多创新教学方法的空间，这种趋势将持续引领教育领域的创新与变革，为学生提供更丰富多样的学习体验。

（二）个性化学习平台和工具的选择与使用

在当前教育环境中，选择和使用适合的个性化学习平台和工具对于提高教学效果至关重要，教师在做出这些选择时需要综合考虑各种因素，包括平台的适用性、易用性和灵活性。个性化学习平台应当具有良好的适用性，即能够满足学生的个性化学习需求，这包括平台是否能够根据学生的学习表现和兴趣，自动推荐适合水平和需求的学习资源。例如一些平台配备了智能学习推荐系统，能够根据学生的学习行为和偏好，为他们定制个性化的学习路径，提高他们学习的针对性和效果。平台的易用性也是一个关键考量因素，一个易于操作和导航的平台能够减少教师和学生的学习成本，提高的使用体验。教师应该能够轻松地管理课程内容和学生数据，为学生提供及时的反馈和支持，因此选择一个界面友好、功能齐全的学习管理系统（LMS）是至关重要的。个性化，学习平台还应具备一定的灵活性以满足不同学科和教学场景的需求。教师需要能够根据具体的教学目标和学生群体，自由地设计个性化学习任务和活动，因此选择能够与各种教育应用程序和在线教学工具无缝集成的平台至关重要，这样可以为教师提供更多样化的教学资源和工具，促进学生的自主学习和合作学习。

（三）利用人工智能和大数据技术实现个性化学习

人工智能和大数据技术的迅速发展为个性化学习提供了前所未有的支持，这些技术的应用使教育进入了一个全新的时代，教学变得更加智能、个性化以满足不同学生的学习需求和能力水平。人工智能技术通过分析学生的学习行为和数据，能够为每名学生量身定制学习路径和建议，例如智能教辅系统能够根据学生的学习进度和理解程度智能调整教学内容和难度，提供个性化的辅导和反馈。这种个性化的教学方法可以更好地满足学生的学习需求，激发他们的学习兴趣，提高学习效率。大数据技术在个性化学习中也发挥着重要作用。通过收集和分析海量的学生数据，教师可以更好地了解学生的学习情况和需求。大数据技术可以帮助教师发现学生的学习偏好、学习习惯以及潜在的学习障碍，从而更精准地制定个性化的学习计划和教学策略。这种基于数据的个性化教学方法能够使教学更加针对性和有效性，提高学生的学习成效。

教育科技的应用与发展趋势展现了多样化和创新化的特点，虚拟现实、增强现实等新兴技术为学生提供了更为丰富和真实的学习体验，而移动设备的普及则使学习更加便捷灵活。在选择个性化学习平台和工具时，适用性、易用性和灵活性是重要的考虑因素，而人工智能和大数据技术的运用则为个性化学习提供了更为智能和精准的支持，助力学生实现更高效的学习成果。通过充分利用现代技术，教育将迎来更大的变革和进步，为学生提供更加个性化和优质的教育服务。

三、个性化评估与反馈机制

在当今教育领域，个性化学习的理念日益受到重视，而实现个性化学习的关键之一就是建立有效的个性化评估与反馈机制。在语言学习领域，个性化评估与反馈不仅需要考虑学生的语言水平，还需综合考虑其学习风格和个体目标。这里深入探讨个性化评估标准和方法的制定、实施实时和定期的学习成果评估以及提供针对性的反馈和建议等关键方面，旨在为语言学习领域的个性化教育提供有益的思考和指导。

（一）制定个性化评估标准和方法

个性化评估标准和方法的制定对于满足学生的个性化学习需求至关重要，在语言学习领域制定个性化评估标准和方法需要综合考虑学生的语言水平、学习风格和目标。教师可以根据学生的语言水平设定阶段性的听力、口语、阅读和写作任务。例如对于初级水平的学生，可以设置基础的听力理解任务以简单的日常对话为主；而对于高级水平的学生，则可以设计更复杂的阅读文章和写作任务以提高语言表达能力。个性化评估还需要考虑学生的学习目标，不同学生追求的语言能力目标各异，有的更注重口语交流能力，而有的更关注文学作品的阅读和写作，因此评估标准应该根据学生的个体需求，为他们提供更有针对性的学习体验。在实际操作中可以采用多元化的评估方法，包括课堂表现、项目作业、口头汇报等，这样的多元评估可以更全面地了解学生的语言能力和学习动态，避免过度依赖单一形式的评估。通过综合考虑这些方面，制定个性化的评估标准和方法将更有利于满足学生的差异性需求，提供更贴近实际、更具实用性的学习反馈，从而促使学生更有效地提升语言能力。这种个性化评估的实践有助于打破传统一刀切的评估方式，更好地满足学生多元化的学习需求。

（二）实施实时和定期的学习成果评估

实施实时和定期的学习成果评估是支持个性化学习的关键措施之一，实时评估能够帮助教师及时发现学生的学习困难和问题，从而及时采取针对性的教学策略进行调整。例如通过课堂上的小测验或随堂测试，教师可以快速了解学生对当堂所学知识的掌握情况，及时发现学习中的漏洞并进行及时补救。利用在线教学平台，教师还可以收集学生的学习数据，了解在作业完成过程中的表现，从而及时给予个性化的指导和反馈。定期评估则是为了跟踪学生的学习进展和成绩变化，以便及时调整个性化学习计划和教学方法，这种评估可以通过期中考试、期末考试或者定期的学业评估来完成。通过这些定期评估，教师可以更全面地了解学生的学习情况和发展趋势，及时发现学生的学习问题和成绩波动，从而调整教学策略，针对性地提供支持和帮助。定期评估也能够帮助学生更清晰地了解自己的学习进展，激发其学习动力，促使其更加努力地投入学习中。

（三）提供针对性的反馈和建议

个性化学习的有效实施离不开针对性的反馈和建议，教师应该根据每名学生的学习情况和个性化需求，采用多种方式进行反馈，以便更好地指导他们的学习进程。口头反馈是其中一种常见方式，教师可以在课堂上直接与学生交流，针对其表现给予及时的肯定和建议。书面反馈也是重要的形式之一，教师可以通过批改作业、考试卷或写作稿等方式，为学生提供详细的评价和指导，帮助他们更好地理解自己的学习成果和不足之处。利用在线评价工具也是提供个性化反馈的有效途径。通过在线平台教师可以根据学生的学习表现和需要，快速地给予反馈和评价。这种形式的反馈不仅及时，而且可以根据学生的个性化需求进行定制，提高了反馈的针对性和有效性。针对性的建议和指导也是个性化学习中不可或缺的部分，教师可以根据学生的学习情况和需求，提供个性化的学习计划和学习方法，帮助他们更好地克服学习障碍，提高学习效果。例如对于数学学习中存在困难的学生，教师可以为其安排额外的一对一辅导时间，或提供专门针对性的练习题以加强其对知识点的理解和掌握。

个性化学习的成功实施离不开精心设计的个性化评估与反馈机制，通过制定个性化的评估标准和方法，可以更好地满足学生的差异性需求，提供更有针对性的学习体验。实施实时和定期的学习成果评估有助于及时发现学生的学习问题，调整个性化学习计划和教学策略。提供针对性的反馈和建议是个性化学习中不可或缺的环节，通过多种方式如口头、书面、在线评价等，帮助学生更好地理解学习成果，激发学习动力，实现个性化学习目标。这一系列的机制的完善和贯彻执行将为语言学习领域的个性化教育提供更加有效和可持续的支持。

四、挑战与机遇并存的个性化教学

个性化教学作为教育领域的一项重要创新，旨在克服传统教学模式的局限性，更好地满足学生个体差异的学习需求。然而实施个性化教学并非一帆风顺，教育者面临着诸多挑战和困难。这里探讨个性化教学所面临的挑战以及如何利用个性化教学解决学习差异问题，并展望个性化教学的未来发展趋势与机遇。

（一）超越传统教学模式的挑战与困难

在实施个性化教学时教育者面临着超越传统教学模式的一系列挑战和困难，传统教学注重统一性，而个性化教学需要教育者适应和满足学生个体差异，这对传统教育体系提出了调整和改革的挑战。个性化教学需要更多的教育资源和技术支持，这会对教育机构的投入和教师的专业发展提出新的要求。学生、家长和社会对于传统教学的认知也是一个挑战，需要教育者通过有效的沟通和宣传，使其理解和接受个性化教学的理念。例如在传统的数学教学中，教师往往按照统一的教学进度和方式进行授课，无法满足学生个体差异的需求。然而在个性化教学中可以通过采用不同的教学资源和方法，根据学生的学习速度和风格进行调整。例如对于数学学得较快的学生，可以提供更深入、拓展的题目，而对于学得较慢的学生，则可以提供更多的辅导和练习以确保每名学生都能在适当的水平上取得进步。

（二）利用个性化教学解决学习差异问题

个性化教学为解决学习差异问题提供了有力的工具和策略，通过灵活的学习路径和资源个性化配置，可以更好地满足学生不同的学科兴趣和学习风格。个性化教学注重学生的个体需求，有助于发现和弥补学生在某一领域的学习障碍，从而提高整体学习效果。个性化教学还可以激发学生的学习动力，培养更积极主动的学习态度，例如在语言学习中一些学生更擅长通过视觉方式学习，而另一些学生更喜欢通过听觉方式学习。个性化教学可以通过提供多样化的学习资源，如视频、音频、图表等，满足不同学生的学习偏好，帮助更轻松地理解和掌握语言知识。

（三）个性化教学的未来发展趋势与机遇

未来个性化教学将迎来更多的机遇和发展趋势，随着技术的不断发展，个性化教学将更好地利用人工智能、大数据分析等技术手段，实现更精准、个性化的学习体验。教育机构和政策制定者的关注度提升将为个性化教学提供更多的支持和资源。社会对于个性化教学理念的认同度逐渐提高将促使教育体系更加灵活地拥抱和实施个性化教学。例如在线学习平台的兴起为个性化教学提供了广阔的发展空间，通过分析学生的学习数据，平台可以推荐个性化的学习资源、定制学习计划，为学生提供更智能化、个性化的学习支持，进一步促进学习效果的提升。

个性化教学的实施不仅意味着突破传统教学模式的束缚，更是为了更好地满足学生的学习需求，提高整体教育质量。尽管面临着诸多挑战，但随着技术的进步、教育观念的转变以及社会的支持，个性化教学将迎来更广阔的发展空间。未来个性化教学有望借助先进技术和全球资源，为学生提供更精准、个性化的学习体验，助力其在知识社会中取得更加出色的成就。

第三节　促进学生主动学习

一、激发学生的主动性与参与度

激发学生的主动性与参与度在教学实践中被视为至关重要的目标，为了实现这一目标，创设启发性问题与情境、采用创意激发与启发性教学方法以及提供探索与发现的机会成为教师们常用的策略。这些方法不仅能够激发学生的学习兴趣，还能够培养他们的创造性思维、批判性思考以及解决问题的能力。在以下内容中，将探讨这些方法在激发学生主动性与参与度方面的作用。

（一）创设启发性问题与情境

在教学中，创设启发性问题与情境是营造积极学习氛围、激发学生主动性与参与度的关键环节。通过设计引人深思的问题和情境，教师能够引导学生超越传统的知识灌输，主动探索和构建知识体系。举例来说，在一堂历史课上教师提出问题："为什么同一个历史事件，不同的人会有不同的看法？"这样的问题不仅挑战学生的思维，还激发了对历史事件多维解读的兴趣。通过此类问题，学生不再是被动接收历史事实，而是被引导思考历史事件的多重视角，增强了对历史背后因果关系的理解。教师还可以通过情境设置将学生置身于历史事件中让通过角色扮演、模拟等方式亲身体验，进一步加深对历史事件的认知，这样的教学方法激发了学生的好奇心和主动性，使不仅是课堂上的观众，更是知识的创造者和探险者。通过解决这些引发思考的问题，学生在深入学习的过程中建构了更为牢固的知识结构，因此创设启发性问题与情境不仅提高了学生对学科知识的理解深度，也激发了对学习的主动参与，使教学过程更为生动有趣。这样的教学手段不仅使学生在独立思考中建立对知识的深层理解，也培养了在解决实际问题时的创造性思维和批判性思考的能力。

（二）创意激发与启发性教学方法

创意激发与启发性教学方法在现代教育中占有重要地位，通过创新和互动的方式，极大地增强了学生的学习兴趣和主动性。这类方法通过跳出传统教学模式的框架，为学生提供了一种全新的学习体验，使学习过程变得更加生动和有趣。以科学课程为例，教师可以通过实验探究的方式，让学生亲手进行科学实验，亲眼观察实验结果。这种方法不仅能够激发学生对科学的好奇心，还能够加深对科学原理的理解。在这样的学习过程中，学生通过实践操作，发现问题，然后再寻找解决问题的方法，这种探索过程极大地激发了学生的探究欲望和创新思维。教师还可以利用数字技术，如虚拟现实（VR）、增强现实（AR）等，创造出富有沉浸感的学习环境，例如在历史课上通过 VR 技术，学生可以"亲临"历史现场，如古罗马竞技场、中国长城等，这种沉浸式的学习体验可以极大地提高学生对历史知识的兴趣和理解。

(三) 提供探索与发现的机会

提供探索与发现的机会是激发学生主动学习的一种精妙策略,这种教学方法旨在通过实践性和探究性的学习任务,让学生通过自己的实际操作和发现来积累知识和经验,从而更深入地理解所学内容。在科学课堂中教师可以设计富有启发性的实验,如模拟化学反应或物理现象的实验。学生亲自动手进行实验操作,观察实验现象,记录数据并从中总结规律和原理。通过这样的实践活动,学生不仅是被动接收理论知识,更是亲身经历科学探究的过程,培养了他们的实际操作能力和实验设计能力。举例而言,假设在生物学课上教师引导学生设计一个生态系统的模型,学生需要考虑物种之间的相互作用、环境因素对生态平衡的影响等。通过构建模型、观察变化,学生能够在实践中理解生态学的基本原理并在团队中合作解决问题,这样的学习过程既激发了学生的团队协作精神,又培养了他们的问题解决和创新能力。

通过创设启发性问题与情境,教师能够引导学生超越传统的知识灌输,主动探索和构建知识体系。而创意激发与启发性教学方法则通过创新和互动的方式,增强了学生的学习兴趣和主动性。提供探索与发现的机会使学生通过实践性和探究性的学习任务,更深入地理解所学内容,这些方法共同促进了学生的学习主动性与参与度,使他们成为知识的创造者和探险者。

二、项目式学习与学生研究项目

项目式学习作为一种注重实践和综合能力培养的教学方法,对学生的学术发展和职业准备都具有重要意义。其中设计具有挑战性的项目任务、指导学生项目管理与团队合作以及提供资源支持与指导,是确保项目式学习成功实施的关键因素。在这个过程中教师既是知识的传授者,也是学生学习道路上的引导者和支持者。这里深入探讨这三个方面的关键要素,以揭示项目式学习在促进学生全面发展方面的重要性。

(一) 设计具有挑战性的项目任务

设计具有挑战性的项目任务对于项目式学习的成功至关重要,在数学课上可以设计一个关于实际问题的项目任务。例如让学生设计一个可行的城市交通规划方案，这个项目要求学生考虑人口密度、交通流量、环境保护等多个因素并利用所学的数学知识进行模拟和分析。学生需要运用几何、统计学、代数等知识，综合考虑各种变量并通过建模和计算，提出最佳方案，这样的项目任务不仅挑战学生的数学技能，还锻炼了他们的创造力和解决问题的能力。通过这样的挑战性任务，学生能够在实践中掌握数学知识，培养批判性思维和创新能力，从而提高学习的深度和广度。

（二）指导学生项目管理与团队合作

指导学生项目管理与团队合作是确保项目式学习成功实施的关键之一，教师在这个过程中扮演着导师的角色，帮助学生有效地组织和管理项目以达成预期目标。教师可以指导学生制订项目计划，这包括确定项目的目标、时间表和资源需求，例如在历史课上学生需要合作编写一个历史研究报告。教师可以帮助制订清晰的研究计划，包括文献调查、资料整理和撰写报告的时间安排。教师可以引导学生分工合作，每个成员应负责项目的特定部分并在团队中发挥其所长。例如在科学课上学生需要共同设计一个实验并分担实验操作、数据分析和结果报告的任务，教师可以帮助学生设定项目里程碑并监督项目进展，这有助于确保项目按计划顺利进行，并及时发现和解决潜在的问题。通过这样的指导，学生不仅学会了项目管理和团队合作的技能，还培养了自我组织和沟通协作的能力。这些技能在学生未来的学习和工作中都将大有裨益。

（三）提供资源支持与指导

在项目式学习中教师扮演着重要的资源提供者和指导者的角色，为学生的项目提供支持和指导至关重要。教师可以提供相关文献和书籍以帮助学生深入了解项目所涉及的主题和领域，例如在一门历史课程中如果学生需要研究某个历史事件，教师可以提供相关的历史文献、研究报告和学术文章，以便学生更深入地理解事件的背景和影响。教师还可以引导学生利用互联网资源，如在线数据库、学术期刊和专业网站，以获取最新的研究成果和学术观点。通过这些资源，学生可以获取更广泛的信息，拓宽自己的研究视野。教师还可以组织实地考察或实践活动以帮助学生深入了解项目所涉及的实际情况，例如在一门地理课程中学生需要研究某个地区的自然环境和人文景观，教师可以组织学生进行实地考察以便亲身体验和观察所研究的地区。通过提供这些资源支持和指导，教师能够帮助学生更好地理解项目背后的知识，促使深入思考项目的各个方面并提高他们的研究和分析能力。

在项目式学习中设计挑战性的任务不仅能够激发学生学习的热情，还能培养其创造力和解决问题的能力。通过指导学生项目管理与团队合作，教师不仅能够帮助学生养成自我组织和沟通协作的良好习惯，也培养了学生在未来学习和工作中所需的重要技能。提供资源支持与指导更是教师在项目式学习中的重要职责。通过引导学生利用各类资源，教师有助于学生更深入地理解项目背后的知识，提高研究和分析能力，这一系列方法的综合应用将为学生提供更为全面和深入的学习体验，为其未来的发展奠定坚实基础。

三、学生自主选择的学习活动

在教育领域，促进学生自主学习是一项重要而挑战性的任务，提供多样化的学习选择、引导学生设定目标与规划以及鼓励学生进行反思与总结，是培养学生自主学习能力的有效策略。这里探讨如何通过这些途径，激发学生的学习兴趣，提高他们的自主学习能力，从而实现教育目标。

（一）提供多样化的学习选择

在教学中提供多样化的学习选择是为了满足学生不同的学习兴趣和需求，也是为了培养其自主学习能力和创造力。在艺术课上教师可以设计各种不同形式的创作活动，如绘画、雕塑、摄影等，让学生根据自己的兴趣和特长进行选择，例如对于喜欢色彩和形式的学生，绘画是一个更具吸引力的选项，而对于对空间感和手工技巧感兴趣的学生，雕塑更适合。提供这样多样化的学习选择，不仅能够激发学生的学习兴趣，还能够促使他们在不同领域中发展自己的技能和才能，这也为学生提供了一个自主学习的机会，让他们根据自己的兴趣和需求来选择学习的内容和方式，从而更好地发挥自己的潜能，培养自己的创造力和解决问题的能力。因此提供多样化的学习选择对于教学的成功和学生的全面发展都具有重要意义。

（二） 引导学生目标设定与规划

引导学生设定学习目标并规划实现路径是帮助建立自主学习能力的关键一环，在科学课上教师可以通过要求学生选择一个感兴趣的科学主题来实现这一目标，例如学生可以选择研究人工智能的发展与应用，或者探讨气候变化对社会的影响。在选择主题后，教师可以引导学生明确的学习目标，例如了解该主题的基本概念、探索相关的研究进展，或者提出解决问题的方案。随后教师可以与学生一起制订实现这些目标的具体计划，包括阅读相关文献、进行实地调查、进行实验或模拟等。在规划过程中学生将学会如何合理分配时间和资源以及如何解决遇到的问题和挑战。通过这样的目标设定与规划，学生不仅能够增强自己的学习动机，还能够提高自己的自主学习能力和计划能力，为未来的学习和生活奠定坚实的基础。

（三） 鼓励学生反思与总结

鼓励学生进行反思与总结是培养批判性思维和自我认知的关键步骤。在历史研究项目完成后，教师可以组织小组讨论，促使学生反思整个项目的经验和成果。学生可以探讨项目的起始阶段，如何确定研究方向和分工以及在团队协作中的挑战和解决方案。通过这样的讨论，学生有机会分享彼此的看法，了解团队成员的贡献以及从协作中汲取的经验。反思不仅限于项目的团队协作，还应涵盖研究方法和技能的发展。学生可以探讨在查找、筛选和整理资料方面的经验以及在历史分析和论证过程中所面临的挑战，这样的反思有助于学生更清晰地认识到自己的学术成长并能够明确未来改进的方向。对项目结果的总结也是学生认知提升的关键。通过总结，学生可以审视项目达成的目标和产生的成果，评估其成功之处和可改进之处，例如在历史研究项目中学生可以分析他们的研究成果对理解特定历史事件的贡献，以及该研究对于解答提出的问题是否有实质性的启示，这样的总结有助于学生将知识应用于实际情境并从中汲取更为深刻的见解。

通过提供多样化的学习选择引导学生设定目标与规划，并鼓励学生进行反思与总结，教师能够有效地培养学生的自主学习能力。这种能力不仅使学生能够更好地适应未来的学习与工作环境，还能够激发他们的学习兴趣，提高他们的学习效果，因此教育工作者应该重视并实践这些策略，为学生的全面发展提供有力支持。

四、评价学生的主动学习成效

评价学生的主动学习成效对于促进全面发展至关重要，在这个过程中，制定合理的综合性评价标准是确保公正而全面评估学生学习表现的基础。这里探讨如何制定这些评价标准并着重介绍在科学课程中的实际应用。

（一）制定综合性评价标准

制定综合性评价标准是评价学生主动学习成效的基础，这些标准需要涵盖多个方面以全面评估学生的学习表现。在一门科学课上可以通过以下方面来制定评价标准：

1. 知识掌握

考查学生对科学主题的理解深度和广度，包括基本概念、原理和相关理论。

2. 独立研究质量

评估学生通过独立研究所获得的信息和见解以及其对科学问题的分析和解决能力。

3. 创造性思维

考查学生在解决科学问题时展现的创造性思维能力，包括独特的观点、创新性的想法和解决方案。

4. 团队合作

评估学生在团队合作中的表现，包括沟通能力、团队协作精神和分工合作效果。

5. 成果展示

考查学生对研究成果的有效展示能力，包括口头报告、书面报告、展示海报等形式。

（二）实施定期反馈与指导

实施定期反馈与指导是确保学生主动学习成效的有效方式。通过定期的反馈，教师能够及时了解学生的学习情况并提供具体而有针对性的指导，帮助在学习过程中进行调整和改进。定期反馈可以通过多种方式实施，包括小测验、项目进展报告、个人学习日志等，这些工具可以帮助教师了解学生在不同学习阶段的表现并发现的学习困难和需求，例如通过小测验可以检验学生对课程内容的掌握情况，而项目进展报告则可以反映学生在团队合作项目中的表现。个人学习日志则能让学生记录自己的学习体验和反思，以便教师更深入地了解。基于这些信息教师可以提供具体而针对性的反馈，指导学生改进学习策略和解决学习问题，例如如果学生在团队合作中出现沟通问题，教师可以针对性地提出沟通技巧的建议并组织相关的训练活动。通过这样的指导，学生可以更好地理解自己的学习需求，改进学习方法，提高学习效果。

（三）鼓励学生参与评价过程

鼓励学生参与评价过程是培养其自主学习能力的重要途径。通过让学生参与评价，可以更好地了解自己的学习情况并从中获取改进的启示，进而提升学习效果和自主学习能力。教师可以鼓励学生对自己的学习过程进行自我评价，这可以通过要求学生撰写学习日志或填写反思表格来实现。在这些反馈中学生可以回顾自己的学习经历，分析自己的学习策略和效果并提出改进的建议，例如可以反思自己的学习目标是否明确、学习计划是否合理以及是否有必要调整学习方法。教师还可以组织同学间的互评，在团队项目结束后可以要求学生对自己和其他团队成员的表现进行评价，这种互评不仅能够让学生更客观地认识自己的优势和不足，还可以从他人的反馈中获取更多启示，发现自己忽视的问题，例如可以评价团队成员在沟通、贡献、解决问题能力等方面的表现并提出具体建议。

通过制定综合性评价标准，涵盖知识掌握、独立研究质量、创造性思维、团队合作和成果展示等多个方面，可以更全面地评估学生的主动学习成效。实施定期反馈与指导是确保学生在学习过程中能够及时调整和改进的有效途径。鼓励学生参与评价过程则是培养其自主学习能力的重要途径。通过学生的自我评价和同学间的互评，可以更好地了解学生的学习情况并帮助不断提升学习效果，这一系列措施共同构建了一个促使学生主动学习成效的全面评价体系。

第四节　学生技能与能力的培养

一、重点培养核心能力

重点培养核心能力是现代教育的关键目标之一，其中包括学科知识与技能的全面掌握、批判性思维与问题解决能力的培养以及创新与创造力的发展，这些核心能力不仅是学生未来学习和职业发展的基石，也是在不断变化的社会环境中取得成功的关键。在教育实践中教师的角色至关重要，应该通过多样化的教学方法和激发学生的潜能，为学生提供全面发展的机会。

（一）学科知识与技能的全面掌握

学科知识与技能的全面掌握是学生发展的基础，也是在未来学习和工作中取得成功的关键，这包括对学科基础知识的扎实掌握以及相关技能的熟练运用。例如在数学课程中学生需要掌握数学基本概念、公式和定理并能够灵活运用这些知识解决实际问题。在语言课程中学生需要掌握词汇、语法和阅读技巧以便能够流利地表达自己的想法并理解他人的意思。因此教师应该通过系统的教学安排和多样化的学习活动，帮助学生全面掌握学科知识和技能，为未来的发展打下坚实的基础。

（二）批判性思维与问题解决能力的培养

培养学生的批判性思维与问题解决能力是为了使其在日常学习和未来职业生涯中更具竞争力。批判性思维是一种能力，它使学生能够对信息进行深入、全面的分析评估，而非仅仅接受表面的信息。在语言课程中通过阅读文学作品，学生可以培养其对文本的批判性思考，挖掘作者的意图、主题及文学手法，提升对知识的理解深度。在数学课程中学生可以通过解决实际问题，运用数学原理进行推理，培养对数学知识的批判性认识。问题解决能力是学生在面对挑战时能够迅速而准确地采取有效措施解决问题的能力，在科学课程中学生面对复杂的实验设计或研究项目，需要通过系统性思考，运用所学的知识和技能，提出并实施解决问题的方案。通过这样的实践，学生不仅能够应对具体问题，还能够培养在面对未知情境时保持冷静、分析问题并提出解决方案的能力。为了培养这些能力，教师可以采用启发式教学方法，引导学生主动提出问题、进行讨论并在实际情境中运用知识。通过案例分析、小组合作等方式，学生能够在交流中激发批判性思维，培养团队协作的问题解决能力。通过这样的教学策略，学生将更加熟练地运用批判性思维与问题解决能力，为未来的学习和工作做好充分准备。

(三) 创新与创造力的发展

创新与创造力的培养是教育的重要目标之一，因为它不仅推动着社会的发展进步，也是学生个人成长的重要动力。在学校教育中教师应该创造机会，激发学生的创新潜能并提供多样化的学习环境以培养他们的创造力。在艺术课程中学生可以通过绘画、音乐、舞蹈等方式表达自己独特的想法和感受，例如一幅画作是学生对环境问题的思考与表达，或者是对社会现象的观察与反思。通过艺术创作，学生能够培养想象力、表达能力以及解决问题的能力，从而成为有创造力的个体。在科技领域学生可以通过科学实验、工程设计等活动锻炼创新思维和动手能力，例如学生可以参与机器人比赛，设计并制作能够完成特定任务的机器人。在这个过程中需要不断尝试、改进并寻找创新的解决方案，这样的实践不仅培养了学生的动手能力，还激发了他们的创新潜力，为未来的科技发展培养了人才。

学科知识与技能的全面掌握是学生发展的基础，批判性思维与问题解决能力的培养使学生能够在面对挑战时做出理性而准确的决策，而创新与创造力的发展则是激发学生潜能、推动社会进步的动力。教师应该致力于培养学生的综合能力，为未来的学习和生活奠定坚实的基础。

二、批判性思维与创造性思维的培养

在当今社会，教育的目标不仅在于传授知识，更重要的是培养学生的综合能力，其中包括批判性思维和创造性思维，这两种思维方式对于学生未来的学习和职业生涯至关重要。批判性思维使学生能够深入分析问题，形成独立的见解，而创造性思维则激发学生提出新颖解决方案的能力。这里探讨批判性思维和创造性思维的培养方法与实践以及如何融合与应用于教育实践中。

（一）批判性思维的培养方法与实践

批判性思维是学生在处理信息时能够深入思考、分析并形成独立见解的重要能力。为了培养这一能力，教师可以采用多种方法与实践，其中之一是通过引导学生提出启发性问题，这种方法激发了学生的好奇心和求知欲，促使他们主动质疑所接受的信息，而不是盲从或简单接受。例如在一堂语言课上教师可以选择引人深思的文学作品，然后向学生提出关于作者意图、主题或角色动机的问题。通过这些问题，学生被引导去思考作品的深层含义，从而培养了对文本的批判性思维。小组讨论也是培养批判性思维的有效方法之一，在小组中学生有机会分享彼此的观点和想法，从不同的角度去思考问题，产生多元化的见解。教师可以设定开放性的讨论话题，引导学生就不同的观点展开辩论并提供指导以确保讨论的深入和建设性。通过这样的讨论，学生能够学会分析他人观点的逻辑和合理性，也能够反思自己的观点并不断完善和调整。

（二）创造性思维的激发与引导

创造性思维的培养是教育中的重要任务，它不仅能够培养学生独立、富有创意的思考方式，还能够激发在解决问题时提出新颖的见解或构思创新的方案。在教学实践中教师可以采用多种方法来激发和引导学生的创造性思维。在艺术课程中教师可以提供开放性的艺术创作项目，鼓励学生自由表达自己的想法和情感，例如学生可以通过绘画、雕塑或摄影等形式将自己对世界的理解和感受表现出来，这种自由创作的过程不仅能够激发学生的想象力和创造力，还能够培养解决问题的能力和艺术审美。在科技课程中教师可以组织学生参与科学研究或工程设计项目，通过这些项目，学生有机会运用所学的科学知识和技术技能，解决实际问题或开发新的产品，例如学生可以设计一个能够解决环境问题的新型清洁能源设备，或者开发一个能够改善生活质量的智能设备。在这个过程中需要不断地思考和尝试，从而培养了解决问题的创造性思维和实践能力。

（三）批判性思维与创造性思维的融合与应用

批判性思维和创造性思维的融合是一种强大的思考方式，能够培养学生在复杂问题中全面思考、深刻分析的能力，激发提出独特且创新性解决方案的才能。在教学实践中教师可以通过不同的方法促进这两种思维方式的综合运用。在团队项目中学生可以通过批判性思考问题的本质，深入了解问题的各个方面，例如在解决一个实际挑战时学生可以对问题进行系统性的分析，考虑各种的因素和影响，这就是批判性思维的应用，帮助更全面地理解问题。接着运用创造性思维，学生可以提出独特的、与众不同的解决方案，通过这一阶段，会打破传统思维定式，寻找新颖的途径。例如团队可以通过创造性的思考，提出一种前所未见的解决方案，从而实现对问题的创新性解决。在实际操作中教师可以采用启发式教学方法，鼓励学生在团队中相互合作，分享批判性思维和创造性思维的成果。通过案例分析、角色扮演等活动，学生可以在实际情境中综合运用这两种思维方式，这样的实践有助于培养学生在协作中发挥各自长处，形成更加全面的解决方案。

通过引导学生提出启发性问题和组织小组讨论等方法，可以有效培养学生的批判性思维。在艺术和科技课程中教师可以鼓励学生进行自由创作和参与科学研究项目，从而激发和引导学生的创造性思维。将批判性思维和创造性思维融合应用于团队项目中，可以培养学生全面思考和创新解决问题的能力，这样的教学实践不仅有助于学生在学术上的发展，也为未来面对复杂挑战时提供了更为灵活和全面的解决方案。

三、社交与合作技能的强化

在当今社会，团队合作、沟通技巧、社交情商以及领导能力等社交与合作技能对于学生的未来成功至关重要。教育者们意识到了这一点并积极采取措施，通过各种项目和活动来强化学生的这些关键技能。这里探讨如何培养学生的团队合作与沟通技巧、提升学生的社交情商与人际关系管理能力以及培育学生的领导能力与团队协作精神。

（一）团队合作与沟通技巧的培养

在当今社会，团队合作和有效沟通技巧是成功的关键，教育者在培养学生这些技能时可以通过设计各种团队项目来促进学生的发展。在这些项目中学生被要求在小组中协作完成任务，这个过程不仅帮助他们学会倾听他人的意见，表达自己的想法，还锻炼了协调团队内部工作分配的能力。举例来说，学生们参与一项科学实验，可以分工合作，每人负责不同的实验步骤，通过团队成员之间的沟通和协作，能够整合各自的结果，取得成功，这种实践不仅培养了学生的团队合作技能，还加强了他们的有效沟通能力，使他们能够更好地与他人合作并在团队中取得成果。

（二）社交情商与人际关系管理能力的提升

在当今社会，社交情商和人际关系管理能力对于学生的人生和职业发展至关重要，这些能力不仅影响着他们在学校和工作中的表现，还对其日后的生活产生深远影响。为了帮助学生提升这些关键技能，教育者可以采用各种方法和活动。其中角色扮演和情景模拟是非常有效的培训方式之一。通过这些活动学生可以在模拟的场景中体验真实生活中的情境，从而提升他们的社交情商和人际关系管理能力。举例来说，在模拟招聘面试中学生可以扮演求职者和面试官的角色，这种角色扮演能够让学生更好地理解面试过程，并学会有效地表达自己的优势、回答问题以及处理各种挑战和压力。通过这样的实践活动，学生不仅能够提高他们的自信心，还能够改善他们的沟通技巧。在角色扮演和情境模拟中需要学会倾听、理解和回应他人的观点，这有助于培养与他人良好合作的能力。通过模拟不同情景，学生还能够学会如何在不同的社交环境中自如的表现，从而增强他们的社交情商。

（三）领导能力与团队协作的培育

领导能力和团队协作对于学生的未来成功至关重要，因为这些技能在职业生涯和日常生活中都起着关键作用。为了培养学生的领导能力和团队协作精神，学校可以采取一系列有针对性的举措。设立学生领导小组或项目是一个有效的方法。通过这种方式学生有机会担任领导角色并且承担起领导团队的责任。在学校的志愿者活动中，学生领导者可以负责组织活动的策划、团队协作和资源分配，这样的实践不仅让学生学会如何有效地管理团队和资源，还让体验到领导者的责任和挑战，这样的活动还能够锻炼学生的领导能力，培养担任领导者需要的沟通、决策和组织能力。通过领导小组或项目，学生可以在实践中发展这些技能并学会在不同情况下做出明智的决策。团队协作精神也是学生成功的重要因素之一，在领导小组或项目中学生需要与团队成员合作，共同完成任务和解决问题。这种团队协作的经历不仅可以增强学生的团队意识和合作能力，还能够培养他们的人际关系技巧和解决冲突的能力。

通过设计各种团队项目，学校可以促进学生的团队合作与沟通技巧的发展。采用角色扮演和情景模拟等方法，可以有效提升学生的社交情商与人际关系管理能力。通过设立学生领导小组或项目，学校可以培育学生的领导能力与团队协作精神，为未来的成功奠定坚实基础。这些努力不仅有助于学生在学业和职业中取得成功，也将对他们的整个人生产生积极影响。

四、生涯规划与自我管理能力的发展

生涯规划与自我管理能力的发展是每名学生在成长过程中必须重视和培养的重要素养。其中目标设定与计划制订技巧、时间管理与资源分配的能力提升以及自我反思与持续学习的习惯养成都是塑造学生未来成功轨迹的关键因素。这里深入探讨这些方面的重要性并提供一些实用的技巧和方法，帮助学生在生涯规划和自我管理方面取得更好地发展。

（一）目标设定与计划制订技巧

目标设定与计划制订技巧对于学生的生涯规划至关重要，学生需要设定明确的目标，这些目标应该具体、可量化、可达成并且与个人的价值观和兴趣相契合。例如一名学生的目标是成为一名医生，然后学生需要制订可行的计划来实现这些目标。在制订计划时学生应该考虑到时间、资源和行动步骤，以确保计划的可实施性和可持续性。举例来说，对于想成为一名医生的学生，可以设定短期、中期和长期目标。短期目标包括完成医学预科课程，准备医学院入学考试等。中期目标是通过医学院入学考试，顺利进入医学院学习。长期目标则是获得医学学位并开始实践成为一名医生。在制订计划时，学生可以根据这些目标设定具体的时间表和行动计划，包括学习时间的安排、考试准备、实习机会的获取等。

（二）时间管理与资源分配的能力提升

时间管理与资源分配的能力是学生成功的关键因素之一。通过有效的时间管理，学生能够更好地规划自己的学习和生活，确保在有限的时间内取得最大的成效。为了提升这一能力，学生可以利用各种时间管理工具，如日程表、待办事项列表等。学生可以使用日程表来规划每天的活动，在日程表上列出每天的课程、学习时间、社交活动等以确保时间得以合理安排，这有助于学生清晰地了解每天的任务和时间分配情况，从而更有效地利用时间。待办事项列表是另一种有力的工具，学生可以将各种任务和活动列在列表上然后按照优先级逐一完成。通过识别优先事项，学生可以确保处理最重要的任务，提高工作效率。在时间管理的资源分配也同样至关重要，学生需要学会分辨哪些任务需要更多的精力和注意力以及如何合理分配有限的资源，包括时间、精力和注意力。例如学生在紧张的学业之余，需要安排足够的休息和娱乐时间以保持身心健康。

（三）自我反思与持续学习的习惯养成

自我反思与持续学习是学生在成长过程中不可或缺的重要环节。通过定期反思自己的目标、计划和行动，学生可以更清晰地了解自己的进展情况，识别存在的挑战并及时调整策略以适应变化的环境，这种自我反思能力有助于学生更加深入地认识自己，提高解决问题和应对挑战的能力。持续学习是一个持续不断的过程，对学生而言尤为重要。学生应该保持好奇心和求知欲，不断地探索新知识和技能。可以通过积极参加课外活动、课程或者阅读相关书籍来扩展自己的视野和能力，这种持续学习的态度能够让学生不断地丰富自己的知识储备，提高综合素质并为未来的发展打下坚实的基础。举例来说，一名学生可以定期审视自己的学习方法是否高效，是否需要进行调整。如果发现自己在某一领域存在欠缺，可以主动寻找相关的学习资源，进行补充学习。也可以参与各种课外活动或者社团组织，结交志同道合的朋友，从他人的经验中汲取经验和智慧。

生涯规划与自我管理能力的发展对于学生的成长至关重要，学生需要学会设定明确的目标并制订可行的计划以实现自己的理想和抱负。有效的时间管理和资源分配能力也是成功的关键因素，帮助学生更好地安排自己的学习和生活，提高工作效率。持续的自我反思和学习习惯的养成能够让学生不断提升自己的能力和素质，为未来的发展奠定坚实的基础，因此学生应该重视并努力培养这些能力以实现自己的梦想和目标。

第五章　评估与反馈机制

第一节　创新课程的评估策略

一、设计有效的课程评估体系

设计一个有效的课程评估体系是教育中至关重要的一环，这不仅有助于评估学生的学习成果，还能为教学提供指导和反馈，推动学生的全面发展。这里探讨设计有效课程评估体系的四个关键步骤：确定评估的核心目标和指标、建立清晰的评估流程和标准、整合定量和定性评估方法以及确保评估与课程目标的一致性。

(一) 确定评估的核心目标和指标

在确定评估的核心目标和指标时，关键是将其紧密结合于课程设计的整体目的。在一门英语写作课程中，核心目标围绕着提高学生的写作技巧、语法和拼写能力以及逻辑思维展开。写作技巧的评估可以包括学生在文章结构、段落组织和语言运用方面的表现，以确保他们能够有效地传达思想。语法和拼写能力的评估关注学生对语言规则的理解和运用，确保他们的表达不受语法错误的干扰。逻辑思维的评估关注学生在文章中论证观点和组织思考的能力，以确保他们的写作具有逻辑性和连贯性。这些核心目标的具体指标可以通过具体的评估方法来量化和衡量，例如为了评估写作技巧，可以采用文章评分表，对结构、语言运用、表达能力等方面进行打分。对于语法和拼写能力，可以通过定期的语法测试和拼写测验来检测学生的掌握程度。逻辑思维的评估可以通过分析学生在论证过程中的论据合理性、逻辑链条的贯通性等方面来进行。明确这些核心目标和指标有助于评估者更准确地了解学生在课程中的表现，并为个性化的教学和学生的进一步发展提供有针对性的建议，这种紧密关联的评估体系有助于提高课程的有效性，确保学生成为全面发展的写作者。

（二）建立清晰的评估流程和标准

建立清晰的评估流程和标准对于确保评估的公正性和客观性至关重要，评估流程应该明确定义评估的时间点、方式以及相关责任人的职责，这包括评估的时间安排，如何收集评估数据以及谁负责执行评估任务。例如在艺术课程中可以规定每个学期末举行一次作品展览，并由专业的艺术教师负责对学生的作品进行评估。评估标准则应该具体明确，确保评估结果具有可比性和可信度，在艺术课程中评估标准可以包括作品的创意性、技术运用、表现力等方面。例如创意性可以通过作品的独特性和创新性来评估，技术运用可以通过学生对色彩、线条和质感的运用来评估，表现力则可以通过作品所传达的情感和思想深度来评估。

（三）整合定量和定性评估方法

整合定量和定性评估方法能够提供更全面深入的学生学习情况。定量评估方法通过数值化数据来客观地反映学生的表现，例如考试成绩、作业完成情况等，这些数据能够提供对学生学术水平的直观了解，有助于评估其对课程内容的掌握程度。举例来说，在一门数学课程中，通过定量评估方法可以统计学生在各类数学题目中的得分情况，从而评估其数学运算能力和问题解决能力。而定性评估方法则能够更深入地了解学生的学习体验、态度和理解水平，这些方法包括观察学生在课堂上的表现、进行学生访谈或问卷调查等。例如在一门语言课程中，通过定性评估方法可以观察学生的口语表达能力、词汇运用和听力理解能力，也能够了解学生对于课程内容的兴趣和理解程度。在科学实验课程中结合定量和定性评估方法尤为重要，通过定量数据可以评估学生的实验结果和数据处理能力，而通过定性分析，可以了解学生的实验设计能力、实验过程中的思考和解决问题的能力。例如学生在实验报告中展现了良好的实验设计和分析能力，在实验过程中也表现出积极的合作态度，这些都是定性评估的关键指标。

（四）确保评估与课程目标的一致性

确保评估与课程目标的一致性是建立有效评估体系的关键步骤，评估内容、方法和标准都应该与课程设计的目标和要求相一致，以确保评估结果能够准确反映学生的学习成果和能力发展。例如在一门体育课程中课程的核心目标是培养学生的身体素质和运动技能，那么评估内容应该紧密围绕这些目标展开。评估内容可以包括体能测试项目，如跑步、跳远、引体向上等，以检验学生的身体素质水平；也可以评估学生在各种体育运动中的技能表现，如足球、篮球、田径等，以评估其运动技能的掌握程度。评估方法应该针对课程目标的特点和要求设计，确保评估过程既科学又全面。在体育课程中可以运用多种评估方法，如体能测试、技能测试、比赛成绩评估、观察记录等，以全面了解学生的体育素养和运动技能水平。评估标准应该具体明确，与课程目标相对应，以确保评估结果的客观性和可信度。

设计有效的课程评估体系需要从多个方面着手，包括明确核心目标和指标、建立清晰的评估流程和标准、整合定量和定性评估方法以及确保评估与课程目标的一致性，这样的评估体系能够更准确地反映学生的学习情况，为教学提供有力支持，促进学生的全面发展。

二、多元化的评估方法与工具

在教育评估中多元化的方法和工具对于全面了解学生的学习情况和能力发展至关重要，课堂表现评估、项目作业和实践评估、学生自评和同学互评机制以及利用技术手段进行评估和反馈都是教育领域中常见的有效评估方式。通过这些方法和工具，教师可以更好地促进学生的学习进步和个性化发展，为其提供更有针对性的指导和支持。

（一）课堂表现评估

课堂表现评估在教学评价中扮演着至关重要的角色。通过对学生在课堂上的表现进行观察和评估，教师可以全面了解学生的学习状态和理解程度，从而及时调整教学策略，帮助他们更好地掌握知识和技能。在课堂上教师可以通过多种方式评估学生的表现，例如观察学生的参与程度，包括是否积极回答问题、发表自己的观点以及与同学进行讨论交流的情况。教师还可以评估学生的提问能力，看是否能够提出深入的问题，展现对知识的探索和思考。教师也需要关注学生与同学和教师的互动情况，包括是否能够积极与他人合作、尊重他人意见以及乐于分享自己的想法。举例来说，在语言课堂上教师可以通过观察学生的口语表达能力和听力理解能力来评估其语言水平，也可以通过记录学生的课堂参与度来评估其学习态度和积极性。通过这样的评估方式，教师可以更好地了解学生的学习情况，为其提供有针对性的指导和支持，促进其学习进步。

（二）项目作业和实践评估

项目作业和实践评估是课程评估中的重要组成部分，能够深入了解学生的实际能力和应用水平。通过这种评估方式，学生不仅需要掌握理论知识，还需要将其应用到实际项目中从而培养他们的综合运用能力和创新思维，例如在工程设计课程中学生会被要求分组完成一个设计项目，涉及从构思到实践的全过程。在这个过程中学生需要运用课堂所学的知识和技能，考虑到实际问题的各种因素并找到解决问题的创新方法。通过这样的项目作业，不仅能够考查学生的理论水平，还能够评估学生的团队合作能力、解决问题的能力以及创造性思维。学生需要对项目成果进行展示和评估，这种形式的评估能够全面地展现学生的综合素质和实际能力，为未来的学习和职业发展提供有力支持，因此项目作业和实践评估是一种有效的评估方式，能够帮助学生更好地应对未来的挑战和机遇。

（三）学生自评和同学互评机制

学生自评和同学互评机制是一种促进学生自主学习和团队合作的有效方式。通过这种机制，学生被鼓励对自己的学习过程和成果进行审视和评价，也能够参与到同学间的评价和反馈中，从而培养批判性思维和团队合作能力。在团队项目中每位成员除了完成任务外，还需要对整个团队的合作情况和自己在团队中的表现进行自我评价，也需要对其他成员的表现进行评价并提出建设性的反馈意见。这样的评估机制不仅能够激发学生对自己学习的主动性和责任感，还能够促进团队成员之间的相互理解和信任，从而提高团队的整体绩效。通过学生自评和同学互评机制，学生能够更好地认识自己的优势和不足，及时调整学习策略，提高学习效率和成果。也能够学会倾听和尊重他人的意见，培养合作意识和团队精神，为未来的学习和工作打下良好的基础。因此学生自评和同学互评机制是一种促进学生全面发展的重要评估方式。

(四) 利用技术手段进行评估和反馈

利用技术手段进行评估和反馈在现代教育中具有重要意义，教师可以借助各种在线测试和评估平台，轻松地收集学生的作业和测验结果并进行数据分析和个性化反馈，这种方式不仅提高了评估的效率，还能够更准确地了解每名学生的学习情况，及时给予有针对性的指导和支持。举例来说，在编程课程中学生可以通过在线编程平台完成编程作业，这些平台能够实时运行学生提交的代码并给出相应的运行结果和错误提示，帮助学生及时调整和改进代码，提高编程水平。除了在线测试和作业，教育科技工具还可以提供丰富的虚拟实验和模拟演练资源，帮助学生在实践中掌握理论知识，拓展评估手段和内容。通过利用技术手段进行评估和反馈，教师能够更好地适应学生的学习需求，提高教学质量，促进学生的个性化发展，这种方法不仅提升了教学效果，也使评估过程更加科学和客观，为教育教学带来了可能性和活力。

综合运用课堂表现评估、项目作业和实践评估、学生自评和同学互评机制以及技术手段进行评估和反馈，可以实现对学生多方面能力的全面评估，这些方法不仅能够帮助教师更好地了解学生的学习状况和成长轨迹，也能够促进学生的自主学习和团队合作能力的培养。随着教育技术的不断发展，利用技术手段进行评估和反馈将成为教育评估的重要趋势，为教育教学带来更多可能性和活力。

三、评估结果的解读与应用

评估结果的解读与应用是教育领域中关键的环节之一，通过深入分析数据和趋势能够发现学生学习中的问题和发展方向，从而为教学提供有力的指导和依据。这里探讨如何分析评估结果的数据和趋势，确定改进和提升的方向，激励学生参与课程改进并与教师团队以及学校管理层分享评估成果的重要性及实践方法。

(一) 分析评估结果的数据和趋势

评估结果的数据和趋势分析是评估过程中至关重要的一环，通过对数据的分析，可以发现学生的学习表现和趋势，进而为改进教学提供有力依据。例如通过分析课堂表现评估的数据，发现有一部分学生参与度较低，提问和回答问题的频率较少。通过项目作业评估的数据分析，发现一些学生在团队合作和创新思维方面存在欠缺。这些数据和趋势的分析提供了指导，告诉应该重点关注哪些方面并采取相应的措施来提升学生的学习水平。

（二）确定改进和提升的方向

基于评估结果的数据和趋势分析，能够明确改进和提升的方向，从而更好地促进学生的学习和发展。针对课堂表现评估中学生参与度较低的问题，可以采取多种措施来改善这一情况。可以增加课堂互动环节，例如通过小组讨论、问题解答等方式，鼓励学生积极参与。设计更具吸引力和实用性的教学内容也是提高学生参与度的关键，通过结合学生的兴趣爱好和实际应用，调整教学内容，使之更贴近学生的生活和学习需求，从而激发他们的学习热情和积极性。对于项目作业评估中学生团队合作能力的欠缺，可以加强团队合作培训，为学生提供相关的团队合作技能和方法培训，通过实践项目来锻炼的团队协作能力。设立团队奖励机制也是一个有效的方式，可以激励学生更积极地参与团队合作，提升整体团队绩效。通过以上措施的实施，可以有效地改进和提升教学质量，促进学生的全面发展。

（三）激励学生参与课程改进

为了激励学生积极参与课程改进可以采取多种策略，可以以透明的方式将评估结果呈现给学生，让他们清晰地了解课程存在的问题和改进的空间。通过这种方式，学生能够更加直观地认识到自己的学习情况，从而激发出改进的动力。可以设立学生代表团队，让他们参与到课程设计和改革的决策过程中。通过参与决策，学生将感受到自己的话语权和责任感，从而更加积极地投入课程改进中来。还可以鼓励学生提出课程改进建议并在可行性和实用性方面进行评估和采纳。通过采纳学生的建议，不仅能够提高课程的针对性和适用性，还能够增强学生对课程改进的认同感和参与度。通过以上措施的实施，可以激励学生积极参与到课程改进中来，从而共同促进教学质量的提升。

（四） 与教师团队和学校管理层分享评估成果

分享评估成果是教师团队和学校管理层进行决策和改进的重要步骤，通过与教师团队分享评估成果，可以促进彼此之间的交流和合作。教师们可以共同分析评估结果，讨论存在的问题和改进的方向，从而形成共识并协作解决教学中的挑战，这种交流与合作有助于提高教学质量，增强教师团队的凝聚力和专业水平。向学校管理层汇报评估结果能够引起学校对教学质量的关注并为课程改革提供支持和资源保障。通过汇报评估结果，学校管理层可以了解到教学中存在的问题和改进的需求，进而采取相应的措施支持教师团队进行改进和创新，这种沟通和合作可以促进学校教育的不断发展和进步，提高整体教学水平。

评估结果的解读与应用是教育质量提升和教学改进的关键步骤，通过分析数据和趋势能够明确课堂中的问题和学生的需求，进而确定改进的方向和措施。激励学生参与课程改进并与教师团队以及学校管理层分享评估成果，能够促进教学质量的提升和学校教育的发展。评估结果的解读与应用是教育改革中不可或缺的一环，也是促进教学持续优化的关键举措。

四、持续评估与动态调整

在当今快速变化的教育环境中，持续评估和动态调整是确保教学质量和效果的关键。建立有效的反馈机制、定期审查和调整评估体系、关注学生和教师的反馈意见以及灵活应对课程和学生需求的变化，是教育机构和教师团队应对挑战、提升教学水平的关键策略。

（一） 建立持续的反馈机制

建立持续的反馈机制是确保评估体系有效性的关键步骤，通过定期收集学生和教师的反馈意见，可以及时了解对教学过程和评估方法的看法，从而及时调整和改进，例如可以在课程中设置匿名问卷调查或开放式讨论环节，让学生自由表达想法和建议。教师也可以定期邀请同事进行课堂观摩并提供反馈意见，这种持续的反馈机制能够帮助教师更好地了解学生的需求和反应，进而调整教学策略，提升教学效果。

（二）定期审查和调整评估体系

定期审查和调整评估体系是教育体系中确保评估工作持续有效的不可或缺的环节。通过定期的审查，教育机构和教师团队能够深入了解评估体系的运作情况，审视其在实际教学中的效果和适用性，这种定期的审查通常可以通过召开专门的评估工作会议来实现，会议中教育专业人员可以分享过去一段时间内的评估经验，汇报评估结果并提出改进建议。在这个过程中对评估体系的回顾和总结有助于发现潜在问题和不足之处。例如会发现某些评估方法并未充分覆盖学生的各个方面，或者某些评估工具在实践中并未取得期望的效果。通过定期审查，教育机构可以及时了解到这些问题并为其进行相应的调整和改进提供指导，这有助于确保评估体系能够与教学目标和实际需求保持一致，不断提升其准确性和可靠性。在审查的基础上及时地调整和改进是实现评估体系持续有效的关键。通过调整评估方法、优化评估工具，甚至是重新设计某些评估环节，教育机构和教师团队能够更好地适应教学环境和学生需求的变化。例如如果发现某一评估工具并未真实反映学生的实际水平，可以考虑引入更多元化的评估手段，如项目作业、实地考察等，以提高评估的全面性。

（三）关注学生和教师的反馈意见

关注学生和教师的反馈意见是教育质量持续改进的重要途径，学生和教师身处教学前沿，他们的观察和体验能够直接反映教学的实际情况和效果，因此教育机构和教师团队应该积极倾听他们的声音并将其视作评估和调整的重要依据。教师可以通过定期的课堂反馈机制收集学生的意见和建议，这可以通过匿名问卷、小组讨论或者个别交流等方式实现。学生可以分享对教学内容的理解程度、学习体验以及对教学方法的看法，这些反馈能够帮助教师更好地了解学生的学习需求和反应，有针对性地调整教学策略，提高教学效果。学校管理层也应该重视教师的反馈意见并为其提供支持和资源保障，教师在实践中会遇到各种问题和困难，他们的意见和建议能够为学校管理层提供宝贵的参考，帮助他们更好地改善教学环境和提升教学质量，因此学校管理层应该为教师提供良好的工作条件和发展空间，激发其教学热情和创新能力。

(四) 灵活应对课程和学生需求的变化

教育的灵活性在于适应不断变化的环境和学生需求，教育机构和教师团队应该具备敏锐的观察力和反应能力，以便及时调整课程和教学方式满足学生的需求和社会的变化。了解学生的需求是灵活应对的基础。通过定期的调查和交流，教师可以更好地了解学生的兴趣、学习风格和需求。例如如果发现学生对某一主题不感兴趣，教师可以探索更生动有趣的教学方式，引发学生的兴趣和好奇心。灵活调整课程内容和教学方法是应对变化的关键，教师可以根据学生的反馈和实际情况，灵活地调整教学内容和方法以提高教学效果，这包括增加互动性、实践性，或者引入新的教学工具和技术以更好地满足学生的学习需求。评估和反馈是灵活应对的重要环节，教育机构可以建立有效的评估机制，收集学生和教师的反馈意见并根据反馈及时调整课程和教学策略。这种循环反馈机制能够帮助教师和教育机构不断改进，提高教学质量。

持续评估与动态调整在教育领域中扮演着重要角色。通过建立持续的反馈机制，教师可以及时了解学生和教学过程的反馈，从而灵活地调整教学策略。定期审查和调整评估体系能够确保评估工作的持续有效性，而关注学生和教师的反馈意见则是促进教育质量持续改进的关键。灵活应对课程和学生需求的变化，使教育工作者能够更好地适应教学环境的变化，提升教学质量和效果。

第二节　反馈的重要性与实施

一、教师、学生与家长的反馈机制

建立有效的反馈机制对于教师、学生和家长之间的良好沟通至关重要，通过定期的会议、匿名反馈渠道、问卷调查以及在线平台等方式，可以促进信息的畅通和及时的反馈。在教学过程中这些反馈不仅能够帮助教师了解学生的需求和学习情况，还能够提升学校管理的效率和教学质量。下面将详细探讨这些反馈机制的重要性和实施方法。

（一）建立定期的反馈会议或讨论机制

定期的反馈会议是促进教师、学生和家长之间有效沟通的关键环节，教师可以安排每学期或每月与学生和家长进行座谈，讨论课程内容、教学方法以及学生的学习情况。通过这种面对面的交流，教师能够直接感知到学生和家长的需求和关切，及时解答疑问，解决问题，提高教学的针对性。例如一位数学教师每月安排一个家长座谈会，与家长分享学生的学习进展和表现，倾听家长对教学的意见和建议。在这个过程中，家长可以提出关于学生学科理解、家庭支持等方面的问题，教师则能够根据反馈调整教学策略，更好地满足学生的学习需求。

（二）设立匿名反馈渠道，保障学生和家长的隐私权

在一所学校建立匿名反馈渠道是为了保障学生和家长的隐私权并鼓励更自由地分享对学校教学和管理的看法。通过这种机制学生和家长可以在不担心个人身份暴露的情况下提出建议和意见，从而为学校提供宝贵的反馈信息。举例来说，一所学校在其校园网站上设立了一个匿名反馈板块，这个板块由专门的工作人员负责管理，确保反馈者的隐私得到充分保护。学生和家长可以通过这个板块提出对教学质量、校园环境、课程设置等方面的建议和意见。可以分享自己的观点，指出存在的问题并提出改进建议。通过这一机制学校成功收到了各类反馈，包括对教师教学方法的评价、校园设施的改进建议等，这些反馈为学校提供了宝贵的参考和指导，帮助学校更好地满足学生和家长的需求，提高教学质量，改善校园环境。

（三）制定教师、学生和家长的反馈表格或问卷

制定教师、学生和家长的反馈表格或问卷是一种有效的方法，可以收集各方对教学和学校管理的意见和建议。这样的工具可以帮助学校更全面地了解教学过程中存在的问题，为改进和提高教学质量提供有力支持。针对教师，反馈表格或问卷可以涵盖课程设计、教学方法、学生参与度等方面的问题，这样的反馈可以帮助教师了解自己的教学效果，发现不足之处并及时调整教学策略，提高教学质量。对学生而言，反馈表格或问卷可以涵盖课程内容的难易程度、教学活动的趣

味性、学习资源的利用等方面。通过学生的反馈，学校可以更好地了解学生的学习需求和意见，为他们提供更好的学习体验和支持。针对家长，反馈表格或问卷可以涵盖学校管理、教师表现、校园安全等方面的问题，家长的反馈可以帮助学校了解家长对学校整体情况的认知和看法，及时解决问题，提升家长对学校的信任度和满意度。举例来说，一位语言艺术教师设计了一份家长满意度调查问卷。通过家长的匿名填写，教师可以了解到家长对教学的整体满意和各方面的看法，这样的反馈可以为教师提供改进教学的具体方向和建议，促进教学质量的提高。

（四）创建在线平台或应用程序，方便及时反馈交流

创建在线平台或应用程序是促进教师、学生和家长之间即时交流和反馈的一种便捷方式，这种平台使得沟通更为高效，反馈更为及时，有助于改进教学和提升学校管理水平。举例来说，一所学校采用了一个在线教育平台，该平台允许教师在课程结束后向学生和家长发送反馈表格的链接。学生和家长可以通过点击链接，匿名填写表格，表达对课程的意见和建议，这种实时的反馈机制使得教师能够更快速地了解学生和家长的反馈，及时调整教学策略，改进教学质量。在这个平台上学生和家长可以提出看法，表达对课程内容、教学方式、作业安排等方面的意见。而教师可以通过收集这些反馈，及时了解到学生和家长的需求和关切，从而有针对性地进行调整和改进，这种双向的交流机制，有效地促进了教师、学生和家长之间的互动和沟通，有利于提高教学效果和学校管理水平。

通过建立定期的反馈会议或讨论机制，设立匿名反馈渠道，制定反馈表格或问卷以及创建在线平台或应用程序等方式，教师、学生和家长之间的沟通和反馈变得更加便捷和高效，这些机制不仅促进了信息的及时传递，也提高了教学质量和学校管理的效率。通过这些反馈机制，教育工作者可以更好地了解各方的需求和意见，从而不断改进教学方法和管理策略，为学生提供更优质的教育服务。

二、及时与具体的反馈方法

在教学和工作中提供有效的反馈是确保持续改进和进步的关键。这里探讨四种关键的反馈方法：及时反馈、具体而明确的反馈、结合实例或案例的反馈以及

使用多种形式的反馈，这些方法不仅有助于识别问题，还能为改进提供宝贵的指导和支持。

（一）及时反馈，避免延迟导致问题扩大化

及时反馈在教学中具有关键的作用，能够防止问题的进一步扩大化。想象一位教师在一堂课上采用了新的教学方法，但在课后并未及时获取学生的反馈。若此教学方法存在问题，比如学生难以理解或参与度不高，如果反馈延迟，问题会在下一堂课中继续存在，进而影响整体教学效果。通过及时反馈，教师能够更迅速地了解学生的反应，及时调整教学方法，避免问题的扩大化，确保教学效果的连续性和提升。这种教学场景中的及时反馈，有助于形成一个动态的教学过程，不断适应学生的需求，提高教学的实效性。

（二）提供具体而明确的反馈，帮助受反馈者准确理解问题

提供具体而明确的反馈对于帮助受反馈者准确理解问题至关重要。以演讲为例，一个听众给予的反馈是"你的演讲需要改进"，虽然表达了听众的意见，但并没有告诉演讲者具体该如何改进。相比之下如果反馈者能够指出具体问题，比如"你在演讲中的逻辑结构不够清晰，有些观点之间缺乏连接"，这样的反馈更有助于演讲者理解问题所在并且能够有针对性地进行改进，因此提供反馈时应该尽量具体地指出问题并给出建设性的建议，这样可以使得反馈更加有效，帮助受反馈者更好地改进自己的表现。

（三）结合实例或案例，让反馈更具体和可操作性

结合实例或案例进行反馈可以使反馈更具体和可操作。比如一位教师在批改学生的作业时不仅指出作业存在问题，还举例说明。他会写道："在这个数学题中你的计算步骤不够清晰，导致了错误答案，例如在第二步时你漏掉了一个负号，这就导致了后续计算的错误。建议下次在解题过程中更加细致地检查每一步骤，确保没有遗漏。"通过这样的实例说明，学生可以清晰地了解到问题所在并且得到了具体的改进建议，使得反馈更加有针对性和实用性，这种结合实例的反馈不仅帮助学生理解问题，还能够指导他们如何进行改进，提升学习效果。

（四）使用多种形式的反馈

使用多种形式的反馈是确保反馈全面性和多样性的重要方式，不同的反馈形式有助于从多个角度获取信息，以便更全面地了解问题和提出改进建议。一种常见的反馈形式是口头反馈，这种形式直接而及时。例如教师可以在课堂上就学生的表现进行口头反馈，通过面对面的沟通，可以更直观地传达信息，学生也能立即了解自己的不足之处。另一种形式是书面反馈，这种方式通过文字记录反馈内容，例如在学生作业上批注或者给予写作反馈。书面反馈有助于学生更深入地理解问题并可以作为长期的参考。还有在线调查问卷等电子形式的反馈方式，这种形式的优势在于可以匿名收集反馈，让受反馈者更自由地表达意见，通过问卷调查，可以收集到更广泛的意见和建议，帮助组织或教师全面了解受众的反馈偏好和意见。还有一种形式是小组讨论或团队会议，在团队环境中成员可以互相提供反馈和建议，促进团队共同进步，通过小组讨论，每个人都有机会分享观点，从而形成更加丰富的反馈。

及时反馈能够避免问题的扩大化确保教学效果的连续性和提升；具体而明确的反馈帮助受反馈者准确理解问题并针对性地进行改进；结合实例或案例的反馈使改进措施更具体和有可操作，促进学习和工作的持续改进；使用多种形式的反馈可确保反馈的全面性和多样性，满足不同受众的需求，提高反馈的质量和效果。综合运用这些反馈方法，可以更好地支持个人和组织的成长与发展。

三、利用反馈指导课程改进

在教育领域，课程改进是确保学生获得高质量教育的关键，然而要想使课程达到最佳水平，必须利用各种反馈数据并将其转化为有针对性的改进行动。这里探讨如何利用反馈指导课程改进，包括分析反馈数据、制订具体的改进计划、实施改进措施以及鼓励教师、学生和家长积极参与，通过这些步骤，学校管理者可以更好地了解教学中的挑战并采取有效措施提升教学质量，满足学生的学习需求。

（一）分析反馈数据，发现教学中的弱点和改进空间

在课程改进中分析反馈数据是关键的一步，这需要深入研究各种反馈来源，

如学生评价、教师观察和自我评估等，以便全面了解教学中的弱点和改进空间。举例来说，一所学校收到学生对数学课程的反馈，指出在某些概念上感到困惑，教师也反映出学生对课程内容的兴趣不高，通过分析这些反馈，学校管理者可以确定数学课程存在的问题，如教学方法不够生动有趣或者缺乏实际应用，从而为制订改进计划提供了方向。这种分析有助于学校更好地了解教学实践中的挑战并为未来的改进措施做好准备。

（二）制订具体的改进计划和行动方案，有针对性地解决问题

基于反馈数据的分析，学校管理者可以制订具体的改进计划和行动方案，以有针对性地解决教学中的问题。举例来说，如果反馈显示学生在数学课程中的表现较差，管理者可以采取多种措施，安排专门的师资培训课程，针对数学教学方法和策略进行培训，这些培训可以包括探讨有效的教学技巧、利用教具和技术辅助教学，以及如何针对不同学习风格和能力水平的学生进行个性化教学，通过提升教师的专业能力，可以提高在教学中的效率和影响力。调整课程设置，增加针对数学学习的辅导课程或补习班，这些课程可以针对学生在数学中遇到的特定难点进行深入解析和讲解，提供额外的学习支持。可以利用小班教学或个别辅导的方式，更好地满足学生的学习需求，提高他们的学习成绩和自信心。也可以考虑开展数学学习兴趣班或实践活动，激发学生对数学的兴趣和热情，通过设计丰富多彩的数学游戏、挑战和实践项目，可以使学生在轻松愉快的氛围中学习数学，增强他们的学习动力和积极性。

（三）实施改进措施并进行跟踪和评估

制订改进计划只是第一步，学校管理者需要确保改进措施的有效实施并持续跟踪和评估其效果。为此可以采取多种措施，定期组织教师会议，分享改进进展情况并进行讨论，这样可以确保教师们对改进计划的理解和支持并促进他们在教学实践中的积极参与。在会议上可以共享成功的经验和面临的挑战，以便及时调整和改进措施。建立定期评估机制，收集学生和教师的反馈意见，可以通过课程评价表、教学反馈问卷以及小组讨论等方式，收集相关反馈，这些反馈可以帮助管理者了解改进措施的实施情况，发现存在的问题并及时进行调整。管理者还可

以利用课程评估工具和指标对改进效果进行量化评估，通过比较改进前后的学生成绩、参与度和满意度等数据，可以客观地评估改进措施的效果并做出进一步的调整和优化。

（四）鼓励教师、学生和家长积极参与课程改进

鼓励教师、学生和家长积极参与课程改进是确保改进措施成功实施的关键，组织教师研讨会和家长会议，提供一个交流和分享意见的平台。在这些会议上教师和家长可以分享自己的看法、经验和建议，讨论课程改进的方向和重点，这有助于增进彼此的理解和信任，促进共同合作，为课程改进提供更多的思路和支持。设立奖励机制，激励教师和学生提出创新性的改进方案，可以设立奖金、荣誉称号或其他奖励形式以鼓励他们积极参与课程改进，为改进措施的实施贡献自己的智慧和力量，这有助于激发教师和学生的创造力和积极性，推动课程改进的持续发展。建立一个开放、透明和包容的改进机制，鼓励广泛参与和多方反馈。可以通过建立在线平台或反馈渠道，让教师、学生和家长随时随地提出意见和建议，促进信息的畅通和沟通的密切，这有助于吸纳更多的意见和反馈，为课程改进提供更多的参考和借鉴。

课程改进是持续发展的过程，需要不断地借助反馈数据和持续改进措施来提升教学质量。分析反馈数据可以帮助学校管理者全面了解教学中存在的问题和改进空间。制订具体的改进计划和行动方案是解决问题的关键，必须有针对性地提出改进措施。实施改进措施并进行跟踪和评估是确保改进效果的重要步骤，需要建立定期评估机制并及时调整方案。鼓励教师、学生和家长积极参与课程改进，可以促进共同合作，为课程改进提供更多的思路和支持，推动教育的持续发展。

四、建立开放的沟通渠道

建立开放的沟通渠道在学校教育管理中扮演着至关重要的角色，通过有效的沟通机制，学校能够建立起教师、学生和家长之间良好的互动关系，从而促进教育质量的提升。这里探讨四种建立开放沟通渠道的方法，包括开设咨询邮箱或热线、定期召开沟通活动、创建在线平台或社交媒体账号以及建立定期的反馈回访机制，以期为学校的沟通与发展提供有益的建议。

（一）开设教师、学生和家长的咨询邮箱或热线

为了促进教师、学生和家长之间的有效沟通，学校可以建立专门的咨询邮箱或热线，这个咨询渠道将为教育社区提供一个方便的平台，让大家随时提出问题、分享建议或反馈意见。例如学生可以通过这个邮箱表达对学习的困扰，家长可以关注学校管理和教学质量方面的问题，而教师也可以分享的教学经验或提出改进建议。通过这种方式，学校管理者能够及时了解到各方的反馈，从而更好地制定并优化改进措施，以促进教育质量的持续提升。

（二）定期召开家长会、班会等沟通活动，促进学校与家庭交流

定期召开家长会、班会等沟通活动是促进学校与家庭之间密切联系的有效途径，这些活动提供了一个面对面的交流平台，让家长和教师共同参与学生的教育过程。在家长会上，教师可以分享学生的学业进展、行为表现以及参与课堂活动的情况。家长则有机会提出问题、表达关切并深入了解学校的教学计划和管理方针。班会则更加直接地让教师与学生进行交流，通过定期召开班会，教师可以了解学生在学校和课堂上的体验，及时发现面临的困难或需求。学生也能够表达自己的意见和建议，从而营造更加积极的学习氛围，这样的沟通活动不仅有助于解决学习中的问题，还能够增强学生对学校的归属感和参与感，提高他们的学业成就。

（三）创建在线平台或社交媒体账号，方便及时沟通和反馈

为了促进教师、学生和家长之间的及时沟通和反馈，学校可以建立在线平台或社交媒体账号，如微信公众号、QQ群等，这些平台提供了一个便捷的交流渠道，方便各方随时随地进行沟通和交流。通过微信公众号或QQ群等社交媒体账号，学校可以及时发布最新的学校动态、活动通知以及教育政策等信息，让教师、学生和家长及时了解学校的相关情况。这些平台也可以用于在线咨询和答疑服务，学生和家长可以通过发送消息或留言的方式向学校提出问题或反馈意见，而教师也能够及时回复并解决的疑问和困扰。举例来说，学生可以通过微信公众号向班主任或教师咨询学习问题，家长可以在群里交流育儿经验或提出对学校管

理的建议,而教师也可以在平台上分享教学经验和资源,提供学习指导和支持。这样的互动交流不仅方便快捷,还能够促进学校与家庭之间的密切联系,增进彼此之间的理解和信任,为学校的发展和教育质量的提升提供了重要支持。

(四) 建立定期的反馈回访机制,了解反馈意见的实施情况和效果

为了确保持续改进学校教育工作,建立定期的反馈回访机制是至关重要的,学校可以采取多种形式的回访方式以了解之前收集到的反馈意见的实施情况和效果。学校可以定期进行教师、学生和家长满意度调查,这可以在每学期末或每学年末进行,通过问卷调查或面谈的形式,了解对学校教育工作的评价和意见,这些调查可以涵盖教学质量、学校管理、师生关系等多个方面,为学校提供全面的反馈信息。学校可以定期回访曾经提出反馈意见的个人或群体,通过电话、邮件、面谈等方式,了解学生或家长的问题是否得到了解决,改进措施是否取得了预期效果,这种个别回访可以更加深入地了解每个人的具体需求和反馈,有针对性地进行改进。学校还可以利用学校网站、社交媒体平台等渠道,公开反馈意见的跟踪情况和改进措施的实施效果,向所有相关人员进行透明的信息披露,这样不仅可以增加学校的透明度和信任度,也能够激励更多人参与到反馈和改进的过程中来。

通过开设咨询邮箱或热线,定期召开沟通活动,创建在线平台或社交媒体账号以及建立定期的反馈回访机制,学校能够有效地促进教师、学生和家长之间的沟通与交流,建立起一个开放、透明的教育管理机制。这些沟通渠道不仅能够及时了解各方的需求和反馈意见,还能够促进学校教育质量的不断提升,为学生的全面发展和教育事业的长远发展提供坚实的支撑。

第三节 学习成果的展示

一、学生学习成果的多样化展示

学生学习成果的展示不仅是学术水平的体现,也是促进全面发展和展示才艺

的重要途径。通过各种展示活动，学生有机会将课堂学习转化为实际成果，从而展现他们的学术成就、创造力和才华。这里探讨利用项目作品、学科竞赛、校园展示活动以及学术研究成果展示活动等方式，多样化地展示学生的学习成果，为学生提供了丰富多彩的展示平台，有助于激发他们的学习热情和创造力。

（一）利用项目作品展示学习成果

学校可以通过开展各类项目作品展示活动，让学生将在课堂上学到的知识和技能转化为实际成果，从而展示其学习成果，这种展示活动不仅为学生提供了展示自己才华和学术成就的舞台，也是促进学生全面发展的重要途径之一。举例来说，学生可以利用所学知识和技能进行科学实验并撰写详细的实验报告。在这样的展示活动中，学生可以展示实验的过程、结果和结论，向同学和教师们介绍自己的科学发现和实验成果。学生也可以通过文学创作展示自己的语言表达能力和创作才华，创作诗歌、故事或小说并在展览中分享自己的作品，与他人交流创作心得和体会。学生还可以开展社会调查项目，通过调查问卷、采访或实地调研等方式收集数据，然后分析数据并提出调查报告，展示调查结果和结论，通过这样的社会调查项目，学生不仅可以锻炼自己的调查和分析能力，还能够增进对社会问题的了解和认识。学生还可以展示自己的艺术作品，如绘画、雕塑、摄影等，通过艺术作品展示活动展示自己的创作才华和审美能力，这样的展示活动不仅可以展示学生的艺术成就，还能够激发学生对艺术的兴趣和热爱，促进其艺术修养和审美素养的提升。

（二）举办学科竞赛展示学生学术成就

学校可以积极组织各类学科竞赛，如数学竞赛、科学竞赛、语文竞赛等，让学生通过参与竞赛展示自己的学术成就，这些竞赛不仅是评价学生学术水平的有效途径，也是展示学生学习成果的重要平台之一。在数学竞赛中学生可以展示数学运算能力、问题解决能力和创新思维，学生们不仅能够应用所学的数学知识解决实际问题，还能够锻炼逻辑思维和数学建模能力。例如学生可以参加数学建模比赛，利用数学模型解决现实生活中的问题，如交通流量优化、资源分配等，从而展示自己在数学建模方面的技能和成果。在科学竞赛中学生可以展示科学实验能力、科学研究能力和科学创新能力，学生们可以选择一个感兴趣的科学课题进行深入研究并撰写科学研究报告或设计科学实验，展示自己的科学发现和研究成果。例如学生可以参加科技创新大赛，展示自己的科技发明和创意设计，如机器人设计、智能设备开发等，从而展示自己在科学领域的学术成就和创新能力。在语文竞赛中学生可以展示语言表达能力、写作能力和阅读理解能力，学生们可以参加作文比赛、朗诵比赛、阅读理解比赛等，展示自己的语言才华和文学素养。例如学生可以参加作文比赛，展示自己的写作水平和文学造诣，通过作品展示自己的语文学术成就。

(三) 组织校园展示活动展示学生才艺成果

学校可以定期举办校园展示活动，为学生提供展示才艺成果的舞台，这些活动旨在促进学生的全面发展，丰富校园文化生活，提升学生的艺术修养和审美情趣。音乐演奏是校园展示活动中常见的形式之一，学生们可以在展示活动中进行独奏、合奏或乐团演奏，展示自己的音乐才华。可以演奏各种乐器，如钢琴、小提琴、吉他等，或者进行合唱表演，演绎各种风格的音乐作品，从古典到流行，从民族到国际，让师生们领略不同音乐形式的魅力。舞蹈表演也是校园展示活动中备受关注的项目之一，学生们可以进行各种形式的舞蹈表演，如古典舞、现代舞、民族舞等，展示自己的舞蹈技巧和舞台魅力。可以进行独舞、舞蹈团体表演或舞蹈编排，通过舞姿优美、动作协调的表演，向观众展示的舞蹈才华和艺术魅力。戏剧表演也是校园展示活动中备受欢迎的项目之一，学生们可以进行话剧、小品、话剧等形式的戏剧表演，扮演不同角色，演绎不同情节，展示自己的表演技巧和舞台魅力。通过戏剧表演，学生们不仅可以锻炼自己的表演技巧和演技，还能够提升自己的情感表达能力和团队合作精神。美术展示也是校园展示活动中不可或缺的一部分，学生们可以展示自己的绘画作品、雕塑作品、摄影作品等，向师生们展示艺术才华和创作成就。通过美术展示，学生们不仅可以展示自己的艺术作品，还能够表达自己的情感和思想，展现自己独特的艺术风格和创作理念。

(四) 开展学术研究成果展示活动

学校可以通过开展学术研究成果展示活动，激发学生参与学术研究和科学探索的兴趣，促进他们的学术成长和创新能力的培养，这样的展示活动不仅能够展示学生的研究成果，还能够为学生提供交流与分享的平台，推动学术氛围的营造。学生们可以选择自己感兴趣的课题进行深入研究，探索其中的未知领域，提出新的观点或解决方案，例如一名学生对环境保护感兴趣，选择了研究环境污染问题及其解决方案。可以通过文献资料搜集、实地调查、数据分析等方式进行研究，最终得出结论并提出建议。在展示活动中学生可以利用海报、报告、展示板等形式将自己的研究成果呈现给他人，可以清晰地介绍研究的背景、目的、方法和结果，展示他们的研究过程和成果。学生还可以与观众交流讨论，分享研究中的收获与困难，接受他人的提问和建议，从而进一步完善自己的研究成果。

通过利用项目作品展示、学科竞赛、校园展示活动以及学术研究成果展示等多种方式，学校可以有效地展示学生的学习成果，促进他们的全面发展和学术成长。这些展示活动不仅可以提升学生的学术水平和专业技能，还能够培养创新能力、表达能力和团队合作精神，这些活动也丰富了校园文化生活，营造了积极向上的学习氛围，为学生的未来发展奠定了坚实的基础。

二、利用数字平台分享学习成果

在当今数字化时代，学校与学生们能够充分利用各种数字平台，如学校网站、社交媒体、数字化学习平台等，展示和分享学习成果，这为学生提供了更广泛的展示舞台，不仅可以在学校内部展示成果，还能通过社交媒体和在线学习平台将其传播给更广泛的受众。从创建学校网站到制作数字化学习成果展示视频，以及在社交媒体上分享学生作品，这些创新的方法为学生提供了更多展示和交流的机会，促进了学术和艺术领域的全面发展。

（一）创建学校网站或学生学习平台

学校可以创建专门的网站或学生学习平台，作为展示学习成果的主要渠道之一，这个平台可以包括学生的项目作品、科研成果、艺术作品等，以及学生在学科竞赛、校园展示活动中获得的荣誉和成就。通过这个平台，学生们可以将自己的成果展示给全校师生以及更广泛的社会公众，实现成果的广泛传播和交流，例如学校网站上可以设立专门的页面，展示学生的科研项目成果并提供下载或在线浏览的功能，让其他同学和教师可以查阅和学习。学校网站还可以设立专门的栏目，展示学生的艺术作品，如绘画、摄影、音乐作品等，通过图片、音频或视频的形式展示，吸引更多人欣赏和点赞。

（二）利用社交媒体分享学生作品和成果

在当今社交媒体兴盛的时代，学校可以利用各种平台，如微博、微信公众号、Instagram 等，来展示学生的作品和成果。学校可以创建专页或账号将学生的科研成果、艺术作品、参赛经历等分享给更广泛的观众，这些分享可以包括图片、视频或文字介绍，以吸引更多人的关注和转发。通过社交媒体的传播，学生的成果可以快速扩散，获得更多的曝光和认可，这也为学生提供了与其他学校或机构进行交流和合作的机会，拓展学生的视野和交流范围。通过在社交媒体上分享学生的作品和成果，学校可以提升学生的学习动力和成就感，促进学生在各个领域的全面发展。

（三）制作数字化学习成果展示视频

制作数字化学习成果展示视频是一种高效而生动的方式，能够充分展示学生的成果和经验。学校可以鼓励学生利用视频制作软件或手机 APP，制作包括科研项目、艺术作品、竞赛经历等内容的展示视频。视频开头可以由学生介绍自己，包括姓名、年级、所在班级等基本信息以及要展示的成果或经历的背景。学生可以通过视频展示他们的成果或经历，例如如果是科研项目，可以展示研究的背景、目的和方法；如果是艺术作品，可以展示作品的创作过程和最终成品；如果是竞赛经历，可以展示参赛的过程和成绩。学生可以展示制作成果的过程，这可以包括科研实验的过程、艺术作品的创作过程、竞赛准备的过程等，通过展示制作过程，观众可以更加深入地了解学生的努力和付出。学生可以分享对于成果或经历的感想和体会，比如在过程中遇到的挑战、收获到的经验以及对未来的展望和期待。

（四）利用在线学习平台进行学习成果展示和交流

利用在线学习平台进行学习成果展示和交流是一种创新而高效的方法，可以充分利用技术的力量促进学生之间的互动和学术交流。学校可以在在线学习平台上设立专门的板块或课程，供学生展示和分享学习成果，这可以是一个专门的论坛、博客或课程项目，为学生提供一个展示和交流的空间。学生可以在专门的板块或课程中发布科研成果、艺术作品、竞赛经历等，可以上传文件、图片、视频等形式的作品并附上相关的介绍和解释。在线学习平台为学生提供了一个便捷的交流和讨论的平台，学生可以在平台上评论和回复其他同学的作品，提出问题、建议或分享自己的经验，通过在线学习平台，学生可以与同学进行学术交流和合作。可以互相借鉴、启发，共同探讨问题，甚至展开合作研究项目。在线学习平台提供了一个虚拟的学习空间，学生可以随时随地访问并参与学术交流，这种灵活性和便捷性使得学生之间的交流更加便利和高效。

数字平台的广泛应用为学生的学习成果展示和交流提供了多样化的选择，通过创建学校网站和学生学习平台，学校能够打造一个专属的展示空间，让学生的项目、科研成果和艺术作品得以集中展示。社交媒体的利用使得学校的成果能够更快地传播，得到更多人的认可与关注。而制作数字化学习成果展示视频和在线学习平台的运用，则为学生提供了更生动、交互式的展示方式，促进了学术交流与合作，这些方法的综合运用不仅提升了学生的学术水平，也为他们搭建了更广泛的展示平台，激发了学习兴趣，推动了学校教育的创新发展。

三、学习成果的公开评价与认可

在当今教育体系中，为学生提供公正的学业成绩评价和认可方式至关重要，建立科学有效的评价体系、开展学生评比活动、设立奖励机制以及颁发证书或荣誉都是学校为学生学习成果提供公开评价与认可的关键步骤。通过这些措施，不仅能够激发学生的学习兴趣和动力，还能够为其未来的学业和职业发展奠定坚实基础。

（一）建立学生学业成绩评价体系

建立一个科学有效的学生学业成绩评价体系对于公正认可学生的学习成果至关重要，该评价体系应该客观、全面地评估学生的学术表现和能力水平。学校可以设计各类评估指标，包括考试成绩、作业完成情况、参与课堂讨论的积极性、科研项目的成果、论文写作能力等，通过对这些评估指标的综合考虑，学校可以更准确地评估学生的学术水平，使学生成绩更具有可比性和可信度。例如学校制定了一个综合评价体系，包括考试成绩、作业完成情况、参与程度、科研项目成果、论文写作能力等。学生通过参与课堂讨论和小组合作，展示主动学习的态度和能力。学生还参与科研项目并向指导教师提交研究报告和成果，这样的评价体系可以更全面、客观地评估学生的学业成绩和能力，提供公正的认可和评价。

（二）开展学生学业成果评比活动

开展学生学业成果评比活动是一种激励学生积极参与学习并展示成果的方式。学校可以组织各类比赛和展览，让学生参与并展示其在学术、艺术和创新方面的成果，这些活动可以是科学研究展示、艺术作品展览、学科竞赛、创新项目等。在评比活动中学生的成果将被评委和观众评估和认可，获胜者可以获得奖项或奖金，从而进一步激发学生的学习动力和创新能力。例如学校组织了一次科学研究比赛，学生可以报名并提交研究的主题和成果。评委会对学生的科研报告、实验设计和实验结果进行评估，选择出优秀的项目获奖。这样的活动展示和分享学生的研究成果并给予公正的认可和评价，可激励他们在科研方面的积极性。

（三）设立学生学业成就奖励机制

设立学生学业成就奖励机制是为了鼓励学生在学术、艺术和创新方面取得卓越成就。学校可以设立一系列的奖项和荣誉，如学术成就奖、艺术创作奖、科技创新奖等，这些奖励可以包括奖金、证书、学术荣誉称号等形式，以表彰学生在学业方面的突出表现和成就。例如学校设立了学术成就奖，每学期评选出在学术方面有卓越表现的学生，获奖者会获得一定的奖金和学术荣誉称号，并在学校的官方网站上公布，这样的奖励机制展示和认可学生的学术成就，可激励他们在学术方面继续努力。

（四）提供学生学习成果的证书或荣誉

学校提供学生学习成果的证书或荣誉，不仅是对学生努力的认可，也是鼓励他们在学业上持续成长和探索的重要方式，通过这种方式学校向学生传递了积极的信息，让他们感受到自己的努力得到了肯定，激发了更进一步学习的动力。举例来说，学校举办了一场以科技创新为主题的比赛，学生们积极参与并展示了各自的项目成果。在比赛结束后，评委们评定出了最优秀的几个项目并为这些学生颁发了科技创新荣誉证书，这些证书不仅记录了学生们的成就，也可以作为未来求职或升学的加分项，为他们的学术能力和创新潜力提供了有力的证明。学校还为在学术领域取得突出成绩的学生颁发学术成果证书，例如在全国性的数学竞赛中获奖的学生将被授予数学学术成果证书，以表彰他们在数学领域的杰出表现。这些证书不仅鼓励了学生们在学术上的努力，也为未来的学习和职业生涯打下了坚实的基础。

学校应当积极建立科学有效的学业成绩评价体系，全面评估学生在学术、艺术和创新方面的表现，通过开展学业成果评比活动，激发学生参与学习的积极性，展示并认可的优秀成果。设立学业成就奖励机制，则是为了鼓励学生在各个领域取得卓越成就，提供一系列奖项和荣誉。颁发学习成果的证书或荣誉，不仅是对学生努力的肯定，也是激励他们不断进步的重要方式。这些措施共同构建了一个积极的学习环境，为学生成长和发展提供了全方位的支持。

四、庆祝与激励学生的成就

庆祝与激励学生的成就是构建积极向上学习环境的关键一环，学校通过多种方式表彰学生在学业、艺术、体育等领域取得的卓越成就，不仅能够为他们提供荣誉和鼓励，还能激发更多学生追求卓越的动力。这里探讨学校举办学生表彰仪式、发布学生成就通报、设立学生风采墙以及提供奖学金或奖励金等措施，以促使学生在各个领域取得更好的成绩。

（一）举办学生表彰仪式或庆祝活动

学校可以定期举办学生表彰仪式或庆祝活动，以公开表彰那些在学业、艺术、体育或其他方面取得显著成就的学生，这样的活动可以为学生提供一个展示自己成果、分享成功经验的平台，也是对努力付出的一种肯定和鼓励。例如学校可以每学期举办一次荣誉大会，在这个仪式上颁发各种奖项，如学业优秀奖、体育精神奖、社会活动奖等，以表彰学生的不同方面的优秀表现。通过这样的庆祝活动，学校可以营造一种积极向上的学习氛围，激励更多学生努力学习，追求卓越。

(二) 发布学生优秀成绩和成就的通报

学校通过发布学生优秀成绩和成就的通报，能够营造一种积极向上的学习氛围，激励更多学生努力学习。例如学生小明在全国性数学竞赛中获得了金牌，学校可以在校园网站上撰写一篇宣传文章，介绍小明在比赛中所取得的优异成绩和他所付出的努力以此激励其他学生，这样的宣传不仅让小明在同学们中间成为榜样，也让其他学生看到了努力付出的价值，同时也是对小明的肯定和鼓励，可以增强他的自信心和成就感，激励他在学业上持续努力。通过这种宣传，学校传达了一种鼓励、肯定和分享成功的态度，为学生们树立了正确的学习目标和价值观。

(三) 设立学习成绩突出的学生风采墙

学校设立学习成绩突出的学生风采墙是为了表彰和激励在学术上取得优异成绩的学生并为其他学生树立学习的榜样，这样的风采墙通常会展示那些 GPA 排名前列、在学科竞赛中获奖或发表论文的学生的照片和简介，通过在校园内张贴这些学生的成就，学校向整个校园传递了一种积极的学习观念和价值观。学校风采墙的设立是对学生学业成就的肯定和鼓励，这些学生的优异成绩和取得的荣誉在整个校园得到了公开展示，这不仅增强了他们的自信心和荣誉感，也鼓舞了其他学生向他们看齐、努力追赶。学校风采墙为其他学生树立了学习的榜样，校园中张贴着取得优异成绩的同学的照片和简介，会激发其他学生的学习动力，让他们意识到努力学习可以获得认可和荣誉，这样的榜样效应有助于营造一个互相激励、共同进步的学习环境。学校风采墙的设立也让整个校园更加关注学生的学业成就，学生们的优异成绩和取得的荣誉不再局限于个人的范围，而是被广泛关注和赞扬，这样的关注和赞扬有助于鼓舞学生们继续努力，为更多的学生树立了一个学习的榜样。

(四) 提供奖学金或奖励金以激励学生取得更好的成绩

学校通过设立奖学金或奖励金的机制，着重激励学生在各个领域取得更好的成绩，为其学业发展提供积极的动力和支持，这种奖励机制不仅对学生的个人发展具有促进作用，还对整个学校的学术氛围和学习氛围产生积极影响。设立学业进步奖学金是对学生在学术上的努力和进步的认可。例如某学生在某一学期的成绩有显著提高，学校可以授予他学业进步奖学金，这样的奖励不仅让学生感受到个人努力的价值，也激发了其他学生在学术上追求进步的愿望。科研创新奖励金则是为了鼓励学生参与科研项目并在研究中取得显著成果，例如学生参与了一项科研项目，成功发表了论文或取得其他创新成果，学校可以为其颁发科研创新奖励金，这样的奖励不仅提高了学生投入科研的积极性，还促使更多学生参与科研活动，推动学校的科研水平不断提升。这种奖学金或奖励金也为学生提供了一定的经济支持，帮助他们更好地实现学习目标。在学术、体育、社会活动等多个领域设立奖励机制，为学生提供了多样化的发展途径并鼓励他们全面发展自己的才能和兴趣。

通过举办表彰仪式、发布成就通报、设立学生风采墙和提供奖学金等多种措施，学校为学生提供了全面的激励机制，这不仅让学生在个人成就上得到认可和鼓励，还为校园营造了积极向上的学习氛围。从学业到社会活动，从科研创新到体育比赛，各个方面的表彰和奖励都展示了学生的多样才华，这种关注和激励不仅对学生个体发展有积极影响，也为整个学校的发展打下了坚实基础，促使学生们在共同进步中茁壮成长。

第四节 课程改革的持续改进

一、基于评估与反馈的课程调整

在教育领域，评估与反馈是持续提升课程质量的关键环节。这里探讨基于评估与反馈的课程调整，从制定评估标准和方法、收集与分析评估数据，到灵活调整课程内容和教学方法，为读者展示如何通过这一过程实现课程的持续改进，以满足学生的学习需求和课程目标。

（一）制定有效的评估标准和方法

在课程评估前制定有效的评估标准和方法是确保评估过程顺利进行和结果准确可靠的关键步骤，评估标准的明确性对于衡量学生在课程中所达成的目标至关重要。这些标准应该是与课程目标直接相关的，能够全面地反映学生在知识、技能、思维和情感等方面的成长与发展，例如在一门语言课程中评估标准可以包括学生的听说读写能力、文化意识和交际能力等方面。评估方法的多样化也是确保评估全面性和准确性的关键，多种评估方法的综合运用可以更全面地了解学生的学习情况和课程效果。定量的测试和考核可以提供客观的数据支持，帮助量化学生的表现；而定性的问卷调查、观察和访谈则可以深入了解学生的学习体验和态度，发现课程中存在的问题和改进的空间。

（二）收集和分析评估数据

收集和分析评估数据是课程调整的关键步骤，为教师提供了深入了解课程效果和学生表现的重要信息。收集评估数据可以通过多种渠道进行，包括学生的考试成绩、作业完成情况、课堂参与程度等，这些数据可以直观地反映学生在各个方面的表现和课程的实施情况。借助现代技术，如学生信息管理系统和在线调查工具，可以更加高效地收集数据并确保数据的准确性和完整性。分析评估数据需要注重全面性和系统性，教师应该从整体和细节两个层面对数据进行分析，发现课程实施中的亮点和不足之处，例如通过比较不同学生群体的平均成绩，可以发现哪些部分的内容较为容易或难以理解；通过分析学生的作业完成情况，可以了解到哪些知识点存在普遍的困难或错误。还应该结合学生和教师的反馈意见，对数据进行综合分析，形成全面的评估结果。收集和分析评估数据为课程调整提供了有力的支持，基于评估数据的分析结果，教师可以针对性地对课程内容、教学方法和评价方式进行调整和改进，以提升课程的质量和效果。通过不断地收集和分析评估数据，教师可以实现课程的持续改进，使之更好地适应学生的学习需求和教学环境的变化。

（三）根据评估结果进行灵活的课程调整

根据评估结果进行灵活的课程调整是促使持续改进的关键一环，评估数据和分析结果为教师提供了深入了解课程实施情况的途径，使其能够迅速而有针对性地做出调整以满足学生的学习需求和课程目标。举例而言，如果评估结果表明学生在某一知识点的掌握程度不够扎实，教师可以选择通过增加相关的教学活动来强化这一部分内容，这包括更多实例分析、案例研究或小组讨论，以提供更丰富的学习体验。另一方面，如果评估显示某种教学方法在促进学生理解和应用知识方面表现出色，教师可以考虑在其他课程中推广这种成功的教学策略，这种跨学科的经验共享有助于提高整体教学质量，促使更广泛的教学社群受益。

在教学实践中制定有效的评估标准和方法是确保评估过程顺利进行的基础，而收集和分析评估数据则为教师提供了深入了解课程实施情况的重要信息。最终，根据评估结果进行灵活的课程调整成为实现持续改进的关键环节，教师可以针对性地对课程内容、教学方法和评价方式进行调整和改进，以提升课程的质量和效果，促进学生的全面发展。

二、识别与扩散成功的改革实践

在教育领域，成功的改革实践是推动学校和教学质量不断提升的关键因素。然而这些成功的经验如果仅停留在单一学校或教育机构，其潜在影响将受限，因此探讨识别与扩散成功的改革实践很重要，有三个关键步骤，包括定期评估并识别、开展有效的经验分享与交流活动以及制订推广计划。这里通过深入剖析这些步骤，更好地理解如何在整个教育体系中推广和应用成功的实践经验，为教育改革提供有效的指导和启示。

（一）定期评估并识别成功的改革实践

定期评估并识别成功的改革实践是教育管理和实践中的重要环节，通过定期评估，教育机构可以全面了解各项改革举措的实施效果，从而及时发现问题并加以解决，进而提升教育质量。这种评估应该涵盖多个方面，包括学生的学业成绩、教师的教学质量、学校的管理效率以及教育环境等，通过分析这些数据，可以清晰地了解改革措施的具体影响，以及在学校内部和学生学习上的表现。例如定期评估发现在一项新的教学方法下学生的参与度和学业成绩明显提升，说明该方法对于学生的学习效果产生了积极影响，因此定期评估不仅有助于及时发现问题，也能够发现成功的改革实践，为教育改革提供有效的参考和借鉴。

（二）开展有效的经验分享与交流活动

开展有效的经验分享与交流活动对于推动教育改革和提升教学质量具有重要意义，这些活动可以采用多种形式，如教师座谈会、教学工作坊、学术研讨会等，旨在促进教育从业者之间的互动和经验交流。教师座谈会是一个常见而有效的经验分享形式，在这样的座谈会上教师们可以分享在教学实践中的成功经验、创新教学方法和教学策略，通过倾听他人的经验，教师们可以获得启发，学习到更多可行的教学理念和方法。教学工作坊也是一个促进经验交流的好机会，这种活动通常以小组讨论、案例分析或实践演练的形式展开，让教师们有机会共同探讨教学中的挑战和解决方案，通过与同行的互动，教师们可以深入思考教学问题并共同寻找创新的解决方案。学术研讨会也是促进经验分享与交流的重要平台，在这样的研讨会上教育从业者可以分享他们的研究成果、教学实践和专业见解，从而促进学术和教学水平的提升。举例来说，一所学校组织了一次主题为"创新教学方法"的座谈会，教师们积极参与并分享了在课堂中尝试的创新教学方法，例如基于项目的学习、合作式学习等。这样的经验分享活动激发了教师们的创造力和教学热情，为学校的教学改革注入了新的活力。

（三）制订推广计划，扩散成功的实践经验

制订推广计划是将成功的实践经验在更广泛范围内应用的关键步骤，这需要一个系统性的方法以确保成功实践能够被有效地传播和应用。制定详细的推广手册是推广计划的重要组成部分，这本手册应该包括成功实践的详细介绍、实施步骤、关键要点以及遇到的挑战和解决方案。通过这样的手册，其他教育机构可以清晰地了解如何在自己的环境中应用这些实践经验。培训计划也是推广成功实践的重要手段，通过组织培训课程或研讨会，可以向其他教师和教育从业者传授成功实践的相关知识和技能，这样的培训可以帮助他们更好地理解并掌握实践经验，提高实施的效果和成功率。建立在线平台也是一个有效的推广方式，通过建立专门的网站、社交媒体平台或在线资源库，可以方便教育从业者获取成功实践的相关信息和资源，这样的在线平台不仅可以加速信息传播的速度，还可以促进

经验交流和合作。举例来说，一所学校通过制订详尽的推广计划，成功将其优秀的 STEM 教育模式推广到其他学校，编制了一份包括课程设计、教学资源、评估方法等内容的推广手册并举办了一系列的培训活动，向其他学校的教师介绍并传授这一成功实践。还建立了一个在线平台，供教师们分享资源、交流经验，进一步促进了实践经验的推广和应用。

在教育改革的旅程中，定期评估并识别成功的改革实践是保持良性循环的关键一环。通过多方位的评估，教育机构可以及时发现问题、改进举措，从而提升整体教育质量。通过搭建平台，这种有效的经验分享与交流活动促进了教育从业者之间的互动，为教学实践提供了丰富的资源和灵感。制订推广计划则是将成功实践在更广泛范围内推广的关键步骤，通过系统性的方法确保成功经验能够被更多教育机构借鉴和应用。这三个步骤相互交织，构建起一个促进教育创新和进步的完整体系。

三、应对改革挑战的策略

推动教育改革是一项复杂而挑战重重的任务，其中困难与挑战难以避免。针对这些挑战，可以采取一系列有效的策略来应对，以确保改革的顺利进行。这里探讨三种应对改革挑战的策略，包括确定并解决问题与障碍、设计灵活的应急方案以及建立沟通渠道与利益相关者合作解决挑战。

（一）确定并解决改革过程中出现的问题与障碍

在推动教育改革的道路上，难免会遭遇各种挑战与障碍，其中首要任务是建立一套有效的问题识别机制，以便及时发现并解决改革过程中出现的问题。一个可行的方法是通过定期的评估和反馈系统，不断收集来自学生、教师以及其他相关利益相关者的意见和建议。例如一所学校在实施新的课程体系时会遭遇到学生对教学资源不足和师资力量不足的抱怨，通过建立畅通的沟通渠道，学校能够及时了解到这些问题并采取相应的措施加以解决。例如学校可以开展专项调查，详细了解资源短缺的具体情况并制订相应的补充计划，如增加教学资源的投入或提供师资培训以确保改革能够顺利推进。通过这种方式，学校能够更好地应对改革过程中出现的问题与障碍，确保改革工作的顺利进行。

（二）设计应对挑战的灵活应急方案

在教育改革的道路上，灵活的应急方案是应对各种挑战和变数的关键，面对不确定性和意外情况，学校需要在改革计划中预留足够的空间以容纳出现的变化。一个有效的策略是在制订改革计划时就考虑到各种的挑战并为其设计相应的备选方案。举例来说，一所学校在实施新的在线教育平台时提前意识到出现的技术设施问题，为了应对这种情况，在制订计划时就预留了备用设备和技术支持团队。当突如其来的技术故障发生时，学校能够迅速启用备用设备并及时调动技术支持团队解决问题，从而保障了教学的顺利进行，这样的灵活应急方案使得学校能够在面对挑战时迅速做出反应，不至于因为意外情况而导致整个改革计划的失败。这种预先准备好的备选方案也让学校更加自信地应对各种不确定性，为教育改革的顺利进行提供了有力保障，因此设计灵活的应急方案是教育改革中至关重要的一环，对于确保改革顺利推进具有重要意义。

（三）建立沟通渠道，与利益相关者合作解决挑战

建立良好的沟通渠道是应对教育改革挑战的关键策略之一，在推动教育改革的过程中，不同利益相关者拥有不同的期望、需求和关注点，因此建立双向沟通的机制，与利益相关者积极合作，是解决挑战、确保改革成功的关键之一。举例来说，一所学校在推行新的评估体系时意识到需要与学生、家长和教师建立密切的沟通渠道，学校通过举办座谈会、开展问卷调查、组织家长会议等方式，主动征求各方的意见和反馈，通过这些沟通活动，学校了解到学生对新评估体系存在的不适感到担忧，家长关心评估结果对学生未来的影响，教师则提出了关于评估标准和实施方式的建议。学校在听取了各方的意见和反馈后，及时调整了评估体系的相关政策和实施细则。针对学生的担忧，开展了相关的心理辅导和支持活动；针对家长的关切，加强了与家长的沟通，明确了评估结果对学生未来的影响并提供了相关的解释和建议；针对教师的建议，进行了评估标准的修改和培训活动以提升教师对新评估体系的理解和应对能力。

在教育改革的过程中必须灵活应对各种挑战以确保改革顺利进行。需要建立有效的问题识别机制，及时发现并解决改革过程中出现的问题与障碍。设计灵活

的应急方案是关键，以应对意外情况和不确定性。建立良好的沟通渠道并与相关利益相关者合作，也是解决挑战、确保改革成功的关键之一。通过采取这些策略，可以更好地应对改革过程中的各种挑战，推动教育改革向前迈进。

四、建立持续改进的文化与机制

建立持续改进的文化与机制对于教育机构的发展至关重要，在教育改革的道路上培养教职员工持续改进的意识与态度、建立完善的反馈机制以及设立奖励机制等举措都是至关重要的。这里探讨这些措施如何共同构建一个积极的改革文化，推动教育改革不断取得新的进展。

（一）培养持续改进的意识与态度

在推动教育改革的旅程中，培养学校成员持续改进的意识和态度是构建成功改革文化的关键一环，学校可以通过举办定期的培训课程来实现这一目标，这些课程旨在激发个体对改进的热情，塑造积极的责任感，通过介绍持续改进的理念和方法以及分享成功的改革案例，教育工作者将更全面地理解改进的重要性，从而在实际工作中培养出积极的改进态度。培训课程可以涵盖各个层面，包括改革的理论框架、实际操作技巧以及对成功案例的深入剖析，通过理论知识的传授，教职员工可以建立对改革的全面认识，了解改革的目标和意义。实际操作技巧的培训则能够提高个体在改革中的执行力，使其更加熟练地应对各种挑战。通过分享成功案例，教职员工将获得实际经验的启示，激发在改革中不断探索和创新的动力。除了培训外，学校还可以通过定期的沟通和讨论会议强化持续改进的意识，这些会议可以提供一个平台，让教育工作者分享在改革中的见解和体会，通过交流经验，可以相互启发，形成一种共同的改进文化。引入专业导师或专家进行指导，为教职员工提供具体的改进建议和指导，有助于更好地引导教育改革。

（二）建立完善的反馈机制，鼓励持续反思和学习

为了保证改进工作的持续进行，学校需要建立一个有效的反馈机制以促进持续的反思和学习过程。一个具体而有力的措施是设立定期的评估和反馈会议，通过这些会议，教职员工可以分享在改革中的经验、观点和挑战，这种开放式的交

流平台不仅有助于发现问题，也能促成成功经验的分享，从而形成全员的共同认知，为未来的改革提供有力支持，这些评估和反馈会议应当注重建设性的反馈，以便个体能够清晰了解其工作的优势和改进的空间，通过具体的案例和数据，学校能够提供有关改革效果的客观信息，为教职员工提供明确的指导，这样的反馈不仅能发现问题，更是持续改进的动力源泉。为了激励个体持续反思和学习，学校可以建立个人发展计划，通过定期的评估和目标设定，帮助教职员工明确自己在改革中的成长方向，这种个体化的反馈和指导将使每位成员更加关注个人发展，形成一个学习型组织。

（三）设立奖励机制，激励提出改进建议和参与改革的教职员工

为了鼓励教职员工积极参与改革并提出创新性的改进建议，学校可以考虑设立奖励机制，这种奖励机制不仅可以肯定个人或团队在改革中的出色表现，也能够激励更多人参与到改革工作中，推动教育改革持续向前发展。一个常见的奖励机制是设立年度最佳改革奖，这个奖项可以针对在改革过程中取得显著成就的个人或团队，以鼓励他们的努力和贡献。评选标准可以包括改革成果的效益、创新性和可持续性等方面，通过公开评选和颁奖仪式，学校能够充分展示出改革工作的重要性和价值，并为获奖者树立表率。学校也可以设立其他形式的奖励，如荣誉称号、奖金或特别福利待遇等，以适应不同个体的需求和激励方式。重要的是确保奖励机制的公平和透明，以及奖励与实际贡献相匹配。

持续改进的文化与机制是教育改革取得成功的基石，通过培养持续改进的意识与态度，建立完善的反馈机制以及设立奖励机制，学校能够激励教职员工积极参与改革、提出创新性的建议并不断地推动改革工作向前发展。这些举措共同构建了一种积极向上的改革文化，为教育机构的发展注入了新的活力和动力。

第六章 技术在课程改革中的应用

第一节 整合技术与课程内容

一、选择合适的教育技术工具

选择合适的教育技术工具对于教学的有效实施至关重要，在面对众多技术工具时教育者需要进行细致的评估，以确保所选工具能够最大化地促进学生的学习效果和教学目标的实现。这一过程涉及多个方面的考量，包括技术工具的教育价值、适用场景和目标群体、易用性和可访问性以及成本效益和可持续性。这里重点探讨这些方面并提供一些指导性的观点，以帮助教育者更好地选择合适的教育技术工具。

（一）技术工具的教育价值评估

在进行技术工具的教育价值评估时，必须深入思考其与课程目标和学生需求的契合程度，教育者应当明确课程目标，了解学生的学科需求和学习风格。例如如果课程目标强调培养学生的实际操作能力，那么一个模拟实验的虚拟平台比纯粹的理论学习工具更具价值。技术工具的教育价值还需要考虑其对学习和教学过程的积极影响，一个优秀的教育技术工具应当能够激发学生的兴趣，提高学习的吸引力并促使学生更积极地参与到课程中。例如交互式学习应用程序可以通过游戏化设计激发学生的学习兴趣，使他们在学习过程中更为投入。教育者在评估技术工具的教育价值时还应该关注其提供的资源是否符合多样化的学生需求，工具是否具备个性化学习的功能，能否满足不同学生水平和学科背景的需求，这些都是评估中需要考虑的因素，例如一个具有自适应学习路径的在线学习平台可以根据学生的表现调整内容，更好地满足不同学生的学习需求。在进行教育价值评估时教育者应当牢记技术工具应该是服务于教学目标的工具,而不是为了技术而技术。只有在技术工具与课程目标、学生需求相契合的情况下,其教育价值才能得以最大化,为学生提供更有效的学习体验,因此教育者在选择和使用技术工具时需综合考虑其与教育价值的良好融合。

(二) 教育技术工具的适用场景和目标群体

确定教育技术工具的适用场景和目标群体对于提高教学效果至关重要,教育者需要考虑技术工具与课程内容的契合度,例如一个基于互动式视频的学习平台更适用于课程内容涉及实地观察和模拟操作的科目,而不太适用于理论性较强的学科。教育者还应该考虑目标群体的特点和需求,不同年龄段、学科背景、学习能力和学习风格的学生对同一种技术工具的接受程度和使用效果有所不同,因此在选择教育技术工具时教育者需要充分考虑目标群体的特征,确保所选工具能够满足他们的学习需求。教育技术工具的适用场景也需要综合考虑,有些工具更适合于课堂内的实时互动和讨论,而另一些则更适用于课后作业和自主学习,因此教育者需要根据教学内容和学习活动的特点,选择最合适的工具并将其嵌入教学过程中,以提升学生的学习体验和成效。考虑到技术的不断发展和创新,教育者还需要密切关注教育技术领域的最新趋势和发展,不断更新和调整所选工具,以确保其与目标群体和教学场景的匹配度。通过综合考虑适用场景和目标群体,教育者可以更加有效地选择和应用教育技术工具,提升教学质量和学生学习体验。

(三) 考虑技术工具的易用性和可访问性

考虑到教育技术工具的易用性和可访问性对于教学实践的重要性,教育者在选择工具时应该综合评估这两个因素。易用性是评估技术工具是否能够被广泛采用的关键因素之一。一个用户友好的界面和简洁清晰的操作方式能够降低教师和学生上手的难度,减少学习曲线,从而更好地发挥技术工具的教学功能。举例来说,一个在线课堂平台如果提供直观简单的控制面板和清晰的操作指南,教师和学生就能够更轻松地进行课堂管理和学习互动。可访问性是确保教育技术工具能够被广泛使用的关键因素之一,教育者需要考虑不同设备和网络环境下的学习者是否都能够顺利使用该工具。一个具有跨平台和跨设备兼容性的技术工具能够确保学生在不同的设备上都能够无障碍地访问学习资源和参与教学活动，例如一个在线学习平台如果能够在桌面电脑、平板电脑和手机上都提供良好的浏览和操作体验，就能够更好地满足不同学生的学习需求。

（四）考量技术工具的成本效益和可持续性

在选择教育技术工具时，考虑其成本效益和可持续性是至关重要的，教育者需要评估工具的购买成本以及与其相关的一次性费用，例如培训教师和技术支持等方面的费用。一个成本过高的技术工具会超出学校或机构的预算范围，从而对整体教育资源的分配造成负面影响，因此在选择时教育者需要确保所选工具的购买成本与其提供的教育价值相匹配。教育者还需要考虑技术工具的维护费用和运营成本，这包括软件和硬件的更新升级、服务器维护、安全保障等方面的费用。一个需要频繁维护且费用高昂的技术工具会给学校带来额外的负担，甚至超出预算范围，影响教育资源的合理分配，因此教育者在选择工具时需要考虑其长期维护成本并确保学校或机构能够承担得起。教育者还应该考虑技术工具对学校或机构长期发展的影响和可持续性，一个具有长期可持续性的技术工具应该能够与学校的发展目标和教育战略相契合并为学生和教师提供持续的支持和服务，例如一个拥有良好技术支持和持续更新的在线学习平台能够与学校的教学需求相适应并为长期发展提供支持。

选择合适的教育技术工具需要综合考虑多个因素，教育者需要评估技术工具的教育价值，确保其与课程目标和学生需求相契合，能够激发学生的兴趣并提高学习效果。需要考虑工具的适用场景和目标群体，确保其能够满足不同学科、年龄段和学习风格的学生需求。易用性和可访问性也是重要考量因素，以确保所有学生都能够轻松使用工具进行学习。教育者还须考虑工具的成本效益和可持续性，确保能够长期支持学校的教育发展并为学生提供持续的教学支持。通过综合考虑这些因素，教育者可以更好地选择和应用教育技术工具，提升教学质量，促进学生的全面发展。

二、技术与课程内容的有效融合

在当今数字化时代，技术已成为教育领域的重要支柱之一，为课程内容的有效传达和学生学习体验的优化提供了新的可能性。将技术与课程内容有效融合，不仅可以实现教学目标的更好达成，还能够激发学生的兴趣，促进他们的深层次学习。这里探讨技术与课程内容融合的几个方面，包括对齐课程目标、教育技术的角色与功能、创新教学设计与技术融合以及个性化学习与教育技术的结合，旨在为教育实践提供一定的参考和启示。

（一）技术与课程目标的对齐

在教学中将技术与课程目标紧密对齐是为了确保学生能够有效地达到预期的学习成果。以物理课程为例，如果课程目标是培养学生的实验设计和数据分析能力，那么虚拟实验模拟软件就是一种理想的技术工具，通过这样的软件，学生可以在虚拟环境中模拟各种实验场景，进行实验设计、数据采集和分析，从而达到课程目标。例如学生可以使用虚拟实验软件进行光学实验，调整光源的位置和强度，观察光的传播和折射情况并利用软件提供的数据分析工具进行数据处理，通过这样的学习方式，学生不仅可以提高实验操作的能力，还可以加深对物理理论的理解，实现理论与实践的有机融合。因此将虚拟实验模拟软件与物理课程结合起来，能够有效地促进学生的学习，并提高在实验设计和数据分析方面的能力水平。

（二）教育技术在课程中的角色和功能

教育技术在课程中扮演着多种角色，其功能多样，包括但不限于信息传递、互动促进和反馈提供。教育技术可以作为有效的信息传递工具，通过多媒体、在线教材、视频等形式向学生传递知识，这有助于提高学习材料的吸收效果，使学生更容易理解抽象概念。在线讨论平台、虚拟实验软件等工具可以促进学生之间的互动，这种互动性有助于拓展学生的思维，激发学习兴趣以及提高学习效果。特别是在语言课程中，语音识别技术的运用能够为学生提供即时的语音反馈，帮助改进发音。教育技术可以根据学生的学习风格和水平提供个性化的学习体验，自适应学习系统可以调整教学内容和难度以满足每名学生的需求，促进个体差异的发展。教育技术能够提供实时、个性化的反馈，帮助学生了解自己的学习进展和存在的问题，这种及时的反馈有助于学生纠正错误、改进学习策略并提高学习效果。通过互联网和数字化技术，学生可以获取更广泛、深度的学习资源，包括在线图书、开放式课程、教育应用等，这为学生提供了更多的学习机会，促使他们在课程之外进行自主学习。

（三）创新教学设计与技术的融合

创新教学设计与技术的融合为教育注入了新的活力。以虚拟现实（VR）技术为例，它为教学带来了全新的体验和可能性。在历史课程中，通过VR技术学生可以仿佛置身于历史事件的场景中与历史人物亲密接触，亲身感受当时的环境和情境，这种沉浸式体验可以极大地激发学生的兴趣并帮助他们更深入地理解和体验历史事件的背景和意义。通过结合技术，教学设计可以更加灵活和创新。教师可以利用VR技术设计各种场景和任务，让学生在虚拟环境中进行互动和探索，从而深入了解课程内容。例如学生可以通过虚拟现实技术参观古代文明的遗址，观察历史文物，与历史人物进行对话，甚至参与历史事件的重现，这种互动性和沉浸式体验可以使学生更加专注和投入，从而更有效地学习和理解知识。技术的融合还可以为学生提供更多样化的学习体验和资源，通过互联网和数字化技术，学生可以轻松获取各种在线资源，包括文献资料、多媒体教材、网络课程等，这些资源可以帮助学生自主学习和拓展知识，促进个性化学习和发展。

（四）个性化学习与教育技术的结合

个性化学习与教育技术的结合为学生提供了个性化、定制化的学习体验，通过教育技术的支持，个性化学习可以更好地实现。自适应学习平台是个性化学习的一种重要工具，它基于学生的学习风格、进度和兴趣，能够根据个体的需求提供定制化的学习路径。举例而言，在数学课程中，自适应学习应用可以根据学生对不同数学概念的掌握情况，调整题目的难易程度，确保学生在适合自己水平的学习轨迹上取得进展。对于掌握较好的学生，系统可以提供更有挑战性的问题以帮助他们深入理解和运用知识。而对于掌握较差的学生，系统可以提供更为基础和简单的问题以巩固基本概念。个性化学习与技术的结合还能够提供实时的反馈和指导，教育技术可以记录学生的学习过程和表现并根据学生的表现给予及时的反馈，这种即时反馈有助于学生了解自己的学习情况，及时调整学习策略，纠正错误，提高学习效果。个性化学习也可以通过教育技术来拓展学习资源和渠道，学生可以通过网络获取丰富多样的学习资料、开放式课程、教育应用等，根据自己的兴趣和需求进行自主学习。这种个性化学习的方式能够激发学生的主动性和学习动力，培养他们的自主学习能力和信息获取能力。

技术与课程内容的融合是教育领域的一项重要发展趋势，通过充分利用教育技术，可以更好地实现课程目标、提高学习效果、激发学生的兴趣和主动性。从对齐课程目标到个性化学习，教育技术在课堂中扮演着不同的角色和功能，为教学带来了更多可能性和活力。随着技术的不断创新和发展，教育将迎来更加多样化、个性化的未来，为学生的全面发展和成长提供更好的支持与保障。

三、避免技术使用的常见陷阱

在当今数字化的教育环境中，教育技术的应用变得日益普遍，然而技术的引入也带来了一些常见的陷阱，这些陷阱会影响教学的效果和学生的学习体验。这里探讨一些常见的技术使用陷阱并提出相应的解决方法，以帮助教育者更有效地把技术整合到教学实践中。

（一）过度依赖技术导致教学质量下降

在教学中，技术被视为提高效率和创造更丰富学习体验的有力工具，然而过度依赖技术又带来一系列问题，其中最为显著的是导致教学质量下降。当教师过分依赖技术工具，将其视为解决所有教学问题的灵丹妙药时，忽略了教学中其他重要的因素。举例而言，一位教师在一堂课上过度依赖幻灯片演示，将整个授课过程仅限于幻灯片的呈现，这样的教学方式削弱了与学生之间的互动，导致学生被动地接受信息而非积极参与讨论。缺乏互动和个性化指导，学生失去了发现问题、解决问题的机会，从而影响了他们的深层次理解和学习动力。在这种情况下，教育者应当认识到技术仅是教学的一部分，而非替代品。合理使用技术需要平衡，教师应该灵活运用多种教学方法，结合技术与传统教学手段确保学生全面发展。教育者还应该通过不断地专业发展，提高对教育技术的理解和运用水平，以更好地发挥技术在教学中的作用。

（二）技术与课程内容的不匹配

在教育领域中，技术的引入通常是为了增强学习体验和提高教学效果，然而将技术与课程内容不恰当地结合，会导致学生对知识的混淆和理解不足，这种不匹配带来一系列教学挑战，减弱了技术在学习过程中的实际效益。以一位语文教师使用虚拟实境游戏来教授文学理论为例，虽然这种创新尝试旨在激发学生的学习兴趣，但会引发学习效果不佳的问题。虚拟实境游戏通常注重视觉和沉浸式体验，而文学理论的传达更依赖抽象的概念和理论分析。学生因虚拟实境游戏中的太多感性元素而分心，忽略了核心的理论内容，这种不匹配导致学生对于文学理论的真正理解受阻，也使得教学目标未能实现。为避免技术与课程内容的不匹配，教育者需要在引入技术前进行仔细的规划和评估。

（三）忽略教师和学生的技术能力差异

教育技术的引入应该考虑到教师和学生的技术能力差异，但有时这一点被忽略，导致教学中的不平衡和效果不佳。教师和学生在技术使用方面存在差异，忽视这一现实使得部分参与者感到挫败，而另一部分感到过度挑战。例如一位教师对新的教学平台或应用程序不熟悉，而学生则对这些工具已经非常熟悉，这种差异导致教学中的沟通障碍，影响教学的流畅性。为了避免这一陷阱，教育者应该了解教师和学生的技术水平。为不熟悉技术的教师提供培训和支持，以提高其技术应用能力。对于技术熟练的学生，可以提供更丰富、复杂的技术工具以满足其学习需求，这样的个性化支持可以帮助教学过程更加顺畅，确保技术的使用不会成为学习过程中的障碍。

（四）忽视技术使用带来的安全和隐私问题

在教育技术的运用中很容易忽视技术使用带来的安全和隐私问题，这对学生和教育机构造成潜在风险，例如在使用在线平台进行学生作业提交时，如果不谨慎处理学生的个人信息就会导致数据泄露问题。一些教育应用程序存在安全漏洞，使得学生的学习数据容易受到攻击或滥用。为了避免这一陷阱，教育者和教育机构应该在选择和使用技术工具时注重安全性和隐私保护，确保选择的平台符合相关的数据隐私法规并提供安全的数据存储和传输机制。教育者应该引导学生保护个人信息，使用教育技术的同时注意隐私安全。定期进行安全性评估和更新也是确保技术使用安全的关键步骤，以防范潜在的威胁和风险。

教育技术的应用为教学带来了许多机遇，但也伴随着一些挑战和陷阱。过度依赖技术导致教学质量下降，技术与课程内容不匹配影响学生的学习效果，忽视教师和学生的技术能力差异导致教学不平衡，而忽视技术使用带来的安全和隐私问题则对学生和教育机构造成潜在风险。为了避免这些陷阱，教育者应该审慎使用技术，确保技术的应用与教学目标和课程内容相匹配，关注教师和学生的技术能力差异以及技术使用带来的安全和隐私问题。通过合理的技术整合和教学策略，教育者可以最大限度地发挥技术在教学中的作用，提高教学效果，促进学生的学习。

四、评估技术对学习影响的方法

评估技术对学习影响的方法是教育领域中关注的重要议题之一，为了全面了解技术在教学中的作用，研究者采用了多种方法来评估技术对学习的影响。其中包括定量评估方法、定性评估方法以及教师和学生反馈的综合评估。考虑长期影响和学习成果的评估也是评估技术影响的关键组成部分。这里着重探讨这些评估方法及其在学习影响方面的应用。

（一）定量评估方法

定量评估方法是一种系统性的研究方法，它依靠数字化数据和统计分析来量化技术对学习的影响，这一方法通常采用多种数据收集工具，如量表、问卷调查和学习成绩记录。研究者需要定义明确的研究问题和评估指标以确保数据收集的有效性和可靠性，例如如果研究的目标是评估一款在线学习平台对学生成绩的影响，那么可以通过比较使用该平台和未使用该平台的学生的成绩来获取数据。接下来，研究者使用统计软件对收集到的数据进行分析，以识别任何潜在的趋势或关联性，通过比较不同群体或时间段的数据，研究者可以确定技术对学习的影响程度并提出相关的结论和建议。例如一项研究发现，在使用特定教育应用程序的学生中平均成绩提高了10%，而未使用该应用程序的学生成绩没有显著提高，这样的结果可以为教育决策者提供有力的证据，支持在学校教学中推广和应用新的教育技术。因此定量评估方法在评估技术对学习影响方面发挥着重要的作用，为教育改革和创新提供了科学依据。

（二）定性评估方法

定性评估方法着重于理解学习过程中的复杂动态，尤其是当涉及新技术应用时。与定量评估方法不同，它不依赖数字化数据和统计分析，而是通过收集和分析非数值化的信息来揭示技术对学习影响的深层含义，这种方法的关键在于探索学生和教师对于特定教育技术的使用经验、感受、看法以及这些技术如何影响教学和学习过程。通过定性方法，研究者可以进行深度访谈、观察、焦点小组讨论等多种形式的数据收集，例如研究者可以安排与教师和学生的一对一访谈，深入了解对于新引入的教育应用程序的看法，包括如何适应这些技术、技术使用过程中遇到的挑战以及他们认为技术带来的好处或不足。通过观察学生在实际课堂环境中使用这些技术的情况，研究者可以获得对学习互动和参与度的直观理解。焦点小组讨论则允许多个参与者共同讨论他们的经验和观点，通过集体的视角提供对技术使用影响的更丰富的理解。这种方法促进了开放性的交流，让参与者可以自由表达想法和感受，也为研究者提供了洞察不同个体间观点差异的机会。

（三）教师和学生反馈的综合评估

综合评估方法综合利用定量和定性评估方法，以全面理解技术对学习的影响，这种方法将客观的数据指标与主观的反馈意见结合起来，从而提供更全面、准确的评估结果。在综合评估中教师和学生的反馈意见被视为至关重要的信息源，因为他们是直接参与技术应用和学习过程的主体。综合评估方法会收集来自多个渠道的数据，包括定量数据（如学生成绩、学习进展等）和定性数据（如访谈记录、问卷调查、焦点小组讨论等），这些数据旨在捕捉技术应用的各个方面以及教师和学生对于技术使用的感受和看法。研究者将定量数据与定性数据结合起来，进行深入分析和综合评估，例如研究者可以比较使用特定教育技术的学生与未使用的学生之间的成绩差异，还可以分析学生和教师在问卷调查中提供的反馈意见，通过这种综合分析，研究者可以更好地理解技术对学习的影响，并识别出其中的关键因素和模式。基于综合评估的结果，研究者可以提出相关的结论和建议以指导教育实践和政策制定，如果综合评估显示学生的成绩有所提高，但教师和学生对于技术使用的体验并不理想，那么需要进一步改进技术应用的方式或提供更好的培训和支持。

（四）考虑长期影响和学习成果的评估

考虑长期影响和学习成果的评估是评估教育技术对学习的全面影响的重要组成部分，虽然短期效果可以提供有价值的见解，但了解技术在学生学习路径中的长期影响是至关重要的。这种评估方法的关键在于跟踪学生的学习进展和成长，并观察他们在未来学习和职业发展中的表现，例如研究者可以通过长期追踪研究的方式，跟踪使用特定教育技术的学生在课堂中和课后的学习表现，以及在未来学习中的进展情况，这涉及对学生学习成绩、参与度、学习动机和自我调整能力等方面的长期观察和记录。评估技术对学习的长期影响也需要考虑到学生的职业发展和生活成就，例如研究者可以追踪使用特定教育技术的学生在毕业后的职业生涯发展情况，观察他们在工作中所展现出的技能、创造力和领导能力等方面的表现，通过这种长期追踪研究，可以更全面地评估技术对学生未来学习和生活的影响。

定量评估方法通过数字化数据和统计分析量化技术对学习的影响，定性评估方法通过收集和分析非数值化的信息来揭示技术对学习影响的深层含义。综合评估方法则综合利用定量和定性评估方法以全面理解技术对学习的影响。而考虑长期影响和学习成果的评估是评估技术对学习影响的重要组成部分，通过跟踪学生的学习进展和成长以及观察他们在未来学习和职业发展中的表现，可以更全面地评估技术对学习的影响。这些评估方法共同提供了深入了解技术在教学中的作用的途径，为教育改革和创新提供了科学依据。

第二节　促进远程与混合学习

一、设计高效的远程学习课程

远程学习已成为当今教育领域的一项重要趋势，尤其在面对全球性挑战时，如疫情暴发和地理限制等。然而设计一门高效的远程学习课程并非易事，它需要清晰的学习目标、恰当的教学计划以及适合远程环境的教学方法和工具。这里探讨如何设计高效的远程学习课程，包括制定清晰的学习目标和教学计划、选择适合远程学习的教学方法和工具，以及设计具有互动性和参与度的学习活动。

（一）制订清晰的学习目标和教学计划

在远程学习环境中制订清晰的学习目标和教学计划至关重要，学习目标是指明课程的预期结果和学生应达到的技能、知识或能力水平。通过明确定义的学习目标，学生可以清楚了解课程的重点和期望，有助于提高学习的方向性和效果。教学计划则是指定课程内容、安排学习进度和确定教学方法的详细计划。一个合理的教学计划应该能够在远程环境中有序地引导学生学习，确保他们能够有效地掌握所需的知识和技能。例如一门远程课程的学习目标是培养学生的独立解决问题的能力，那么教学计划包括这些内容：通过引入案例分析或实际问题，激发学生的思考和好奇心；提供相关的学习资源和指导材料，帮助学生理解问题的背景和相关概念；设计一系列的学习活动，如在线讨论、个人或小组作业，让学生应用所学知识解决问题并在实践中培养解决问题的能力；通过反馈和评估机制，及时了解学生的学习情况，调整教学策略确保学生达到学习目标。

（二）选择适合远程学习的教学方法和工具

在远程学习环境中，选择适合的教学方法和工具对于提高学生的学习体验至关重要，远程学习需要通过在线平台进行教学和学习，并且需要借助教学方法和工具来促进学生的互动和信息传递。以下是一些适合远程学习的教学方法和工具的举例：

1. 在线讨论和协作工具

借助在线讨论平台，学生可以与教师和其他学生进行实时的讨论和交流，分享观点和经验，通过讨论问题和解决方案，学生能够更深入地理解课程内容并从其他同学的观点和观念中获得新的启发。常见的在线讨论和协作工具包括论坛、即时通信工具（如即时消息和在线聊天）和共享文档平台。

2. 视频教学和演示

通过视频教学，教师可以向学生传达课程内容和知识并通过演示来解释概念和实践。学生可以在自己的学习空间中观看视频并能够根据自己的进度进行学习，通过视频教学，学生能够听到和看到教师的解释和示范，帮助他们更好地理解和掌握知识。

3. 学习管理系统和在线学习平台

学习管理系统（LMS）和在线学习平台提供了一个集中管理课程内容和学生学习进展的平台。教师可以上传课程资料、安排作业和测验并跟踪学生的学习进度。学生可以通过在线平台访问课程材料、提交作业和参与在线讨论。LMS 和在线学习平台提供了一个便捷和有序的学习环境，有助于学生在远程学习中有条理地进行学习。

（三）设计具有互动性和参与度的学习活动

设计具有互动性和参与度的学习活动是远程学习中至关重要的一环，这些活动有助于激发学生的兴趣，增强他们的学习动力并提高他们对课程内容的理解和掌握程度。以下是一些可以用于远程学习的具有互动性和参与度的学习活动的例子：

1. 在线小组讨论

通过在线平台组织学生进行小组讨论，分享对课程内容的看法、观点和经验。教师可以提出问题或话题，引导学生展开讨论并及时给予反馈和指导，通过小组讨论，学生可以互相学习、启发思考，加深对知识的理解。

2. 虚拟实验

利用虚拟实验软件或模拟工具，让学生在远程环境中进行实验操作和数据分析，这种形式的学习活动能够让学生在安全的环境中进行实验，提高他们的实践能力和科学素养。教师可以设计一系列的虚拟实验任务，让学生通过实际操作来探索和发现知识。

3. 在线测验和问答

利用在线测验工具或问答平台，组织学生进行课程内容的复习和测试。教师可以设计各种形式的测验题目，包括选择题、填空题、简答题等，让学生通过答题来检验对知识的掌握程度。教师还可以设置实时问答环节，让学生在课堂上提出问题并得到及时解答，促进学生和教师之间的互动和交流。

设计高效的远程学习课程需要多方面的考量和精心的策划，制定清晰的学习目标和教学计划是确保学生能够有效学习的关键，选择适合远程学习的教学方法和工具能够提高学生的学习体验和参与度，设计具有互动性和参与度的学习活动可以激发学生的兴趣，增强他们的学习动力。通过综合运用这些策略，教师可以打造出一门高效、富有活力的远程学习课程，为学生提供优质的教育体验。

二、混合学习模式的最佳实践

混合学习模式已经成为现代教育领域的主流趋势，它结合了线上和线下学习资源，为学生提供了更加灵活和多样化的学习体验。在这种模式下，整合各种学习资源、创造性地结合面对面和虚拟学习环境，以及提供个性化学习路径和灵活的学习时间安排，成为了最佳实践之一。这里探讨混合学习模式的这些最佳实践并分析其对学生学习效果和体验的影响。

（一）整合线上和线下学习资源

在当今教育领域，整合线上和线下学习资源已成为推动混合学习的核心策略。通过在线平台，学生可以随时随地访问课程材料、录播讲座和各种交互式学习模块，这种灵活性使得学习不再受时间和地点的限制，学生可以根据自己的节奏和偏好进行学习。与此同时，线下资源也发挥着重要作用，如实验室设施、图书馆和面对面辅导，这些资源为学生提供了更深入的学习体验和交流机会。以一门科学课程为例，学生可以通过虚拟实验软件在线上进行基础实验，通过观察和模拟探索科学原理。然后可以利用实验室设施进行更深入的实践，与同学和教师共同探讨并解决实际问题，从而巩固和拓展他们的理论知识，这种整合的学习模式不仅使学生在学术上获益良多，也培养了他们的合作精神和实践能力，为未来的职业发展打下了坚实的基础。

（二）创造性地结合面对面和虚拟学习环境

混合学习模式的成功在于有效地结合了面对面和虚拟学习环境，从而为学生提供了更加丰富和多样化的学习体验。面对面的小组讨论、实地考察和互动课堂为学生提供了珍贵的人际交往和实践经验。在小组讨论中学生可以分享彼此的想法、思考和解决方案，从而加深对课程内容的理解并培养批判性思维和团队合作能力。实地考察则使学生能够亲身体验课程所涉及的实际情境，加深对知识的理解和应用。互动课堂则为学生提供了与教师和同学直接交流的机会，促进了学习氛围的形成和知识的共享。虚拟学习环境通过在线辅导、讨论论坛和远程实习为学生提供了更广泛的学科视角和学习资源，通过在线辅导，学生可以在任何时间、任何地点与教师进行交流和求助，解决学习中的困惑和问题。讨论论坛则为学生提供了一个开放的平台，让他们能够与全球范围内的同学分享观点、交流想法并从多样化的观点中获得启发和反思。远程实习则使学生能够通过线上平台参与真实世界的项目和实践活动，拓展专业技能和社会视野。以历史课程为例，学生可以通过线下讲座深入了解当地文化和历史事件，通过实地考察感受历史文化的真实氛围。而在虚拟学习环境中学生可以通过在线平台获取全球历史案例的比较研究，了解不同文化背景下的历史演变和影响，拓展对历史学科的理解和视野。

（三）个性化学习路径和灵活的学习时间安排

在混合学习模式中，个性化学习路径和灵活的学习时间安排是为学生提供高效学习体验的关键之一，通过学习管理系统（LMS）和在线学习平台，学生可以根据自己的学习风格、兴趣和需求定制个性化的学习路径。个性化学习路径意味着根据学生的学习水平和目标提供定制化的学习内容和资源。以一门语言课程为例，学生可以根据自己的语言水平选择不同难度级别的学习资料，例如初级、中级或高级课程。在在线学习平台上学生可以自主选择学习内容并按照自己的学习节奏和方式进行学习，这种个性化的学习路径可以更好地满足学生的学习需求，提高学习效率和学习动力。灵活的学习时间安排使学生能够根据自己的日程安排和学习习惯安排学习时间，由于混合学习模式不受时间和地点的限制，学生可以在任何时间、任何地点进行学习，这种灵活性使学生能够更好地平衡学习与其他生活方面的需求，提高学习的效率和舒适度。例如学生可以上午在自习室里专注地学习语言课程的听力练习，然后下午回到家中进行语法和写作练习，完全根据自己的时间和环境需求进行学习。

混合学习模式的最佳实践包括整合线上和线下学习资源、创造性地结合面对面和虚拟学习环境，以及提供个性化学习路径和灵活的学习时间安排，通过这些实践，学生可以获得更加灵活、多样化和个性化的学习体验，从而提高学习效率和学习动力。这些实践不仅有助于学生在学术上取得更好的成绩，还培养了他们的合作精神、实践能力和自主学习能力，为未来的职业发展奠定了坚实的基础，因此混合学习模式的最佳实践应该被广泛应用于教育实践中，以促进学生全面发展和终身学习能力的培养。

三、技术在促进学生互动中的作用

在当今教育领域，技术的发展对学生的学习和互动起着至关重要的作用，特别是在混合学习模式下，技术不仅提供了丰富的学习资源，还促进了学生之间的交流和合作。这里探讨技术在促进学生互动中的三种重要作用：实施在线讨论和协作工具、利用虚拟实验和模拟软件提升学习体验，以及运用社交媒体和在线平台促进学生之间的交流与合作。

（一）利用在线讨论和协作工具

在混合学习模式中，利用在线讨论和协作工具对于促进学生之间的互动和学习效果起到了至关重要的作用。通过在线讨论平台，学生可以轻松地展开课程内容的深入讨论，分享彼此的观点和理解。这种交流不仅加强了学生之间的互动和思想碰撞，还可以帮助他们更加全面地理解和消化所学知识。举例来说，在一门文学课程中学生们可以利用在线讨论平台就文学作品展开讨论，例如针对一部小说的主题，学生可以在平台上发表自己的看法，与其他同学交流和辩论，从而深入探讨作品背后的内涵和意义，这种互动不仅让学生们有机会分享自己的理解，还可以从其他同学的观点中获得新的启发和思考，通过参与讨论，学生们可以更深刻地理解文学作品的情节、人物塑造以及作者的用意，从而提升对文学作品的欣赏水平和分析能力。通过在线协作工具，学生们也能够更方便地合作完成项目和任务。可以共享文件、编辑文档、共同制订计划，实现远程合作。举例而言，一个团队在历史研究项目中可以利用在线协作工具共同编辑研究报告，互相评论和完善文档，提高了团队协作的效率和质量。

（二）利用虚拟实验和模拟软件提升学习体验

利用虚拟实验和模拟软件是学生提升学习体验的一种有效途径，在混合学习模式中，虚拟实验软件为学生提供了安全、便捷的实验环境，增强了对理论知识的理解和应用能力。举例来说，在化学课程中学生通常需要进行各种实验以理解化学原理和反应机制，然而传统的实验往往受到时间、设备和安全等限制，这时虚拟实验软件就发挥了重要作用。学生可以通过虚拟实验软件模拟各种化学反应的过程和结果，观察不同条件下的反应变化，甚至在虚拟环境中进行实验设计，通过这种方式，学生可以更直观地理解化学反应的原理和规律，而无需实际操作化学试剂或设备。值得一提的是，虚拟实验软件还可以提供更多的实验场景和案例，涵盖更广泛的化学知识。学生可以在不同的模拟场景中进行探索和实验，从而丰富了他们的学习体验和视野。虚拟实验软件还能够帮助学生培养实验操作技能，提高他们的实验设计和数据分析能力。

（三）运用社交媒体和在线平台促进学生之间的交流与合作

在混合学习模式中，运用社交媒体和在线平台促进学生之间的交流与合作是非常有效的方式，通过社交媒体平台或在线课程论坛，学生可以方便快捷地分享学习资源、讨论问题、组织学习小组等，从而促进了学生之间的交流与合作，增强了学习效果和体验。例如学生们可以利用社交媒体平台如 Facebook 或微信群组建讨论小组，共享学习心得、资源和解决问题的方法，这种实时的交流方式让学生们能够随时随地进行互动，提高了学习的效率和趣味性。利用在线课程论坛也能促进学生之间的交流与合作。学生们可以在论坛上发布问题、回答问题，或者讨论课程内容，从而加深对知识的理解，也能从他人的观点和经验中获得启发。在项目学习中运用在线平台也能极大地促进团队合作和项目实施效率，学生们可以在平台上共享项目进展、分工情况和任务安排，及时沟通和协作，这种实时、跨地域的合作方式使得团队成员能够更好地协同工作，解决问题，最终提升了项目的质量和完成度。

通过在线讨论和协作工具，学生能够在混合学习环境中展开更加深入的讨论，分享彼此的理解并在项目中实现远程合作。利用虚拟实验和模拟软件，学生可以安全地进行实验操作，增强对理论知识的理解和应用能力。而运用社交媒体和在线平台，则可以促进学生之间的交流与合作，提高学习效果和体验。技术在促进学生互动方面发挥着重要的作用，为教育的创新和提升提供了有力支持。

四、远程学习的挑战与解决方案

远程学习的兴起为教育带来了灵活性和便利性，但也伴随着一系列挑战，网络连接和设备问题、学生参与度和自主学习能力的管理，以及技术支持和教学指导的提供，是远程学习中的三大关键挑战。针对这些挑战，学校和教育机构采取了一系列创新性解决方案，以确保学生在远程学习中能够顺利进行。这里探讨这些挑战及其解决方案。

（一）解决网络连接和设备问题

远程学习中的网络连接和设备问题是一个普遍存在的挑战，影响学生的学习进度和体验。学校和教育机构可以通过一系列措施来解决这些问题，以确保每名学生都能够顺利地参与在线课程和完成作业。提供技术支持是至关重要的。学校可以设立专门的技术支持团队，为学生提供在线或电话支持，帮助解决网络连接或设备故障问题。学校还可以实施设备借用计划，向那些缺乏设备的学生提供笔记本电脑或平板电脑等设备，以确保每名学生都能够拥有必要的学习工具。为了应对网络不稳定的情况，学校可以录制课程视频并提供离线观看选项，让学生在没有网络连接的情况下也能够学习。学校可以与当地互联网服务提供商合作，为学生提供优惠的网络套餐或增强网络覆盖范围，以确保他们能够顺利地参与远程学习。通过这些措施，学校可以有效地解决网络连接和设备问题，为学生提供良好的远程学习环境。

（二）管理学生参与度和自主学习能力

在远程学习环境中，管理学生的参与度和提高他们自主学习能力是至关重要的，但也是具有挑战性的任务。缺乏面对面的监督和激励，一些学生会缺乏动力，导致参与度下降。为了解决这个问题，教师可以采取一系列措施来激发学生的学习兴趣，提高他们的自主学习能力。设置明确的学习目标和时间表对于管理学生的参与度至关重要，教师可以在课程开始时明确告诉学生每周的学习目标和任务并设定明确的截止日期，以激励学生按时完成任务。利用在线教学平台的数据分析功能，教师可以及时了解学生的学习情况，对参与度较低的学生进行及时的反馈和支持，鼓励他们更积极地参与学习。教师可以通过设置小组讨论、在线互动等活动，促进学生之间的互动和合作，从而提高他们的参与度。教师还可以利用在线教学平台提供丰富的学习资源，帮助学生发展自主学习能力，通过提供自主学习资源和指导学生进行自我评估，教师可以帮助学生更好地管理学习时间和提高学习效率。

（三）提供及时的技术支持和教学指导

在远程学习环境中，学生面临技术问题时需要及时的支持和指导，这是确保学习顺利进行的关键之一。学校和教育机构可以采取一系列措施来解决这个问题。建立专门的技术支持团队是至关重要的，这个团队可以为学生提供全天候的在线技术支持，以解决在远程学习过程中遇到的各种技术问题。无论是网络连接问题、软件操作困难还是设备故障，学生都能够及时获得帮助，保障学习的连续性和效率。教师可以通过在线办公时间或定期答疑会议，为学生提供教学指导和解答疑问，这种及时的互动方式可以帮助学生更好地理解课程内容，解决学习中的困惑，提高学习效果。教师还可以根据学生的反馈和需求，调整教学方式和内容，使教学更加贴近学生的学习需求。为了帮助学生更好地应对技术挑战，教师可以提供简明易懂的技术指南和视频教程，这些资源可以帮助学生快速了解常见的技术问题的解决方法，提高他们的自主解决问题的能力，减少因技术问题而产生的学习中断。

远程学习环境下的挑战主要包括网络连接和设备问题、学生参与度和自主学习能力的管理以及技术支持和教学指导的提供。针对这些挑战，学校和教育机构通过建立技术支持团队、提供设备借用计划、设置明确的学习目标和时间表、促进学生间的互动与合作以及提供简明易懂的技术指南和视频教程等方式，有效解决了这些问题，为学生提供了良好的远程学习环境，确保他们能够顺利地参与学习。

第三节　利用数据驱动的决策

一、收集与分析教学数据

在现代教育中，数据收集与分析已成为提高教学质量和个性化教学的重要手段之一，通过系统收集和深度分析教学数据，教师能够更好地了解学生的学习情况和需求，从而为其提供更有效的教学支持和指导。这里探讨如何制订数据收集计划、教学数据的来源、数据分析工具与技术以及数据分析的目标与意义。

（一）制订数据收集计划

在制订数据收集计划时需要明确教学目标和需求，以确定所需收集的数据类型和内容，例如如果教学目标是提高学生的阅读理解能力，那么可以考虑收集学生的阅读速度、词汇量以及阅读理解测试成绩等数据。需要设计合适的数据收集方法和工具确保数据的准确性和完整性，例如可以通过在线问卷调查、学习平台记录、课堂观察等方式收集数据。需要制定数据收集的时间表和频率确保数据的及时性和持续性，例如可以安排每学期初和末进行一次全面的数据收集，每月进行一次小规模的数据更新，以及根据需要进行临时数据收集。

（二）教学数据的来源

教学数据的来源是多元的，通过不同途径收集到的数据能够为教师提供全面的学生学习情况。学生学习平台是重要的数据来源之一，在这个平台上学生的学习行为和表现被记录下来，比如登录时间、学习时长以及观看视频的频次等，这些数据能够揭示学生的学习习惯和行为模式，为教师提供宝贵的参考。在线学习活动也是获取教学数据的重要渠道，通过在线测验，教师可以了解学生的学习进度和掌握情况，及时调整教学内容和方法。作业完成情况也是重要的数据指标，可以反映学生的学习态度和水平。课堂互动和讨论记录也提供了丰富的教学数据，通过记录学生的参与程度和表现，教师可以了解学生的学习态度和理解程度，为后续教学提供参考依据。学生作业和考试成绩是评估学生学习成果的重要指标，这些数据能够直观地反映学生的学习效果和掌握程度，帮助教师及时发现学生的问题并采取相应的教学措施。

（三）数据分析工具与技术

在教育领域，数据分析工具和技术的选择对于了解学生学习情况、优化教学过程至关重要，常用的数据分析工具包括 Excel、SPSS、R 和 Python 等。Excel 是一种通用的电子表格软件，适用于简单的数据整理和基础的统计分析，在教育中教师可以使用 Excel 整理和分析学生的基本学习数据，比如考试成绩、作业完成情况等。Excel 提供了简便的界面和基础的统计函数，对于初步的数据处理和分析是很有帮助的。SPSS 是一种专业的统计分析软件，广泛应用于社会科学领域，它提供了丰富的统计分析功能，包括描述性统计、方差分析、回归分析等。在教育研究中教育者可以利用 SPSS 来进行更深入和复杂的统计分析以研究学生表现与其他变量之间的关系。R 和 Python 是两种强大的编程语言，被广泛用于数据科学和机器学习领域，在教育中教师可以利用 R 和 Python 进行更复杂的数据挖掘和机器学习分析，以预测学生表现、个性化教学和制定更有效的教学策略。数据可视化是将数据以图表、地图、仪表盘等形式呈现，使复杂的数据更易于理解和解释的过程，在教育中通过数据可视化技术，教育者可以直观地展示学生的学习趋势、班级整体表现等，这种视觉呈现有助于教育者更好地把握数据，做出更明智的教学决策。

（四）数据分析的目标与意义

数据分析在教育领域具有重要的目标和意义，主要体现在多个方面，数据分析的目标之一是发现学生学习模式和趋势，通过分析学生的学习数据，教师可以了解到学生的学习习惯、偏好和行为模式，进而发现不同学生之间的学习差异和共同特点，这有助于教师更好地理解学生，为其提供更有效的教学支持和指导。数据分析旨在评估教学效果和识别问题领域，通过比较学生的学习成绩、考试表现以及课堂参与情况等数据，教师可以评估自己的教学效果，发现教学中存在的问题和不足之处，这有助于及时调整教学策略，改进教学方法，提高教学质量。

数据分析还可以指导个性化学习和教学调整。通过分析学生的学习数据，教师可以了解到每名学生的学习需求和水平，为其设计个性化的学习路径和教学计划，这有助于提高学生的学习积极性和效率，促进其个性化学习和全面发展。数据分析的意义在于优化教学资源和课程设计，通过分析学生的学习数据和教学反馈，教师可以了解到学生对教学资源和课程设计的需求和反馈意见，从而优化教学资源的配置和课程设计的内容与结构，这有助于提高教学资源的利用率和教学效果，满足学生的学习需求和提高他们的学习成绩。

数据分析在教育领域具有重要的意义，通过分析学生的学习数据，教师可以发现学生的学习模式和趋势，评估教学效果和识别问题领域，指导个性化学习和教学调整，以及优化教学资源和课程设计。数据分析不仅帮助教师更好地了解学生的学习情况和需求，还能够提高教学效果和学生满意度，促进学生的学习成长和发展。

二、基于数据的教学调整与改进

在当今教育领域，数据的应用不仅局限于教学材料或学生成绩的统计分析，而是成了一种驱动教学改进的重要工具。基于数据的教学调整与改进，通过系统收集、分析和运用教学数据，为教师提供了深入了解学生需求、优化教学策略的有效途径。这里探讨数据驱动的教学决策过程、教学策略的优化与改进、数据驱动的教师专业发展以及持续改进与评估机制，以展示数据在教学实践中的重要作用。

（一）数据驱动的教学决策过程

数据驱动的教学决策过程是指教师在教学中根据收集到的数据进行分析和评估，从而制定相应的教学策略和调整方案的过程，这个过程通常包括数据收集、数据分析、制订教学调整方案和实施反馈等环节。举例来说，一位语文教师在教学中发现学生的阅读理解能力普遍较弱，于是通过阅读速度测试、词汇量统计以及阅读理解测试成绩等方式收集了相关数据。经过分析发现，学生在阅读理解过程中常常因词汇量不足而受阻。基于这一发现，教师决定调整教学策略，增加词汇量扩展的课程内容，并针对不同学生的水平制订个性化的学习计划，以提高整体阅读理解能力。

（二）教学策略的优化与改进

在教学策略的优化与改进过程中，数学教师通过深入分析学生的数学成绩和课堂表现数据，发现学生在抽象概念方面存在普遍的理解困难。针对这一挑战，教师着手调整教学策略以更有效地满足学生的学习需求。为了提高学生对抽象概念的理解，教师引入了丰富的视觉化教学资源，通过展示数学概念的图形、图表和模型，学生能够以更直观的方式理解抽象的数学概念，例如通过使用数学绘图软件展示几何形状的旋转和变形，学生可以在视觉上掌握抽象概念，从而深化对数学原理的理解。教师采用实践性的教学活动，使学生能够在实际操作中应用抽象概念，通过使用数学模型和实物演示，学生能够将抽象概念与具体的情境相联系，加深对数学概念的印象，例如在学习代数方程时教师可以组织学生通过实际问题解决方案的方式，亲身体验抽象概念在实际中的应用，从而提高学习的实际性和深度。

（三）数据驱动的教师专业发展

数据驱动的教师专业发展是一种持续不断的教学改进过程，通过收集、分析和运用教学数据来提升教师的教学能力和专业水平。举例来说，一位英语教师发现学生在口语表达方面存在困难，这一发现是通过观察学生的课堂表现、听取同事和学生的反馈以及分析学生的书面作业得出的。针对这一发现教师采取了多种措施来提升学生的口语能力，教师参加了相关的专业培训和研讨会，以学习有效的口语教学方法和技巧，这些培训包括口语教学策略、发音练习、口语交际技巧等方面的内容，有助于教师拓展教学方法的视野，为教学提供更多的选择。教师在教学实践中不断尝试和改进，通过在课堂上实施新的口语教学方法和技巧，教师可以实时地收集学生的反馈和数据并对教学效果进行评估。教师可以观察学生的口语表现是否有所改善，是否能够更流利、准确地表达自己的想法和观点。教师还可以通过作业和课堂活动的反馈，了解学生的学习进展和需求，及时调整教学策略，满足学生的学习需求。

（四）持续改进与评估机制

持续改进与评估机制在教育领域扮演着重要的角色，有助于保证教学质量和教学效果的持续提升，这一机制基于数据驱动，强调通过定期的评估和反馈来优化教学过程和提高教学效果。学校可以定期进行教学评估，包括课堂观察、学生作业和考试成绩分析等，这些评估可以帮助学校了解教学质量和学生学习情况，及时发现问题并提出改进建议。学校可以建立多方反馈机制，包括学生、家长和教师的反馈意见，这些反馈可以从不同角度反映教学情况，有助于全面评估教学效果并提出改进方案。学校可以通过分析教学数据，包括学生学习数据和教师教学数据，来评估教学效果和提出改进建议，学校也可以利用这些数据指导教师的教学实践，提高教学质量。根据评估结果，学校可以制定相应的改进计划和措施。这些计划和措施应该具体、可操作，能够有效地提高教学质量和学生满意度。学校应该将持续改进作为一种文化和习惯，不断优化教学过程，追求更好的教学效果，这需要全校师生的共同努力和参与。

数据驱动的教学决策过程是通过收集、分析和评估教学数据，指导教师制定相应的教学策略和调整方案。教师通过优化教学策略，例如引入视觉化教学资源和实践性教学活动以提高学生对抽象概念的理解。数据驱动的教师专业发展促使教师不断学习和改进以满足学生的学习需求。持续改进与评估机制则确保了教学质量和效果的持续提升。通过定期评估和反馈，学校能够及时发现问题并制订改进计划以追求更好的教学效果。

三、保护学生隐私与数据安全

随着教育领域的数字化和信息化进程加速推进，保护学生隐私与数据安全已成为学校和教育机构必须高度重视的重要议题。在这一背景下制定合适的隐私保护政策与法规、采取有效的数据安全措施与技术、提升学生数据保护意识与教育以及建立完善的数据安全监督与审查机制，成为确保学生个人信息安全的关键措施。下面对这些方面进行探讨，旨在为学校和教育机构提供指导和建议，以确保学生隐私与数据安全得到充分保障。

（一）隐私保护政策与法规

在当今数字化时代，学生隐私保护成了教育机构不可回避的重要议题，随着技术的快速发展和在线教育资源的广泛应用，教育机构收集和处理的学生个人数据量急剧增加，这不仅包括学生的基本信息，如姓名、年龄和联系方式，还包括学习成绩、行为记录甚至是生物识别信息，因此为了保护学生的隐私权利，防止数据泄露和滥用，各国政府制定了一系列针对教育领域的隐私保护政策与法规。例如美国有《家庭教育权利和隐私法》（FERPA），规定了教育机构在处理学生教育记录时必须遵循的隐私保护原则；欧盟的《通用数据保护条例》（GDPR）则为处理学生信息的教育机构设定了更为严格的数据保护要求，这些法律法规共同构建了一个基本框架，确保学生信息的处理过程透明、合法且安全。在这个基础上各教育机构还需要制定适合自己的内部隐私保护政策，这些政策需要详细规定教师和工作人员在处理学生数据时的具体权限和责任。比如明确哪些数据可以收集，收集后如何使用以及如何存储和销毁。教育机构应当确保所有涉及学生数据处理的人员都能够了解和遵守这些政策，通过定期培训和评估来强化数据保护的意识和技能。更进一步，学校的隐私保护政策不仅要符合法律要求，还应考虑到学生和家长的期望和需求，因此与学生和家长的沟通也是一个重要环节，学校应该通过透明的方式，明确告知家长和学生个人数据的收集、使用及共享情况以及可以如何行使自己的隐私权利，包括访问、更正和删除个人信息的权利。

（二）数据安全措施与技术

确保学生数据安全是学校和教育机构应当优先考虑的任务之一。以下是一些数据安全措施和技术手段：学校应确保其网络系统和数据库具有高度安全性，包括安装防火墙、入侵检测系统和安全更新等，应定期对网络系统和数据库进行安全审查以发现和修补潜在的漏洞和安全隐患。在数据传输过程中应采用加密技术对敏感信息进行加密，防止未经授权的访问和窃取。常用的加密技术包括 SSL/TLS 等。学校应实施严格的访问控制策略，只授权给必要人员必要的数据访问权限，应定期审查和更新访问权限，确保只有经过授权的人员能够访问学生数据。学校应定期进行安全审查，包括网络漏洞扫描、系统弱点评估等，及时发现和修补安全漏洞，防止黑客攻击和数据泄露。学校可以考虑引入生物识别技术（如指纹识别、人脸识别等）和多因素身份验证技术（如密码、手机验证码、指纹等）以增强对学生数据的访问控制和身份验证。

（三）学生数据保护意识与教育

提升学生数据保护意识是确保学生个人隐私和数据安全的重要一环，学校可以将数据保护作为课堂教育的一部分，教导学生个人数据的价值和隐私保护的重要性，这可以通过开设相关的课程或将数据隐私保护内容融入现有的课程中来实现，如信息技术课程、公民教育课程等。学校可以定期组织数据保护宣传活动，例如举办讲座、研讨会或主题活动，向学生介绍数据隐私保护的基本知识和技巧，可以设计海报、展览或校园广播等形式，向学生传达数据保护的重要信息。学校可以与家长密切合作，共同致力于提升学生的数据保护意识。学校可以通过家长会议、家长信函或线上平台等途径，向家长传达数据保护的重要性并提供家长指导，帮助监督和指导孩子正确处理个人数据。针对学生使用互联网的行为，学校可以组织网络安全培训，教导学生如何在网络环境下保护个人隐私和数据安全，这包括如何创建强密码、如何辨别网络诈骗、如何安全使用社交媒体等方面的内容，通过案例分析和角色扮演等活动，让学生更直观地理解数据泄露和隐私侵犯的危害并培养正确应对相关情境的能力。

（四）数据安全监督与审查

学校应建立完善的数据安全监督与审查机制以确保学生数据的安全性和隐私保护。学校可以成立专门的数据安全团队或委员会，由专业人员组成，负责监督和审核学校数据处理的流程和措施，这个团队应当具备数据安全管理、信息技术和法律等方面的专业知识，能够有效地评估和管理数据安全风险。数据安全团队或委员会应定期监督和审核学校的数据处理流程和措施，包括数据收集、存储、传输和处理等环节。应当确保这些流程和措施符合相关的法律法规和学校内部的数据安全政策，能够有效地保护学生数据的安全和隐私。数据安全团队或委员会应当及时发现和解决潜在的安全风险和漏洞，可以通过监控系统日志、实施网络安全扫描、开展安全漏洞测试等方式，发现存在的安全问题并采取相应的措施加以解决。学校应定期进行数据安全审查，评估数据处理和存储系统的安全性，包括对系统架构、安全策略、访问控制、数据备份和恢复等方面进行全面的审查和评估，以确保学生数据始终处于安全的状态。根据数据安全审查的结果，学校应及时更新安全措施，弥补安全漏洞和弱点，这包括更新安全软件、加强访问控制、加密敏感数据等措施，以确保学生数据的安全性得到持续的提升。

保护学生隐私与数据安全是教育领域的一项重要任务，需要学校和教育机构采取综合措施来确保实施。建立健全的隐私保护政策与法规，规范学校数据处理的行为；采取有效的数据安全措施与技术，保障学生个人信息不受泄露和滥用；加强学生数据保护意识与教育，提高学生和家长的安全意识和技能；建立完善的数据安全监督与审查机制，及时发现和解决潜在的安全风险，通过这些综合措施的实施，可以有效保护学生隐私与数据安全，为教育事业的可持续发展提供坚实的保障。

四、数据驱动的个性化学习路径

个性化学习已被广泛认可为提高教育质量和学生学习效果的重要策略之一，而数据驱动的个性化学习路径则进一步推动了这一理念的实践。在这个过程中个性化学习需求分析成为关键的第一步，通过深入分析学生的学习风格、能力水平、兴趣爱好等信息，学校可以更准确地把握每名学生的学习需求。接下来，个性化学习设计与实施将根据需求分析的结果，为每个学生量身定制学习路径和教学活动以满足其独特的学习方式和需求。评估个性化学习效果并不断优化，通过收集和分析学生的学习数据和表现，学校可以及时发现问题并采取有针对性的措施以确保个性化学习的有效实施。

（一）个性化学习需求分析

在实施数据驱动的个性化学习之前，必须进行个性化学习需求分析，这一过程涉及收集和分析学生的多方面信息，包括其学习风格、能力水平、兴趣爱好以及学习目标等。通过了解这些方面的数据，学校可以更准确地把握每名学生的学习需求，为其量身定制个性化的学习路径和教学支持，例如有些学生更倾向于通过视觉化方式学习数学概念，这意味着更容易理解图表和图像。另一方面，有些学生更喜欢通过实践操作来学习，更善于通过实际操作来加深对知识的理解。通过数据分析，学校能够识别出每名学生的学习特点和需求，进而制订有针对性的个性化学习计划和教学方案，例如针对那些倾向于视觉化学习的学生，学校可以采用图表、图片和视频等教学资源以帮助他们更好地理解数学概念。而对于偏向实践操作的学生，则可以提供更多的实验、案例分析和实际问题解决等活动以促进他们的学习。

（二）个性化学习设计与实施

个性化学习设计与实施是基于学生的个性化学习需求，为其量身定制学习路径和教学活动的过程。在这个过程中，选择适合不同学生的教学资源和教学方法至关重要，学校可以利用各种教学资源，包括教科书、多媒体资料、在线课程等，满足学生不同的学习需求和学习方式，例如对于视觉型学习者，可以提供丰富的图表、图像和动画等视觉化教学资源，以帮助他们更好地理解抽象的数学概念。个性化学习设计还包括设计个性化的学习任务和评估方式，学校可以根据学生的学习能力和兴趣爱好，设计不同难度和类型的学习任务以激发学生的学习兴趣和动力。例如对于数学学习，可以设计一系列的实践性问题和案例分析，让学生在解决实际问题的过程中深入理解数学知识。个性化评估方式也是至关重要的，学校可以采用多元化的评估方法，包括作业、项目、考试、口头报告等，以全面评价学生的学习表现和能力发展。个性化学习设计与实施需要结合教师的专业知识和经验以及先进的教育技术和工具。教师可以根据学生的反馈和表现，灵活调整教学策略和资源，以确保每名学生都能在个性化的学习环境中取得良好的学习效果，通过个性化学习设计与实施，学校可以更好地满足学生的学习需求，提高其学习动机和学习成绩。

（三）个性化学习效果评估与优化

评估个性化学习的效果是确保学生获得最佳学习体验和成果的重要步骤，通过收集和分析学生的学习数据和学习表现，学校可以及时发现学生的学习困难和问题，从而采取针对性的教学措施以优化个性化学习过程。学校可以通过学生的学习数据来评估个性化学习的效果，这些数据包括学生的测验成绩、作业完成情况、在线学习活动参与情况等，通过分析这些数据，学校可以了解学生的学习进展和学习成果，进而评估个性化学习的效果。学校可以通过学生的学习表现来评估个性化学习的效果，教师可以观察学生在课堂上的参与度、理解程度和学习态度等方面的表现以及学生在课后的学习情况，通过对学生学习表现的评估，可以更全面地了解个性化学习对学生学习的影响。学校可以通过学生和家长的反馈来评估个性化学习的效果，学生和家长可以就个性化学习的方式、教学资源的质量、教学策略的效果等方面提出意见和建议，通过收集学生和家长的反馈，学校可以了解对个性化学习的满意度和改进建议，从而优化个性化学习的实施。

数据驱动的个性化学习路径在教育领域展现出了巨大的潜力，通过个性化学习需求分析，学校能够更好地理解每名学生的学习需求，为其量身定制个性化的学习计划。随后的个性化学习设计与实施将根据需求分析的结果，选择适合不同学生的教学资源和方法，以确保每名学生都能在个性化的学习环境中取得良好的学习效果，通过个性化学习效果的评估与优化，学校可以不断改进个性化学习的实施，以提高学生的学习动机和学习成绩，为其未来的发展打下坚实的基础。

第四节　准备面向未来的学习环境

一、预见未来教育技术趋势

随着科技的迅猛发展，教育领域也在逐步迎来革命性的变革。增强现实（AR）和虚拟现实（VR）技术、人工智能（AI）的应用、区块链技术以及增强式自动化和机器人教学助手等新兴技术正在逐渐渗透到教育领域，并为教学带来了巨大的改变。这里将探讨这些未来教育技术趋势并探讨对教育的影响和潜在的发展方向。

（一）增强现实（AR）和虚拟现实（VR）技术

随着科技的快速发展，增强现实（AR）和虚拟现实（VR）技术正成为教育领域的创新利器，为学生提供了更加沉浸式和实践性的学习体验。AR 技术通过在现实环境中叠加虚拟信息，拓展了学生对知识的感知。在化学实验中学生可以利用 AR 眼镜观察分子结构，使抽象的理论变得具体而直观，激发学生对科学的兴趣。另一方面 VR 技术则在创造虚拟场景方面发挥着巨大的作用，在历史课上学生可以通过戴上 VR 头盔，仿佛穿越时空，漫游古罗马城市或参与历史事件，这种身临其境的体验不仅提升了学习的趣味性，也加深了对历史事件和文化的理解。VR 还可以模拟实际操作，如工程设计或外科手术，为学生提供安全、实际的实践机会，这些技术的引入为传统教学模式注入了新的活力，使学生能够更主动地参与学习过程，培养他们的创造性思维和问题解决能力。然而随之而来的挑战包括设备成本、教师培训和内容开发等方面，需要系统性的解决方案，来推动这一趋势在教育中的全面应用。AR 和 VR 技术的发展势必为学生打开更为广阔的学习之门，为未来教育提供更多可能性。

（二）人工智能（AI）在教育中的应用

人工智能（AI）在教育中的应用正日益成为未来的趋势，其潜力在于为学生提供个性化的学习体验。其中个性化学习路径的推荐系统是一项重要的应用，这一系统通过分析学生的学习习惯、兴趣和能力，利用大数据和机器学习算法为每名学生量身定制学习计划，通过推荐特定的课程、教材和学习资源，这种系统能够更好地满足学生的学习需求，提高学习效率和成绩。另一个重要的应用是自适应教学系统，这种系统能够根据学生的学习表现实时调整教学内容和节奏，以确保每名学生都能在适合自己的节奏下进行学习。通过监测学生的学习进度和理解程度，系统可以提供个性化的反馈和支持，帮助学生克服困难并加强掌握的内容，这种个性化的教学方式不仅能够提高学生的学习动机和参与度，还能够更好地满足学生的学习需求，促进他们的学习成果。

（三）区块链技术在学生数据管理中的应用

随着教育数字化的深入，学生数据的收集和管理变得日益重要，而保障这些数据的安全和隐私成为当务之急。在这一背景下区块链技术的应用正在成为解决方案的热门选择。区块链是一种分布式数据库技术，具有去中心化、不可篡改和透明的特性，因此非常适合用于学生数据管理。区块链技术提供了一个分布式的存储系统，将学生数据存储在多个节点上而不是集中存储在单一的服务器中，这意味着即使某个节点遭受攻击或故障，数据仍然能够得到保护和恢复，从而提高了数据的安全性和稳定性。区块链上的数据是不可篡改的，每个数据块都包含了前一个数据块的哈希值，任何对数据的篡改都会被其他节点拒绝，从而确保了数据的完整性和真实性，这一特性对于学生的学术成绩、证书和荣誉等敏感信息尤为重要，能够有效防止数据被篡改或伪造。区块链技术还能够保证数据的透明性，所有的数据交易都被记录在不同节点上的分布式账本中，任何人都可以查看和验证这些交易，从而增强了数据管理的透明度和可信度。

（四）增强式自动化和机器人教学助手

未来教育中增强式自动化和机器人教学助手将成为教学的得力助手，为学生和教师创造更为高效和富有创造性的学习环境。自动化教学流程将成为减轻教师负担的关键，通过自动化处理课堂中的重复性任务，如考勤、评分和课程管理，教师能够释放更多的时间用于更深层次的教学设计和学生互动，这样的自动化流程将提高教学效率，使教师能够更专注于激发学生的创造性思维和培养更高层次的认知能力。智能机器人教学助手的应用将为学生提供个性化的学习支持，这些机器人可以根据学生的学科需求和学习进度，提供定制的辅导和反馈。举例而言，在语言学习中机器人教学助手可以进行发音纠正，通过语音识别技术精准评估学生的发音并提供即时纠正建议，从而加速语言学习的过程，这种个性化的学习支持有助于满足不同学生的学习需求，提高教学的针对性和效果。虽然增强式自动化和机器人教学助手在教育中的应用带来了众多潜在优势，但也面临一些挑战。如教育机构的投资成本、技术实施的复杂性和教师对新技术的接受程度。然而随着技术的进一步发展和应用的不断优化，这些问题将逐渐得到解决。增强式自动化和机器人教学助手的未来应用将为教育领域带来更多创新，提升学生和教师的学习体验与教学效果。

未来教育技术趋势的探索和应用不仅令人兴奋，而且充满挑战和机遇。增强现实和虚拟现实技术为学生提供了沉浸式和实践性的学习体验；人工智能在个性化学习和教学支持方面发挥着重要作用；区块链技术确保学生数据的安全和透明；增强式自动化和机器人教学助手则为教师和学生创造了更高效、个性化的学习环境。随着这些技术的不断发展和应用，教育将迎来更加智能化、个性化和创新化的时代，为培养未来的人才提供了更为广阔的可能性。

二、构建适应未来技术的学习环境

未来技术的发展将深刻改变学习环境，数字化教室、远程教育、混合式学习和智能化学习环境等新兴教育模式将逐渐成为主流。这些新技术的引入将为学生提供更加个性化、灵活和高效的学习方式，有助于更好地适应未来社会的发展需求。

（一）建设数字化教室和学习空间

未来的学习环境将全面迈向数字化，数字化教室和学习空间将成为学生和教师互动的重要场所，在这样的环境中先进的科技设备将成为教学的得力工具，例如数字化教室将配备智能白板、互动显示屏和多媒体设备，教师可以利用这些设备呈现更生动、具体的教学内容，通过图像、视频和动画等形式激发学生的学习兴趣和参与度。学生将通过个人电子设备如平板电脑或笔记本电脑与教师进行互动，可以通过这些设备与教师实时沟通、提问和回答问题，从而促进课堂上的互动和合作。举例而言，学生可以利用自己的设备与教师分享屏幕，展示自己的作品或答案，教师可以及时给予反馈和指导，提高学生的学习效果和成果。数字化教室还将充分利用在线资源进行学习，学生可以通过互联网获取各种学习资料、课件和教学视频，随时随地进行学习，这样的学习模式不仅提供了更加灵活的学习时间和空间，还能够满足不同学生的学习需求和兴趣，促进个性化学习的实现。建设数字化教室和学习空间将为未来的教育带来更加丰富、灵活和高效的学习体验，促进学生的全面发展和成长。

（二）推广远程和在线教育

未来学习环境的演进将大力推动远程和在线教育的普及，为学生提供更加灵活和全球化的学习机会。远程教育的核心理念是打破地域和时间的束缚，通过互联网技术将学生与教师连接起来，构建一个虚拟的学习空间，这种模式的推广将使教育资源更加平等地分布在全球范围内。远程和在线教育尤其对那些无法前往传统学校或需要更灵活学习时间的学生具有重要意义，例如生活在偏远地区的学生由于地理位置的限制难以获得高质量的教育资源，而通过在线课程，可以同城市学生一样获得丰富多样的学科知识，这种包容性的教育方式为各类学生提供了更多选择和机会，促使教育更好地服务社会的多元需求。远程和在线教育还有助于培养学生的自主学习能力，学生在虚拟学堂中需要更多地依赖自己的学习管理能力，从而提高他们的自主性和责任感，这样的学习模式培养了学生的信息获取和处理能力，使他们更具适应未来社会的竞争力。

（三）引入混合式学习模式

混合式学习模式的引入将为未来学习环境带来全新的教学范式，充分发挥传统教育和现代技术的优势，为学生打造更加丰富和个性化的学习体验。在混合式学习环境中教师可以利用在线平台提前布置学习任务和资料，为学生创造更具挑战性的学术环境，通过在线资源的引入，学生可以在课前自主学习相关知识，使课堂时间更加专注于问题解决、案例分析和实践性学习，这种模式不仅激发了学生的主动学习意愿，还促使他们在课堂上更积极地参与讨论和合作。在混合式学习中学生还可以通过在线课程进行自主学习和复习，这种灵活的学习方式允许学生根据个人的学习进度和兴趣进行深入学习，弥补个别学科或主题的不足。举例而言，学生可以通过在线平台选择感兴趣的专业领域进行深入学习，获取额外的知识和技能，从而更好地适应未来社会的多元化需求。混合式学习模式也为教师提供了更多创新教学的机会，教师可以结合在线资源设计更生动有趣的教学内容，利用课堂时间引导学生进行实际操作和团队合作，进一步促进知识的深度理解和应用能力的培养。

（四）打造智能化学习环境

未来的学习环境将呈现智能化的趋势，通过引入人工智能技术和智能设备，为学生提供更加个性化、定制化的学习支持和服务，这样的智能化学习环境将根据学生的学习需求和能力及其个性化的学习风格，提供相应的学习路径和资源推荐，帮助他们更高效地学习和成长。一种关键的智能化学习工具是智能化学习平台，它可以通过分析学生的学习行为和表现，为他们量身定制学习计划和课程内容。例如平台可以根据学生的学习偏好和能力水平，推荐适合的学习资源、教材和辅助工具以及针对性的学习活动和任务，这种个性化的学习支持可以极大地提升学生的学习效果和学习动机。除了智能化学习平台，智能化学习环境还可以利用智能设备如智能笔记本、智能手表等，为学生提供更加便捷和高效的学习体验，例如智能笔记本可以通过语音识别和智能推荐功能，帮助学生更快速地整理和归纳学习内容，提高学习效率。智能手表则可以监测学生的学习状态和健康状况，为他们提供及时的学习提醒和建议，帮助他们更好地管理学习时间和精力。

构建适应未来技术的学习环境是教育发展的必然趋势，数字化教室和学习空间、远程和在线教育、混合式学习模式以及智能化学习环境等措施将为学生提供更加丰富、灵活和个性化的学习体验。这些新技术的应用将有效促进学生的学习效果和动机，培养他们的自主学习能力和创新精神，从而更好地适应未来社会的发展需求。

三、培养学生的数字素养

随着数字化时代的来临，培养学生的数字素养已成为教育的当务之急，数字素养不仅是掌握数字工具和应用，更是关乎网络安全、数据隐私、多媒体创作与分享以及信息素养等多个方面的综合能力。在教育实践中为了更好地提升学生的数字素养，学校需要采取一系列有针对性的措施，以确保学生在数字化社会中能够游刃有余地应对各种挑战。

（一）数字工具和应用的培训

数字工具和应用的培训是培养学生数字素养的重要环节，学生需要掌握各种数字工具和应用的基本操作及应用场景，包括办公软件、数据处理工具、图像编辑软件等，通过系统的培训，学生可以更加熟练地运用这些工具进行学习、工作和创作，例如在学校课程中可以开设针对不同年级的数字工具和应用课程，教授学生如何使用 Microsoft Office 套件进行文档处理和演示制作，以及如何使用 Photoshop 等工具进行图像编辑和设计。还可以引入一些在线学习平台和资源，如 Coursera、Khan Academy 等，让学生通过自主学习的方式掌握更多的数字工具和应用技能。

（二） 网络安全和数据隐私教育

网络安全和数据隐私教育在学生培养数字素养的过程中占据着至关重要的地位，随着社会的数字化进程，学生更频繁地使用互联网，因此了解网络安全和数据隐私保护成为必要的基本技能。学生需要了解网络安全的基本知识，包括密码设置、防病毒软件的使用和公共 Wi-Fi 的风险等，通过专题讲座或工作坊，专业人士可以向学生传授这些知识，帮助建立起正确的网络使用意识，例如学校可以邀请网络安全专家，通过生动的演示和实例，向学生介绍常见的网络安全威胁，如恶意软件、网络钓鱼等，以提高学生对潜在威胁的警惕性。数据隐私保护是另一个关键领域，学生需要学会保护个人信息。避免隐私泄露。在讲座中专业人士可以分享实际案例，警示学生在社交媒体和其他在线平台上要慎重处理个人信息，通过案例分析，学生能更深入地理解隐私泄露带来的后果，从而更加重视自己的数据安全，通过角色扮演等互动方式，学生可以参与模拟网络攻击和应对的情境，提升在实际情况中的应对能力，这种实践性的教学方法有助于将理论知识转化为实际操作技能，增强学生对网络安全和数据隐私的理解和掌握。

（三） 多媒体内容的创作与分享

多媒体内容的创作与分享在学生数字素养培养中扮演着重要角色，通过创作多媒体内容，学生可以发挥自己的想象力和创造力，表达个人观点和情感，培养技术能力和审美意识，这种创作过程不仅促进了学生的全面发展，还提升了在数字时代的表达和沟通能力。举办多媒体内容创作比赛或活动是激发学生创作热情的有效方式，学校可以为学生提供创作平台和资源，鼓励利用各种数字工具和应用创作视频、音频、图像等形式的作品。比赛可以设立不同的主题和分类，如科技创新、文化传承、环境保护等，以引导学生关注社会热点并展现他们的创意和想法。建立学生作品展示平台是促进多媒体内容分享与交流的重要举措，学校可以创建在线平台或举办展览活动，让学生有机会将自己的作品展示给同学、教师和家长，与他人分享创作成果。通过分享，学生不仅能够得到他人的认可和鼓励，还可以从他人的反馈中获得改进和提升的机会，进一步完善自己的作品和技能。

（四）信息素养的提升

提升学生的信息素养是为了让他们能够更好地应对信息化社会的挑战和需求，信息素养不仅包括了掌握信息技术的基本操作技能，更重要的是培养学生辨别信息真实性、可信度并能够有效地利用信息资源解决问题的能力。学校可以采取以下措施来提升学生的信息素养：学校可以开设信息素养课程，这门课程可以涵盖如何进行有效的信息搜索、评估信息的可信度和真实性、利用信息资源解决问题等内容，通过系统的教学，学生可以掌握基本的信息处理技能，提高他们的信息素养水平。学校可以引入案例分析和实践项目，通过真实的案例和项目，学生可以将所学的信息素养知识应用到实际中去，从而更好地理解和掌握，这种实践性的学习方式不仅可以提高学生的动手能力，还可以培养解决实际问题的能力。学校还可以鼓励学生参与信息素养竞赛或活动，这种竞赛和活动可以激发学生的学习兴趣，提高学习的积极性，通过与其他同学的竞争和交流，学生可以不断地提升自己的信息素养水平并且从中获得成就感和满足感。

通过数字工具和应用的培训，学生能够熟练运用各类软件进行学习、工作和创作，从而提高数字技能。网络安全和数据隐私教育则帮助学生建立正确的网络使用意识，保护个人信息安全。多媒体内容的创作与分享激发学生的创造力，提升他们的表达和沟通能力。而信息素养的提升则使学生具备辨别信息真实性和可信度的能力，更好地适应信息化社会的发展需求，通过多方面的措施，学校能够全面提升学生的数字素养，为未来的发展打下坚实的基础。

四、技术伦理与责任的教育

随着科技的迅速发展，技术伦理与责任的教育愈加成为培养学生全面发展的不可或缺的一环。在这个数字化时代，正确引导学生使用技术、深刻理解技术对社会的影响、促进学生的社会责任感以及推动技术与人文的结合，都是构建健康、负责任技术使用者的关键步骤。这里深入探讨这些方面的教育措施和方法。

（一）引导学生正确使用技术

在当今社会，技术已经成为生活的重要组成部分，而正确引导学生使用技术则至关重要。学生需要了解技术的潜在风险和影响，这包括了解技术使用带来的隐私泄露、安全漏洞、信息过载等问题，通过案例分析和实际情境讨论，学生可以深入了解这些潜在问题并学会如何在日常生活中做出明智的选择以最小化负面影响。教育中需要培养学生的自我控制能力和批判思维，这意味着学生需要学会自我约束，在使用技术时保持理性和审慎，而不是盲目追求新奇和便利，通过课堂讨论和角色扮演等方式，学生可以模拟真实情境，培养自我控制能力并学会如何在面对技术诱惑时做出明智的选择。引导学生理性运用技术，不仅有助于个人的成长和发展，还有助于构建一个更加和谐、安全的社会环境，因此正确引导学生使用技术不仅是技术教育的重要内容，也是培养学生技术伦理与责任意识的基础所在。

（二）探讨技术对社会的影响

深刻理解技术对社会的多方面影响，对于培养学生的技术伦理与责任观念至关重要，学生需要认识到技术的发展在经济、文化和政治等方面产生的深刻变革。例如随着数字化技术的普及，传统产业面临着新的挑战与机遇，这直接影响着就业结构和经济发展，通过课堂讨论，学生可以深入研究这些变革的原因和影响，了解技术在塑造社会经济格局中的作用。针对具体技术领域，比如人工智能，学生应深入讨论其对就业和隐私保护的双重影响。通过案例分析，学生可以探讨人工智能在提高效率的同时导致某些行业的失业增加，以及在数据收集和分析方面对个人隐私的潜在威胁，这样的讨论能够帮助学生形成对技术应用的全面认识，进而理解在技术发展中如何平衡个人权益和社会利益。通过深入讨论技术对社会的影响，学生能够更好地理解技术伦理与责任的重要性，这种理解不仅能够引导学生在技术应用中做出明智的选择，还有助于发展更加全面的思维能力。因此学校应通过开展有深度的技术影响讨论，促使学生深刻认识到技术对社会的影响，进而树立正确的技术伦理观。

（三）促进学生的社会责任感

促进学生的社会责任感是技术伦理教育中至关重要的一环，学校应该通过一系列的活动和项目，让学生深刻认识到自己在使用技术时所承担的责任并激发他们的社会责任感。学校可以组织学生参与社区服务项目或志愿活动，通过这些活动，学生可以亲身体验到技术如何为社会带来正面影响，例如可以利用技术手段开展在线教育支援、志愿者招募与管理等工作，从而感受到技术对社会发展的积极贡献。学校还可以开设相关课程或工作坊，引导学生探讨技术应用中的伦理与责任问题，通过案例分析和讨论，学生可以深入了解技术在不同场景下的影响并思考如何在技术发展中更好地履行社会责任，例如可以讨论社交媒体平台的信息传播对社会舆论和个人隐私的影响，以及如何在使用社交媒体时维护自己和他人的权益。学校还可以鼓励学生参与社会实践和公益活动，通过参与志愿服务、环保活动等，学生可以培养团队合作精神和社会责任感，从而更加深刻地认识到自己作为技术使用者所应承担的责任并积极为社会发展贡献自己的力量。

（四）推动技术与人文的结合

推动技术与人文的结合是培养学生全面发展的重要途径，这意味着学生不仅要熟悉技术本身，还需要了解技术与人文之间的相互关系以及技术发展如何受到人文因素的影响。学校可以开设跨学科课程将技术与人文知识结合起来，通过这样的课程设置，学生可以学习到科技创新背后的人文思考和价值取向，例如可以探讨科技发展对文化、历史、艺术等方面的影响以及人文因素对技术创新的推动作用，这样的学习体验可以帮助学生更全面地理解技术的发展与人文社会的联系，拓展他们的思维视野。学校可以鼓励学生参与跨学科研究项目或实践活动，通过参与这些项目，学生可以在实践中将技术与人文知识结合起来，探索科技创新的多元影响，例如可以开展数字人文项目，利用技术手段挖掘和保护文化遗产，探索数字化时代对文化传承和创新的影响，这样的实践活动不仅可以培养学生的创新意识和实践能力，还可以促进技术与人文的有机融合。学校还可以鼓励学生参与跨学科交流和合作，通过与其他领域的学生和专业人士进行交流与合作，学生可以更加深入地理解技术与人文的关系并探索创新的可能性，例如可以参与技术创业团队将技术应用于解决人文领域的问题，推动技术与人文的深度融合。

在培养学生技术伦理与责任观念的过程中，引导学生正确使用技术显得尤为重要，通过深入了解技术潜在的风险和影响，培养学生的自我控制能力和批判思维以及理性运用技术，学生能够在技术应用中做出明智的选择，为构建和谐、安全的社会环境奠定基础。深刻理解技术对社会的影响，特别是在经济、文化和政治方面的变革，能够使学生更全面地认识到技术伦理与责任的重要性。促进学生的社会责任感则通过参与社区服务、志愿活动以及开展相关课程和工作坊来实现，从而让学生深刻认识到技术使用者所承担的责任。通过跨学科课程、研究项目和实践活动，培养学生更全面的思维能力和创新意识，使技术与人文得以有机融合，这一系列的教育措施将有助于培养学生成为负责任、有社会责任感的技术使用者，为未来社会的可持续发展做出积极贡献。

第七章 面向未来的课程改革与挑战

第一节 课程改革的未来趋势

一、教育创新的全球趋势分析

随着科技的不断发展和全球化的深入推进，教育领域也面临着巨大的变革和挑战。这里探讨教育创新的全球趋势，聚焦于数字化教育、新兴技术在教学中的应用以及跨学科教学和综合性评估方法的探索，研究国际合作与全球化视野在课程中的应用，以全面了解全球教育的最新发展趋势。

（一）数字化教育的崛起与在线学习平台的普及

随着科技的迅猛发展，数字化教育正在成为全球教育的主流趋势，在线学习平台在全球范围内得到广泛普及，为学生提供了更加灵活的学习方式。例如Coursera、edX、Khan Academy 等在线学习平台为学生提供了来自全球各领域专家的课程，学生可以根据自己的兴趣和需求选择学习内容并在自己的节奏下进行学习，这种数字化教育的模式不仅打破了传统教育的时空限制，还促进了全球教育资源的共享和互动。通过在线学习平台，学生可以随时随地获取知识，无论是在家里、在学校还是在旅途中都能够进行学习，这种便利性使得教育更加普及和包容，让更多人能够获得高质量的教育资源。在线学习还提供了各种形式的学习资源，如视频课程、在线讨论、作业等，丰富了学生的学习体验，提高了学习效率。数字化教育的崛起也给教育机构带来了挑战和机遇，传统的教育机构需要适应这一变革，积极拥抱数字化教育，探索与在线学习平台的合作模式，提升教育质量和竞争力。教育机构也可以通过数字化教育来拓展国际教育市场，吸引更多国际学生，促进教育的国际化和多样化。

（二）引入新兴技术如人工智能、虚拟现实等用教学过程中

新兴技术如人工智能（AI）和虚拟现实（VR）等已经成为教学过程中的关键创新点，为全球教育注入了新的活力，不仅丰富了课堂教学形式，还提升了学习体验，为学生带来了更加生动和有趣的学习环境。虚拟实境技术在实验课程中的应用为学生提供了全新的学习方式，通过虚拟环境学生可以进行实际操作，参与模拟实验，而不受实际资源和设备的限制，这种实践性学习不仅提高了学生对课程内容的理解和掌握程度，还培养了他们的实际操作能力和解决问题的能力，例如学生可以在虚拟实验室中模拟化学实验、物理实验等，进行安全、经济高效的学习。人工智能系统的应用为教学过程提供了个性化的学习支持，通过分析学生的学习数据和行为模式，人工智能系统可以为每名学生量身定制学习计划和建议，这种个性化的学习方式可以更好地满足学生的学习需求，提高学习效率和学习成果，例如智能教学系统可以根据学生的学习进度和能力水平调整难度，提供适合的教学内容和练习，帮助学生更好地理解和掌握知识。

（三）探索跨学科教学和综合性评估方法

全球教育趋势中跨学科教学和综合性评估方法日益受到重视，这一趋势旨在培养学生更全面的能力，提高他们的综合素质。跨学科教学打破了传统学科之间的界限，让学生能够更加深入地理解知识并培养跨学科思维能力，例如一门融合了生物学、化学和物理学内容的课程可以帮助学生更好地理解自然科学的综合性原理，拓展学生的学科视野，促进知识的整合与应用。综合性评估方法注重考核学生的综合素质和能力发展，强调学生的实际能力而非死记硬背的知识。采用项目制评估可以让学生通过实际项目来展示的综合能力，例如解决一个真实世界中的问题或者完成一个实际任务，这种评估方法能够更好地反映学生的实际能力水平，激发学生的创造力和解决问题的能力，培养他们的团队合作和沟通能力。跨学科教学和综合性评估方法的引入，不仅丰富了教学内容和评估方式，还提高了教育的质量和效果，这种教学和评估方法的应用需要教育者不断创新和探索，打破传统教学和评估的束缚，促进学生全面发展。未来跨学科教学和综合性评估方法将继续发展并成为全球教育的主流趋势之一。

（四）国际合作与全球化视野在课程中的应用

在全球化的大背景下，国际合作与全球化视野在课程中的应用成为全球教育的一项重要趋势，学校间的国际合作项目和跨国教育项目不断涌现，为学生提供了与来自不同文化背景的同学合作的机会，从而拓展了他们的视野，这种国际合作不仅有助于学生更好地理解和尊重不同文化，还培养了他们的团队协作和跨文化交流的能力。在课程设计中引入全球化视野，旨在培养学生的国际意识和全球视野，通过设计涉及全球问题、国际合作和跨文化交流的课程，学生能够更深入地了解世界各地的社会、文化、经济等方面的差异，例如一门关于全球气候变化的课程可以让学生了解不同国家面临的气候挑战并通过合作解决这些问题，促进全球合作意识的培养。全球化视野的课程设计还强调培养学生的跨文化沟通与合作能力，在课程中加入跨文化交流的元素，如国际团队项目、文化交流活动等，可以帮助学生更好地适应多元文化的国际社会，这种综合性的培养旨在让学生具备面对全球化挑战时所需的综合素质，包括开放的思维、全球意识和跨文化交流技能。

教育创新是全球教育的核心驱动力之一，数字化教育和在线学习平台的普及，为学生提供了更加灵活和便捷的学习方式，促进了全球教育资源的共享和互动。引入新兴技术如人工智能和虚拟现实等，丰富了教学形式，提升了学习体验。跨学科教学和综合性评估方法的探索，培养了学生更全面的能力和素质。而国际合作与全球化视野的应用，则为学生提供了与来自不同文化背景的同学合作的机会，拓展了他们的视野，这些趋势共同构成了全球教育创新的主要特征，将为教育带来更加广阔的发展空间，推动学生在全球化时代的综合素质和国际竞争力的提升。

二、预见未来课程内容与方法的变化

随着社会的不断发展和科技的迅速进步，教育领域也在不断地演进和变革。未来的课程内容和教学方法将呈现出一系列新的趋势和变化，以适应社会对专业人才的新要求和挑战。在这个变化的潮流中，强调实践性课程、引入新兴领域、推动跨学科融合以及培养全球视野与跨文化沟通能力等，成为未来教育的关键发展方向。这里将探讨这些变化及其对未来教育的意义和影响。

（一）强调实践性课程和实际问题解决能力的培养

未来的教育趋势将深化对学生实践性课程和实际问题解决能力的培养，这一方向的变化反映了社会对于具备实际操作技能和解决实际挑战能力的专业人才的需求日益增长。课程设计将更紧密地结合现实生活和职业环境，旨在使学生能够在毕业后更顺利地适应职场挑战。在工程类课程中，学生将不再仅仅学习理论知识，而是积极参与实际工程项目的设计和执行，例如涉足到新能源科技领域，参与设计可再生能源发电装置。通过这种实践，学生将直接面对工程项目中的问题，锻炼解决问题的能力，并在团队合作中培养沟通与协作技能。这种实践性课程的优势在于提高学生的学习兴趣和动力，使在应对实际挑战时更具备自信心，通过真实场景的模拟，学生将更深刻地理解理论知识的实际应用，为未来职业生涯奠定坚实基础。这样的教学方式也能更好地激发学生的创新思维，使他们能够更好地适应科技发展和社会变革。

（二）引入新兴领域如可持续发展、人工智能伦理等的教学

随着社会的发展和科技的进步，新兴领域的重要性日益凸显，未来课程将会引入这些领域的教学内容以应对社会对专业人才的新要求。可持续发展是一个全球性的议题，因此课程涵盖环境保护、资源利用、气候变化等内容，旨在培养学生的环保意识和可持续发展的思维方式。学生将学习如何在专业领域内推动可持续发展以满足日益增长的环保需求，探索如何在个人生活中实践可持续生活方式。在人工智能伦理方面，随着人工智能技术的快速发展，伦理道德的讨论变得尤为重要。课程涵盖人工智能技术的伦理原则、隐私保护、数据安全等议题，旨在引导学生思考科技发展对社会、个人的影响，通过深入探讨人工智能伦理问题，学生将培养责任心和道德观念，为未来从事相关领域的工作做好准备并学会在技术创新与社会价值之间取得平衡。引入可持续发展和人工智能伦理等新兴领域的教学将为学生提供更加全面和多样化的知识体系，使他们在未来的职业生涯中能够更好地适应社会的需求并为社会发展做出积极的贡献。

(三) 推动跨学科融合，打破传统学科壁垒

未来教育的发展将重点放在推动跨学科融合以打破传统学科之间的壁垒，这种趋势将为学生提供更加综合和多样化的学习体验，有助于培养他们的综合思考能力和创新能力。跨学科融合不仅能够拓宽学生的学科视野，还能够让他们从多个学科领域中汲取知识和方法，更全面地理解问题并提出创新性解决方案。举例来说，一门跨学科的课程融合了生物学、工程学和设计思维，通过这门课程，学生可以学习生物学的基础知识，理解生物医学领域的需求和挑战；还可以学习工程学的相关知识，掌握制造生物医学器械所需的技术和方法；还会接触到设计思维的理念，学习如何将技术和美学结合起来，设计出更加符合人体工程学原理的医疗器械。通过这样的跨学科学习体验，学生不仅能够在学术上拓展自己的视野，还能够培养创新意识和解决问题的能力。

(四) 强调全球视野，培养跨文化沟通与合作能力

未来教育将强调培养学生的全球视野和跨文化沟通与合作能力，以适应日益全球化的社会环境。课程内容将涉及全球性的问题和挑战，使学生能够从全球角度思考并解决问题。为了培养跨文化沟通与合作能力，学生将有机会与来自不同文化背景的同学合作，共同探讨并解决全球性问题。举例来说，一门关于全球贸易的课程会采用模拟国际贸易的形式，在这门课程中学生会被分成不同的国际团队，每个团队代表不同的国家或地区，通过商务谈判、合作协商等活动，模拟真实的国际贸易环境，从中学习跨文化沟通和合作的技能。在这个过程中学生需要理解不同文化之间的差异，灵活应对各种挑战并寻求达成共识的方式，通过这样的实践活动，学生不仅加深对全球贸易的理解，还将培养出色的跨文化交流和合作技能。

未来的课程内容与教学方法将更加注重学生的实践能力培养、新兴领域的引入、跨学科融合以及全球视野与跨文化沟通能力的培养，这些变化将使学生能够更好地适应未来社会的需求和挑战，为的职业生涯和个人发展打下更加坚实的基础。这也将为教育界带来新的挑战和机遇，需要教育者不断创新和探索以确保教育的质量和有效性。

三、适应快速变化社会的课程设计

随着社会的快速变化和科技的飞速发展，教育界正面临着巨大的挑战和机遇。未来的课程设计必须适应这种变化，为学生提供更为灵活和个性化的学习路径，培养他们的创新、合作和批判性思维能力以及与产业需求紧密结合的实践经验。其中信息素养和批判性思维的培养将成为教育的重点，以帮助学生更好地适应信息化时代的挑战。

（一）灵活性与个性化学习路径的设计

未来的课程设计将更加注重学生的个性化学习路径和灵活性，由于社会和科技的快速发展，学生的需求和兴趣也在不断变化，因此教育需要提供更灵活的学习方式来满足这种需求。课程设计将考虑到学生的个体差异，为他们量身定制符合其需求和兴趣的学习计划。举例来说，学生可以根据自己的兴趣选择不同的学习模块，并在不同领域中自由组合课程，从而形成符合自己发展方向的学习路径，这种个性化学习路径的设计将使学生更加主动地参与学习过程，提高学习效率和成果。

（二）强调创新与创造力的培养

未来的教育将致力于培养学生的创新与创造力，以适应社会的快速变化和科技的飞速发展。创新已经成为推动社会进步的核心动力，因此课程设计将着眼于激发学生的创新潜能和培养创新意识。为了实现这一目标，课程将提供多样化的学习机会，鼓励学生参与跨学科的项目设计和实施，通过跨学科的项目，学生将有机会运用不同学科的知识和技能，面对现实生活中的复杂问题。这种跨学科的学习方式旨在培养学生的综合思维能力，使其能够综合运用不同领域的知识，提出创新性的解决方案，例如在一个项目中学生需要结合工程学、社会学和经济学的知识，共同解决城市交通拥堵的问题，推动城市可持续发展。课程设计还将强调团队合作和自主探索，学生将通过与同学协作，共同面对挑战和解决问题，培养团队协作的能力；同时鼓励学生进行自主探索，培养独立思考和问题解决的能力。这种学习方式有助于激发学生的创造力，使他们能够在未知领域中寻找新的

201

解决方案。

（三）教育与产业的深度融合，紧密关联就业市场需求

未来的教育将更加紧密地与产业需求相结合，以确保学生毕业后能够顺利融入职场并胜任工作。课程设计将与各行各业的企业和组织密切合作以了解的人才需求和行业趋势，这种深度融合将反映在课程设置上，以确保学生所学知识和技能与实际职场需求紧密匹配。例如学生将有机会参与产业项目实践，与企业紧密合作解决真实世界中的问题，这种实践性的学习体验不仅使学生获得与专业相关的实际经验，还能培养解决问题和团队合作的能力。通过这样的项目，学生可以直接接触到当前行业的最新技术、方法和工作流程，为未来的职业发展奠定坚实的基础。教育与产业的深度融合还将通过实习、实训和行业导师制度等形式进行，学生将有机会在实践中应用课堂所学的知识，与行业专家和导师进行互动并从他们的经验中获得指导和建议，这种直接的行业接触将有助于学生更好地了解行业需求，树立正确的职业目标并发展所需的技能和素质。

（四）强调信息素养与批判性思维的培养

未来的教育将更加注重培养学生的信息素养和批判性思维，以适应信息技术飞速发展的时代。信息量的急剧增加要求学生具备高效获取、评估和运用信息的能力。面对信息泛滥，学生需要培养对信息的批判性思考，能够辨别信息的真实性和可信度。在未来的课程设计中强调信息素养的培养，学生将学习如何有效地使用互联网和其他数字资源以获取各类信息。课程会包括如何进行网络搜索、评估信息来源的可靠性、了解信息的背景和意图等内容，通过实际操作，学生将培养在信息获取过程中的主动性和筛选能力，使其能够更加有针对性地获取所需信息。课程还将注重培养学生的批判性思维能力，通过引入案例分析、课堂讨论等教学方法，学生将学会对信息进行深入分析、评价信息的可信度并提出有根据的质疑，这有助于培养学生独立思考的能力，使其在面对复杂问题时能够做出理性、全面的判断。

未来的课程设计将注重学生的个性化学习路径和灵活性，培养其创新意识和跨学科的综合思维能力。教育与产业的深度融合将确保学生毕业后能够顺利融入

职场并胜任工作。强调信息素养和批判性思维的培养，使学生能够有效获取、评估和运用信息以及理性思考和独立判断，这样的课程设计将为学生打下坚实的综合素养基础，使他们更好地应对未来社会的挑战。

四、持续适应与学习的课程体系

未来的教育体系将面临着日益快速变化的社会和科技发展带来的挑战，在这个充满变革和不确定性的时代，持续适应与学习的课程体系将变得至关重要。这不仅需要强调终身学习观念，构建可持续发展的课程框架，还需要推动学科知识更新与实践经验的迅速整合，引入自主学习和自主评估机制以及融入心理健康与情感智能的培养。这里将探讨这些方面如何共同构建一个适应未来需求的教育体系。

（一）强调终身学习观念，构建可持续发展的课程框架

未来的教育将以终身学习为核心理念，打造一个可持续发展的课程框架，这一框架将超越传统的学校教育范围，将学习融入人生的方方面面。学生将被鼓励不断地追求知识和技能，无论是在学校阶段、职场生涯还是个人成长中。为实现这一目标，教育体系将建立开放的学习平台和资源，为学生提供随时随地获取知识的机会，例如可以通过在线课程、自学平台或者社区学习活动获取最新的学术成果和实践经验，这种持续的学习方式将使学生能够不断更新自己的知识体系，适应不断变化的社会环境和职业需求，因此终身学习观念的树立将成为未来课程体系的重要特征，促进个人和社会的可持续发展。

（二）推动学科知识更新与实践经验的迅速整合

未来的教育体系将致力于推动学科知识更新与实践经验的迅速整合，以应对科技的快速发展和社会的变化。课程设计将更加注重学科知识的及时更新。随着科学技术的不断进步，学科知识也在不断演变和扩展，因此未来的课程将不断调整和更新以反映最新的发展趋势和实践需求，这涉及课程内容的更新、教学方法的改进以及教师的专业发展，以确保学生在学习过程中接触到最新的知识和技能。未来的课程还将注重把理论知识与实践经验结合起来，传统的课堂教学往往

偏重于理论知识的传授，而缺乏实际操作和应用的机会。未来的课程将更加强调实践性教学，通过实验室实践、项目设计、实习实训等方式，让学生在实际操作中应用所学知识，解决真实的问题，这不仅可以加深学生对知识的理解和掌握，还可以培养其解决问题的能力和创新思维。举例来说，工程类课程可以引入实验室实践和项目设计，让学生在实际操作中学习并应用工程知识，例如设计并制作机械零件、编写程序、搭建电路等。这样的实践性教学不仅可以提高学生的动手能力和实际操作技能，还可以培养其工程思维和团队合作能力，为其未来的职业发展奠定坚实的基础。

（三）引入自主学习和自主评估机制

未来的课程体系的发展趋势将倾向于引入自主学习和自主评估机制，这有助于激发学生的学习动力和自我管理能力。自主学习的理念将赋予学生更多的权力和责任，使他们能够根据个人兴趣和学习需求自主选择学习内容和学习方式，这意味着学生不再仅仅是被动接受知识，而是积极参与到学习过程中通过主动探索和实践来深化对知识的理解和掌握。自主评估机制将成为课程体系中重要的一环，通过自主评估，学生可以及时了解自己的学习进度和能力水平，发现自己的优势和不足，从而更好地调整学习策略，提升学习效果。这种机制还可以培养学生的自我反思能力，促使他们在学习过程中不断反思和改进，例如学生可以制订个人学习计划，明确学习目标和时间安排并定期对自己的学习情况进行自我评估。可以通过记录学习笔记、完成作业和参与课堂讨论等方式来检验自己的学习成果，并结合教师的反馈和建议进行调整和改进，这样的自主学习和自主评估机制将为学生提供更多的学习空间和自我发展的机会，有助于培养批判性思维、自主学习能力和终身学习的意识。

（四）在课程设计中融入心理健康与情感智能的培养

未来的课程设计更加关注学生的心理健康和情感智能的培养，以帮助他们更好地应对学习和生活中的挑战，这种课程设计将从心理健康教育和情感管理两个方面进行，旨在培养学生的积极心态和健康的心理状态。心理健康教育将成为课程的重要组成部分，学生将学习如何有效地应对压力、焦虑和情绪波动以及如何保持良好的心理状态。课程将教导学生各种情况下的应对策略，包括情绪调节、压力释放和心理疾病预防等，通过这些课程，学生将建立起自我认知和自我调节的能力，增强心理韧性，更好地适应学习和生活中的挑战。课程还将注重情感智能的培养，情感智能指的是个体对自己和他人情感的认知、理解和管理能力，包括情绪管理、自我激励、人际关系和社交技能等。未来的课程将通过情感智能课程培养学生的情商，使其能够更好地理解和控制自己的情绪，也能更好地理解他人的情感，并通过有效的沟通和合作建立良好的人际关系，这对于学生未来的职业发展和社会交往能力的提升至关重要。举例来说，学生可以通过情感智能课程学习情绪管理技巧，如通过运动、艺术或冥想等方式来缓解压力和焦虑；也可以学习如何与他人建立良好的关系，如倾听、表达感情、尊重他人等。这些技能将有助于学生更好地适应多变的社会环境，更好地实现自己的个人和职业目标。

　　未来的教育将不仅是为了传授知识，更重要的是培养学生的终身学习能力和适应能力。为此课程体系将强调终身学习观念，建立可持续发展的框架，通过整合更新的学科知识和实践经验，帮助学生应对快速变化的社会和职业需求。引入自主学习和自主评估机制，促进学生的主动参与和自我管理能力的培养。最重要的是，课程设计将更加关注学生的心理健康和情感智能的培养，使人们能够在学习和生活中保持积极的心态，建立良好的人际关系，为未来的发展奠定坚实的基础，通过这些努力，教育将为学生的全面发展和社会的可持续发展做出积极贡献。

第二节　应对未来教育的挑战

一、课程改革面临的主要挑战

　　课程改革是教育领域的重要议题，然而它所面临的挑战也日益显现。技术的飞速发展、社会的快速变迁以及学生个体差异的存在都对课程设计和教学方式提出了新的要求，教育政策与体制改革的复杂性也增加了诸多难题。这里探讨课程改革所面临的主要挑战并提出应对策略，以期为教育改革提供一些思路和参考。

（一）技术变革带来的更新压力

随着科技的不断进步，教育领域正面临着来自技术变革的深刻挑战，这种变革不仅带来了新的可能性，也对传统的教学方式提出了挑战。人工智能、虚拟现实等新技术的崛起，正在改变着学习环境和教学方法。以人工智能为例，智能化教育系统可以根据学生的学习进度和特点，提供个性化的学习内容和辅助指导，从而更好地满足学生的学习需求。而虚拟现实技术则可以创造出身临其境的学习体验，激发学生的兴趣和参与度。然而这些新技术的引入也给教育者带来了更新的压力。需要不断学习和适应这些新技术，重新思考课程设置和教学方法，以确保教育质量和教学效果能够跟上时代的步伐，因此教育者需要密切关注科技发展的动态，积极探索和应用新技术以推动课程改革和教育创新，为学生提供更丰富、更高效的学习体验。

（二）社会变迁对课程设计的影响

社会的快速变迁对教育的内容和方式产生了深远的影响，这也直接反映在课程设计上。全球化、多元文化的交融以及新兴行业的涌现都在塑造着人们对教育的期待和需求。在全球化的背景下国际交流与合作能力成为学生必备的素养，这意味着课程设计必须具备国际化的视野以培养学生的跨文化交流能力。课程需要涵盖国际视野，包括国际政治、经济、文化等方面的知识以及国际组织和跨国公司的运作机制。课程还应该注重培养学生的外语能力和跨文化沟通技能，例如通过开设外语课程和国际交流项目，让学生有机会与来自不同文化背景的人交流合作，增进彼此的理解和尊重。随着新兴行业的涌现，课程设计也需要与时俱进，紧跟行业发展的步伐，为学生提供与时代需求相匹配的知识和技能。例如人工智能、大数据、生物技术等领域的快速发展，需要教育系统及时调整课程设置，引入相关的前沿知识和实践技能，培养学生适应未来社会的能力。社会变迁对课程设计提出了新的挑战和机遇，需要教育者根据时代发展的需求和趋势，不断调整和完善课程内容和方式，以更好地满足学生的学习需求和社会的发展需要。

（三）学生个体差异引发的个性化教学难题

学生个体差异的存在给教育带来了重大挑战，尤其是在实施个性化教学方面。个性化教学是未来教育的趋势，但要实现这一目标并不容易。每名学生都是独特的个体，他们的学习风格、兴趣爱好、学习能力各不相同。例如一些学生更适应于视觉化的学习方式，通过观察图表、图片等来理解和记忆知识；而另一些学生则更倾向于听觉化的学习方式，通过听讲解、听录音等来掌握知识，因此教师需要根据学生的个体差异，采取差异化教学策略以满足不同学生的学习需求。实施个性化教学面临着多方面的挑战，教师需要了解每名学生的学习特点和需求，这需要花费大量的时间和精力进行个性化的诊断和评估。教师需要拥有丰富的教学经验和专业知识，能够灵活运用各种教学方法和工具以满足不同学生的学习需求。教育资源的不平衡分配也会影响到个性化教学的实施，一些学校或地区无法提供足够的资源来支持个性化教学。尽管面临诸多挑战，但个性化教学仍然是教育改革的方向。通过利用现代技术，如人工智能和大数据分析，可以为教师提供更多个性化教学的支持和帮助。加强教师的专业培训和发展，提高其个性化教学的能力和水平，也是实现个性化教学的关键。虽然实施个性化教学面临着诸多挑战，但通过教育改革和技术创新，我们有信心克服这些挑战，为每名学生提供更优质、更个性化的教育服务。

（四）教育政策与体制改革的难度

教育政策和体制的改革是一项庞大而复杂的任务，因为它涉及各种利益关系和社会因素。政策的制定和实施需要全面考虑不同地区、不同学校、不同教育阶段的实际情况以及如何合理配置教育资源等因素。在政策制定过程中，利益相关方的多样性是一个挑战，教育涉及众多利益相关方，包括政府、教师、学生、家长、教育机构等，这些利益相关方有着不同的需求和利益诉求，因此在制定教育政策时需要做到公平、公正，平衡各方的利益，确保政策的可行性和可接受性。教育体制改革需要考虑到不同地区和学校的实际情况，不同地区的经济发展水平、教育资源禀赋、文化传统等因素都会对教育体制改革产生重要影响，因此改革政策需要根据不同地区的差异性和特点，制定相应的政策措施确保改革的有效性和可持续性。教育资源的合理配置也是一个难题，一些地区存在教育资源匮乏的问题，如基础设施不完善、教师数量不足等。在教育改革中，如何实现教育公平，提供均等化的教育机会，又不造成过度集中资源的问题，是政策制定者需要思考和解决的难题。这需要采取科学合理的资源分配机制，通过增加教育投入、提高教师培训和支持等措施，缩小教育资源的差距，提高教育质量。

课程改革所面临的挑战多元而复杂，技术变革的迅速推进，社会变迁的持续影响以及学生个体差异的存在，都在不同层面对教育提出了新的需求和挑战。然而面对这些挑战，也应该看到其中蕴藏的机遇，通过密切关注科技发展、不断调整课程设计、实施个性化教学以及深化教育政策与体制改革，我们有信心应对挑战，推动教育向着更加开放、包容、创新的方向迈进，为每名学生提供更为优质、个性化的教育服务。

二、构建弹性与适应性强的教育系统

建立一个弹性与适应性强的教育系统已成为当今教育改革的重要议题，传统教育体系在应对多元化知识领域的挑战上显得有些局限，因此引入灵活的学科结构、发展个性化学习路径、构建在线学习和远程教育系统、培养学生的适应性和创新能力成为当前的迫切需求。这里将探讨这些关键议题并提出相应的解决方案。

（一）引入灵活的学科结构

在构建弹性与适应性强的教育系统时，引入灵活的学科结构是至关重要的一环，传统学科划分在应对当今多元化知识领域的挑战上显得有些局限，因此需要重新审视和调整学科体系，使之更贴近实际需求和学生的发展。可以考虑设立跨学科的综合性课程，使学生能够在不同领域中获取全面的知识，例如将科学、技术、工程和数学（STEM），与艺术、人文等学科有机融合，形成更为综合、交叉的学科框架，这样的结构能够打破传统学科之间的壁垒，促使学生从多个维度理解问题，培养综合素养。举例而言，一门结合科技和艺术的课程让学生在学习编程的同时也涉及创意设计和艺术表达，这种综合性的学科设置能够培养学生的创新思维和跨领域解决问题的能力，使其更好地适应未来社会的复杂性和变化。

（二）发展个性化学习路径

个性化学习路径的发展是构建弹性教育系统的关键一步，随着每名学生在学习上的独特性，传统的统一教学模式无法充分激发其潜能，因此需要推动教育体系更加注重个性化，以满足不同学生的需求和兴趣。引入自主选修课程是实现个性化学习的有效手段，通过提供丰富多样的选修课程，学生可以根据自己的兴趣和职业规划选择适合的课程，这不仅有助于他们深入研究感兴趣的领域，还能够培养自主学习的能力，例如学生可以选择更深入的科学、艺术或技术课程，根据个人喜好发展自己的专长。项目式学习是促进学生实践能力和解决问题技能的重要途径通过参与真实项目，学生能够将理论知识应用到实际情境中，并在团队合作中培养沟通和领导技能，这种学习方式不仅更贴近职场需求，也能够激发学生的学习热情和创造力。导师制度的建立可以为学生提供更为个性化的指导和支持，每名学生可以有一位导师，负责指导其学术和职业发展。导师能够更深入了解学生的兴趣和能力，为其提供个性化的建议和资源，帮助其更好地规划学业和未来职业发展方向。

（三）构建在线学习和远程教育系统

构建在线学习和远程教育系统是教育体系发展的必然趋势，特别是在当前面临全球性挑战和不断变化的社会环境下，通过充分利用先进技术，可以提高教育系统的弹性，为学生提供更为灵活和个性化的学习体验。建设全面覆盖的在线课程平台是构建远程教育系统的关键一环，这种平台可以汇聚来自全球各地的优质教育资源，为学生提供更广泛、深入的学科内容。学生可以根据个人兴趣和学习需求自由选择课程，摆脱传统教育中时间和地点的限制，这不仅有助于提高学习效率，还能够满足学生对多样化知识的需求。在线学习平台的建设可以促进远程协作和跨地域学术交流，学生可以通过虚拟协作工具参与项目、讨论，与来自不同地区的同学共同学习，拓宽视野，这有助于培养学生的团队合作精神和跨文化沟通能力，更好地适应全球化的社会发展。为了保障在线学习的效果，需要加强对教育技术的培训，提高教育从业者的数字素养。教育者应学会充分利用在线工具，设计富有互动性和参与感的教学内容以激发学生的学习兴趣和积极性。

（四）培养学生的适应性和创新能力

为培养学生的适应性和创新能力，教育系统需要采取一系列措施，着重培养学生的综合素养，这包括强调批判性思维、沟通能力、团队协作技能等方面的发展，并通过项目驱动的学习等方式培养学生的创造性思维和解决问题能力。教育系统应设计课程和教学方法，注重培养学生的批判性思维。学生需要学会质疑和分析信息，独立思考问题，不断追求知识的深度和广度，例如在课堂教学中引入实例分析、辩论讨论等活动，激发学生思维的深度和广度，培养他们的批判性思考能力。强调沟通能力和团队协作技能的培养也是至关重要的，现代社会强调团队合作和交流能力，在教育中应该有意识地培养学生的这些技能，通过小组项目、团队作业等形式，让学生学会有效地与他人合作、沟通，培养团队精神和合作能力。而引入项目驱动的学习则可以培养学生的创造性思维和解决问题的能力，学生通过参与真实的项目，面对实际问题，需要动脑筋寻找创新的解决方案，这种学习方式能够激发学生的创造性思维，培养解决问题的能力并让他们在实践中不断成长。教育系统应重视适应性的评价方法，关注学生在面对新情境时的应变能力。传统的考试评价无法全面评价学生的综合素养，因此需要探索更多基于项目、实践和综合能力的评价方式，鼓励学生灵活运用所学知识解决实际问题。

构建弹性与适应性强的教育系统需要多方面的努力，其中包括引入灵活的学科结构、发展个性化学习路径、构建在线学习和远程教育系统，以及培养学生的适应性和创新能力。通过这些措施，可以为学生提供更广泛、更深入的学习体验，激发的学习热情和创造力，使其更好地适应未来社会的挑战和变化。

三、促进教育公平与包容性

在推动社会发展的进程中，教育公平与包容性的建设显得尤为重要，其中解决教育资源分配不均、支持弱势群体平等机会、推进多元文化教育以及消除教育评估和招生中的歧视是关键的任务。当前一些地区面临着资源配置不平衡的困境，导致学生在教育机会上存在明显差距，因此政府需要采取积极措施确保资源的公平分配，从而为每名学生提供平等的学习机会。强调支持弱势群体，如残障儿童、贫困家庭子女和少数民族学生，确保他们能够享有平等的教育机会。多元文化教育的推进也成为建设包容性教育系统的战略，旨在培养学生的跨文化理解和尊重。消除教育评估和招生中的歧视，确保评估和招生过程的公正、客观和透明，对于建设公平的教育体系至关重要。这里深入探讨这些方面的具体措施与意义。

(一) 解决教育资源分配不均问题

解决教育资源分配不均的问题是促进教育公平的基础，当前不同地区的学校面临着资源配置的不平衡现象，这导致了一些地区的学生缺乏必要的教育支持，影响了他们的学习成果和未来发展。为解决这一问题，政府应采取积极措施确保资源的公平分配。针对贫困地区学校，应增加财政支持以确保其能够提供与其他地区相当水平的教育质量，这包括提供经费用于设备更新、教师培训以及提供更好的教学资源。建立完善的教育资源监测和分配机制至关重要。政府可以定期评估各地区的教育资源配置情况，了解资源的使用情况和分配是否合理。通过这样的机制，政府可以根据实际需求对资源进行调整，确保每名学生都能获得公平的教育机会，不论所在的地理位置或经济状况如何。这样的努力将有助于缩小不同地区学生之间的教育差距，推动教育公平的实现。

(二) 支持弱势群体的平等机会

支持弱势群体获得平等的教育机会是建设包容性教育系统的核心，政府和社会应采取一系列措施以确保残障儿童、贫困家庭子女和少数民族等弱势群体能够享有平等的教育机会。针对残障儿童，应提供免费的学前教育和特殊教育服务，这包括适应其特殊需求的教学环境、资料和师资培训，以确保他们能够充分参与到教育过程中并实现个人潜能的最大化。对于贫困家庭子女，政府可以设立奖学金和补助金以帮助其完成学业，这些资助可以涵盖学费、书籍费用以及生活费等方面，从而减轻贫困家庭子女接受教育的经济负担，确保他们能够有机会接受良好的教育。为了支持少数民族地区学校，政府需要加强对其的支持他们确保教育资源和教学质量与其他地区相当，这包括增加对少数民族地区学校的财政拨款、提供更好的师资培训、改善学校基础设施等方面的支持。除了政府的努力，社会各界也应积极参与支持弱势群体的教育，这可以通过志愿者服务、捐赠教育资源和设备、提供心理支持等方式来实现，共同为弱势群体创造更加包容的教育环境。

（三）多元文化教育的推进

多元文化教育的推进是建设包容性教育系统的重要战略，旨在促进不同文化背景的学生在学校中获得平等的学习机会并培养他们的跨文化理解和尊重的素养。多元文化教育可以通过在课程设置中增加多元文化元素来实现，这包括在各个学科中引入关于不同民族、宗教、语言和文化的内容，让学生了解和理解世界上不同文化的丰富多样性，这样的课程设计有助于打破单一文化的局限，培养学生的国际视野和文化敏感性。为了更好地适应多元文化的学生群体，必须加强师资队伍的多元化培训。教育机构应提供有关跨文化教学方法和策略的培训，使教师能够更好地理解和满足不同学生的学习需求，这包括了解不同文化的教育背景、尊重学生的文化差异并采用灵活的教学方法以满足不同学生的学习风格。促进学校内的文化多样性还可以通过组织文化交流活动、庆祝重要的多元文化节日以及设立文化交流平台等方式来实现，为学生提供更广泛的社会经验，增进对不同义化的理解和尊重。

（四）消除教育评估和招生中的歧视

消除教育评估和招生中的歧视是建设公平教育体系的关键一步，在这方面确保评估和招生过程的公正、客观和透明至关重要，不应该因为个人背景或特定群体而进行歧视。建立公正的评估标准和流程是解决问题的关键，评估标准应该以客观、科学的原则为基础，确保对所有学生公平适用。教育机构应该设立专业的评估团队，确保评估过程的透明性和客观性，例如对学生的知识、技能和创造力进行全面的评估，避免单一标准的过度强调，确保每名学生都有机会展示其个人潜力。加强对招生过程的监督和管理也是至关重要的，学校应建立有效的监管机制确保招生程序的公平性。禁止任何形式的歧视行为，包括种族、性别、经济背景等方面的歧视。违反这一原则的个人或机构应该受到严厉的惩罚，以维护招生过程的公正和透明。教育机构应该倡导和实施多元化的招生政策，为不同背景的学生提供平等的机会，例如通过设立奖学金、提供补助金，支持贫困学生参与高等教育；关注特殊群体的招生政策，确保残障学生和少数民族学生也能够平等参与。

在促进教育公平与包容性的过程中，解决教育资源分配不均问题是首要任务，政府应该通过增加财政支持、建立监测机制等手段确保资源在各地区得到公平分配。支持弱势群体获得平等机会是另一关键，通过提供免费教育服务、设立奖学金和补助金，确保残障儿童、贫困家庭子女和少数民族能够平等参与教育。通过丰富课程、培训师资队伍和组织文化交流活动等方式，培养学生的跨文化理解。消除教育评估和招生中的歧视是必不可少的，建立公正的评估标准和流程，监督招生程序的公平性，通过这些措施的有机结合，可以逐步构建一个更加公平、包容、多元的教育体系，为每名学生提供平等的成长机会。

四、确保教育质量与效果的持续提升

提高教育质量与效果的持续提升是教育领域的永恒课题，在当今日新月异的社会环境下，为了应对不断变化的挑战和需求，教育系统必须不断更新教学方法、培养教师专业素养、优化课程设计并借助科技创新与数据分析，建立有效的评估与监测体系。这里探讨教师专业发展与培训、课程设计与教学方法的优化、大数据与人工智能在教育中的应用，以及建立有效的评估与监测体系等方面的重要性及方法。

(一) 教师专业发展与培训

教师的专业发展与培训对于提高教育质量至关重要，通过不断学习和培训，教师能够跟上教育领域的最新发展，更新教学方法和技能以更好地满足学生的学习需求。专业研讨会和培训课程为教师提供了与同行分享经验、学习新知识的平台，例如针对新教学方法的培训可以使教师了解到最新的教学理论和实践，从而更灵活地运用于课堂教学中。培训课程也可以涵盖课程设计技巧和教育技术的应用，帮助教师更好地规划和设计教学内容以及有效地利用教育科技提升教学效果。教育研究和实践交流也是教师专业发展的重要组成部分，教师可以通过参与教育研究项目或者教学实践小组，与同行一起探讨教学中的难题，分享成功的经验，这种互动和合作有助于教师们不断反思和改进自己的教学方法，提升教育质量，通过持续的专业发展和培训，教师能够保持教学活力，不断提升自己的教育水平，为学生的成长和发展提供更优质的教育服务。

（二）不断优化课程设计和教学方法

随着社会的不断发展和教育理念的更新，课程设计和教学方法的不断优化成为确保教育质量持续提升的重要途径。在这个过程中引入新的教学技术是至关重要的，例如利用信息技术和互联网资源，教师可以为学生提供更加丰富多样的学习体验；例如通过在线课程、教学视频和虚拟实验室等方式，拓展学生的学习资源。采用多元化的评估方式也是优化教学方法的重要策略之一。除了传统的笔试和口头测试，教师还可以采用作业、项目报告、实践表现等方式对学生的学习进行评估，从而更全面地了解学生的学习情况和能力水平。设计具有实践性和探究性的课程也是优化课程设计的关键，通过让学生参与到实践性的学习活动中如实验教学、实地考察和社区服务等，可以帮助他们将理论知识应用到实际问题中，并培养解决问题的能力和创新思维，例如在科学课程中引入实验教学，可以让学生亲自动手操作，观察现象，从而更加深入地理解科学原理和方法。教师还可以利用跨学科教学和个性化学习方法来满足不同学生的学习需求，提高教学效果，通过将不同学科的知识和技能融合在一起进行教学，可以帮助学生更好地理解和应用知识。采用个性化学习方法，根据学生的学习风格、兴趣和能力水平，量身定制教学内容和方式，使每名学生都能够在适合自己的学习环境中取得进步。

（三）利用大数据和人工智能提升教育质量

大数据和人工智能技术为教育提供了前所未有的发展机遇，可以有效提升教育质量，通过大数据分析教育者可以更好地了解学生的学习特点和需求，通过收集和分析学生的学习数据，如学习行为、学习进度和学习成绩等，可以帮助教育者了解学生的学习习惯、学习能力和学习偏好，从而更加针对性地调整教学策略和课程设计，提供个性化的学习体验。利用人工智能技术，教育者可以开发智能化教育平台，为学生提供更加个性化的学习路径和反馈，例如智能教育平台可以根据学生的学习情况和能力水平，自动调整教学内容和难度，使学生能够在适合自己的节奏和水平下学习，提高学习效率和学习成果。智能教育平台还可以根据学生的学习数据，为教育者提供有针对性的教学建议和课程改进方案，帮助教育者不断优化教学方法和课程设计，提高教学质量。

（四）建立有效的评估和监测体系

建立有效的评估和监测体系是提升教育质量的关键一环，制定科学的评估标准和方法是确保评估体系有效性的基础，这需要教育机构和决策者明确定义教育目标，建立与之相适应的评估标准。标准化的测试和问卷调查可以作为客观的评估工具，用于量化学生的学习成果、教学效果以及教师的教学表现，这些数据可以为决策者提供全面、可比较的信息，用于评估学校和教育系统的整体表现。建立完善的评估体系是确保评估过程全面而有效的关键，评估体系应该包括多维度的指标，涵盖学生的认知、情感和实践等多个方面。除了传统的考试成绩，还可以考虑学生参与课外活动、创新能力、团队协作等方面的表现。教育评估也应该注重教育过程的质量，包括教学方法、课程设计、师生互动等方面的评价，以确保全面提升教育质量。定期对教育质量进行监测和评估是评估体系的延续，通过定期的评估，教育机构可以及时发现问题，采取有效措施进行调整和改进。监测体系可以包括学生学业发展的跟踪、教师培训和发展的评估等多个方面。及时地反馈信息可以帮助教育决策者做出科学的决策，推动教育改革和创新。

确保教育质量与效果的持续提升是一个多方面、多层次的系统工程，教育者应当重视教师的专业发展与培训，不断更新知识和技能；优化课程设计与教学方法，创新教学手段，满足学生的多样化需求；充分利用大数据和人工智能技术，个性化地指导学生学习并建立起科学有效的评估与监测体系，不断改进教学质量，这些举措的综合推进有助于提高教育水平，促进学生全面发展，推动教育事业不断迈向新的高度。

第三节　具有困难学生的家长

一、校长在应对未来挑战中的领导作用

在面对日益复杂的教育挑战和未来的不确定性时，校长的领导作用变得至关重要，需要以明智的决策和策略规划来引领学校适应并应对这些挑战。这里探讨

校长在应对未来挑战中的关键领导作用，包括确定教育愿景与目标、制定战略规划与政策、建立合作网络与资源共享以及激发创新与变革意识。

（一）确定教育愿景与目标

校长在面对未来挑战时，其领导作用体现在确立教育愿景与目标上，通过明确的愿景和目标，校长能够为学校未来的发展提供清晰的方向。例如校长可以着眼于培养学生的创新能力和终身学习意识，将学校定位为一个积极推动创新教育的先锋，从而引领学校朝着这一目标不断努力。

（二）制定战略规划与政策

在应对未来的挑战中，校长的领导作用至关重要，其中之一就是制定战略规划与政策，这需要校长深入了解当前的教育环境和未来的趋势，以制订能够应对变化的长远发展计划。调整教学方法和课程设置也是重要的一环，因为教育需要不断适应社会的发展需求，例如在数字化时代，校长可以制定支持在线教育和远程学习的政策，以确保学校能够跟上科技发展的步伐，并为学生提供更灵活、多样化的学习方式。这样的政策可以包括投资教育科技设施，提供教师培训以适应在线教学的要求，以及制定网络安全政策来保护学生和教师的信息安全等措施。通过这些战略规划与政策，校长能够确保学校在不断变化的教育环境中保持竞争力，并为学生提供最佳的教育资源和机会。

（三）建立合作网络与资源共享

在面对未来的挑战时，校长的另一重要任务是建立合作网络与促进资源共享，这种合作关系可以包括与其他学校、政府机构、企业和社区组织等建立紧密的联系，以共同努力解决教育领域的各种挑战。与其他学校的合作可以促进经验交流和最佳实践的分享，校长可以与其他学校领导合作，共同探讨教育方法、课程设计和学生发展策略，从而提高整个教育体系的质量，这样的合作还可以促进资源的共享，例如共同利用教育设施、图书馆资源和实验室设备，从而降低成本并提高效益。与政府机构的合作可以为学校提供更多的支持和资源，校长可以与政府合作，争取教育经费、项目拨款和政策支持以更好地满足学校的需求。政府的支持还可以帮助学校更好地适应法规和政策变化，确保学校在合法合规的框架内运作。

(四) 激发创新与变革意识

在应对未来挑战中，校长的领导作用之一是激发创新与变革意识，为了使学校保持竞争力并适应不断变化的教育环境，校长需要鼓励教职员工勇于尝试新的教学方法和教育模式。校长可以设立创新奖励机制以激励教师提出创新的教学方案，这样的奖励制度可以包括提供奖金、专业发展机会或者公开表彰，以鼓励教职员工积极参与创新活动，例如教师通过引入新的教学技术、教学工具或者开展跨学科合作都可以获得奖励，从而形成一种积极的创新氛围。校长应该为教职员工提供支持和认可，在实施创新教学方案的过程中会面临挑战和困难，校长的支持和认可可以增强教职员工的信心，促使他们更加努力地推动创新。校长可以定期与教师进行交流，了解他们的创新成果并提供必要的资源和支持他们确保创新得以顺利实施。校长还可以组织创新培训和工作坊，以提升教职员工的创新意识和能力。培训内容可以包括最新的教育技术、教学方法、课程设计等方面的知识，帮助教师更好地应对教育领域的变革。

校长在应对未来挑战中扮演着不可或缺的领导者角色，通过确立清晰的教育愿景与目标，制定具有前瞻性的战略规划与政策，建立广泛的合作网络与资源共享并激发教职员工的创新与变革意识，推动学校不断适应和应对未来的挑战。这些举措将有助于学校保持竞争力、提高教育质量，为学生提供更好的教育机会和未来发展的支持。

二、培养未来教育领导者的策略

在当今不断变化的教育环境中，培养未来的教育领导者成为至关重要的任务，这些领导者需要具备广泛的专业知识、卓越的团队合作与沟通能力、丰富的实践经验以及持续的自我提升意识，为此制定有效的培养策略是至关重要的。这里探讨四项关键策略，即提供专业培训与发展机会、培养团队合作与沟通能力、提供实践机会与导师指导，以及强调反思与自我提升，来帮助学校和教育机构有效地培养未来的教育领导者。

（一）提供专业培训与发展机会

为了培养未来教育领导者，学校应该着重提供专业培训与发展机会以帮助教职员工建立广泛而深刻的专业知识，这可以包括参与研讨会、研究项目以及专业认证课程，例如学校可以邀请行业专家组织研讨会，分享最新的教育趋势和领导理念。校内也可以制订专业发展计划，鼓励教育工作者参与学术研究，促使不断提升自身的教育水平。通过这些机会，教育工作者将更好地理解教育领域的最新动态，从而为未来领导层的角色做好准备。

（二）培养团队合作与沟通能力

培养未来的教育领导者需要具备卓越的团队合作与沟通能力，学校可以通过开展团队建设活动、组织合作项目以及提供沟通技巧培训来实现这一目标，例如校内可以设立跨学科的项目组，让教育工作者共同参与，促进在不同领域的合作与交流。提供沟通技巧的培训课程，帮助他们更好地与团队成员、学生家长以及其他利益相关者进行有效沟通。通过这样的培养，未来的教育领导者将更具领导团队的能力，能够协调合作，推动学校实现共同目标。

（三）提供实践机会与导师指导

为了锻炼未来的教育领导者，学校应提供实践机会和导师指导，这可以通过为教育工作者提供校内管理岗位或参与项目管理的机会来实现。为其配备经验丰富的导师，提供个性化的指导和反馈，例如将教育工作者派驻到学校管理层担任助理校长，让亲身体验管理层的责任和挑战。设立导师制度，由学校内资深领导或专业顾问担任导师，为新晋教育领导者提供实用的建议和指导，通过这样的实践和导师制度，未来的教育领导者将更加熟悉管理工作，为其领导职责做好充分准备。

（四）强调反思与自我提升

培养未来教育领导者需要注重个体的反思与自我提升，学校可以鼓励教育工作者定期进行职业发展计划，制定个人成长目标并反思实践经验，例如学校可以组织反思研讨会，让教育工作者分享个人的教学和领导经验，从而促进集体的学习与提升。提供心理健康支持和职业辅导服务，帮助他们更好地应对职业挑战和压力，通过这样的强调反思与自我提升的机制，未来的教育领导者将更具敏锐性和学习能力，能够更好地适应变化的教育环境。

要培养未来的教育领导者，学校和教育机构需要采取多种策略。提供专业培训与发展机会，让教育工作者不断提升自身专业水平；培养团队合作与沟通能力，促进团队协作与交流；提供实践机会与导师指导，让亲身体验管理工作并从经验丰富的导师中获得指导；强调反思与自我提升，让教育领导者不断反思实践经验，保持学习的态度。通过这些策略的有机结合，有助于培养出胸怀全局、具备领导力的未来教育领导者，推动教育事业不断向前发展。

三、领导力的持续发展与自我提升

领导力的持续发展与自我提升是任何领导者都必须重视的重要议题，在不断变化的环境中，领导者需要不断提升自己的能力以应对各种挑战，并有效地引领团队朝着共同的目标前进。这刊在探讨四个关键方面，即参与专业发展活动、接受反馈与评估、培养心理素质与情商，以及建立个人学习与成长计划，这些方面对于领导者的发展至关重要。

（一）参与专业发展活动

持续参与专业发展活动是领导者不断提升自身能力的重要途径之一，这些活动可以包括参加行业会议、研讨会、工作坊以及专业培训课程等。举例来说，一个学校的校长可以定期参加教育领域的国际会议，了解全球教育趋势并与其他领导者交流经验。校长还可以参加领导力培训课程，学习最新的管理技能和领导理念以更好地应对复杂的校园管理挑战，通过积极参与这些专业发展活动，领导者可以不断拓展视野、更新知识，提升自己的领导能力。

（二）接受反馈与评估

领导者应该学会接受来自他人的反馈和评估，以便了解自己的优势和不足，并及时进行调整和改进，例如一个学校的部门主管可以定期邀请下属进行 360 度评估，收集来自同事、下属和上级的意见和建议。通过这样的评估机制，领导者可以发现自己的盲点，了解员工对自己领导风格的感受，从而调整自己的管理方式，提升团队的工作效率和凝聚力。

（三）培养心理素质与情商

领导者的心理素质和情商对于成功的领导至关重要，需要具备情商高、情绪稳定、应变能力强等特质。举例来说，一名学校的院长在处理困难的学生家长时需要保持冷静、耐心并善于倾听和沟通，以化解矛盾、维护校园和谐，因此领导者可以通过参加心理健康培训课程、学习情绪管理技巧等方式来培养自己的心理素质和情商，从而更好地应对各种挑战和压力。

（四）制订个人学习与成长计划

领导者应该制订个人学习与成长计划，明确自己的学习目标和发展方向并采取具体的行动来实现这些目标。例如一名学校的教育主管可以制订一个年度学习计划，包括参加管理培训课程、阅读相关领域的书籍、拜访其他学校进行交流学习等，通过持续地学习和成长，领导者可以不断提升自己的能力和影响力，为学校的发展做出更大的贡献。

领导者的成功不仅取决于其拥有的技能和知识，还取决于其持续的自我提升和发展，参与专业发展活动可以帮助领导者保持对行业趋势的了解并不断拓展视野；接受反馈与评估则是发现和改进自身不足的关键途径；培养心理素质与情商有助于提高领导者的应变能力和情绪管理能力；而建立个人学习与成长计划则是领导者能够持续地学习和进步的重要保证。通过不断地提升自己，领导者可以更好地应对挑战，实现个人与团队的成功。

四、构建支持创新的领导团队

在当今竞争激烈的商业环境中，创新已经成为企业取得成功的关键要素之一，为了在市场上保持竞争力并持续发展，领导者需要构建支持创新的团队。这里探讨如何建立这样的团队，重点包括营造开放的沟通与协作氛围、设立创新激励机制、提供资源支持与技术保障以及培养团队创新意识与能力。

（一）营造开放的沟通与协作氛围

领导者在构建支持创新的团队时，首要任务是营造一种开放、包容的沟通与协作氛围，通过促进团队成员之间的积极交流和信息共享，领导者能够激发创新思维的涌现。举例来说，一家科技公司的团队领导者采用开放式的工作环境，鼓励员工随时分享新的想法和挑战，通过定期的团队会议和沟通平台，创造了一个让创新思维自由流动的空间。

（二）设立创新激励机制

为了激励团队成员积极参与创新活动，领导者可以制定创新激励机制，这包括奖励制度、荣誉认定以及与创新成果相关的晋升机会等。例如一家制造业公司的领导团队设立了"最佳创新团队奖"，每季度评选出表现突出的团队并给予奖励，激发了团队成员的积极性，推动了创新项目的开展。

（三）提供资源支持与技术保障

领导者应确保团队有足够的资源支持和技术保障，以便顺利实施创新计划，这包括财务支持、人力资源分配以及先进的技术设备。以一家创业公司为例，领导团队积极寻求投资，为团队提供了实验室设备和专业技术支持确保创新项目得到充分的支持和保障。

（四）培养团队创新意识与能力

领导者在构建支持创新的团队时需要注重培养团队成员的创新意识与能力，通过定期的培训和工作坊，领导者可以帮助团队成员提升问题解决能力、创新思维和团队协作技能。例如一位创业领导者组织了定期的创新讲座和创意工作坊，激发了团队成员的创新潜能，提高了整个团队的创新水平。

构建支持创新的领导团队是一项复杂而关键的任务，领导者需要营造开放的沟通与协作氛围，促进团队成员之间的积极交流和信息共享。设立创新激励机制可以激励团队成员积极参与创新活动。领导者还应确保团队有足够的资源支持和技术保障以便顺利实施创新计划。培养团队成员的创新意识与能力是至关重要的，领导者可以通过定期的培训和工作坊来实现这一目标。通过这些措施，领导者可以构建一个富有创造力和活力的团队，为企业的持续发展注入新的动力。

第四节　持续创新与学习的文化

一、建立持续创新的校园文化

在当今竞争激烈的社会环境中，创新已经成为推动社会进步和个人成长的重要动力，而在学校教育中培养学生的创新意识与价值观，建立支持创新的组织结构与制度以及打造创新空间和平台，已成为教育发展的关键方向之一，因此建立持续创新的校园文化不仅是学校教育的需要，也是培养学生综合素养的重要途径之一。

（一）培育创新意识与价值观

在建立持续创新的校园文化中，培育师生的创新意识与价值观至关重要，学校领导可以通过教育和示范来引导师生认识到创新对于学校发展的重要性，这包括通过课堂教学、校园活动以及特定项目的引导，让师生意识到创新的意义并激发创新潜能。例如学校可以组织创新比赛或项目，鼓励学生提出新颖的想法并将其付诸实践。教师也可以通过示范和引导来激发学生的创新思维。通过这样的举措，学校可以逐步培养出一个有着积极的创新意识和价值观的师生群体。

（二）建立支持创新的组织结构与制度

为了支持校园内的创新活动，建立相应的组织结构与制度至关重要。学校可以设立专门的创新委员会或部门，负责统筹和推动校园内的创新项目。学校还可以制定灵活的规章制度，鼓励师生尝试新方法和教学模式，例如可以设立创新项目申请流程，鼓励师生向学校提交创新计划并提供相应的支持和资源。学校还可以建立创新项目的评估机制，对优秀的创新项目进行认可和奖励，从而进一步激励师生参与创新活动。

（三）建设创新空间和平台

为了促进校园内的创新活动，学校可以建设创新空间和平台，为师生提供展示和实践创新的场所和机会，例如可以建立创客空间或实验室，配备先进的设备和技术，供学生进行科学实验和创客项目。学校还可以搭建在线平台或社区，为师生提供一个分享和交流创新成果与经验的平台，通过这样的创新空间和平台，学校可以为师生创造一个开放、包容的环境，激发他们的创新潜能并促进校园内的创新文化的形成和发展。

建立持续创新的校园文化需要全校师生的共同努力与参与，通过培育创新意识与价值观，学校能够激发师生的创新潜能，使其认识到创新对学校发展的重要性。建立支持创新的组织结构与制度能够为校园内的创新活动提供有效的支持与保障。通过建设创新空间和平台，学校为师生创造了展示和实践创新的场所和机会，促进了校园内创新文化的形成和发展。这些举措共同构建了一个开放、包容的创新环境，为学校教育的创新与发展注入了新的活力与动力。

二、促进全校师生的持续学习与发展

为了促进全校师生的持续学习与发展，学校需要构建一个富有活力和创新性的学习环境。在这个过程中提供多样化的学习资源、建立导师制度和学习社区以及鼓励跨学科学习和实践是至关重要的，这些举措将为师生们提供丰富的学习机会和支持，帮助他们在学术、职业和个人发展方面取得成功。

（一）提供多样化的学习资源

学校应致力于提供丰富多样的学习资源以满足师生不同的学习需求和兴趣，这包括但不限于图书馆、数字化资源、在线课程、实验室设施等，例如学校可以建设现代化的图书馆，集结各类书籍、期刊、电子资源，为师生提供自主学习和研究的场所。学校也可以购置在线学习平台的使用权，让学生通过网络获取丰富的学习资源，拓展知识面。实验室设施的建设也是重要的学习资源之一，为学生提供实践探究的机会，培养他们的动手能力和创新思维。

(二) 建立导师制度和学习社区

学校可以建立导师制度将优秀的教师与学生进行匹配，提供个性化的指导和支持。导师可以为学生提供学业、职业发展等方面的指导，帮助解决学习和生活中的问题并分享自己的经验和见解。学校也可以建立学习社区，提供一个交流、合作的平台，让师生之间能够相互学习、分享，促进彼此的成长与发展，例如学校可以组织各类学术研讨会、讲座、学术沙龙等活动，让师生在交流中相互启发、共同进步。

(三) 鼓励跨学科学习和实践

学校应鼓励师生进行跨学科的学习和实践，拓宽知识视野和能力边界，通过跨学科学习，学生可以将不同学科的知识和技能进行有机结合，培养综合性的能力，例如学校可以开设跨学科的课程或项目，让学生在解决实际问题的过程中跨越学科边界，发挥创造性和想象力。学校还可以组织跨学科的研究团队或实践项目，让师生们在合作中相互借鉴、相互促进，实现知识的交融和创新的融合。

通过提供丰富多样的学习资源，包括现代化的图书馆、数字化资源、在线课程和实验室设施，学校为师生提供了广阔的学习平台。建立导师制度和学习社区，使优秀的教师与学生进行互动和指导，促进彼此的成长与发展。鼓励跨学科学习和实践，培养学生综合能力和创新思维，也是学校促进全校师生持续学习与发展的重要举措。这些措施共同营造了一个充满活力和创造力的学习环境，为师生们的成长和发展提供了坚实的支撑。

三、创新与学习的评价与激励机制

在现代教育中，创新和学习的评价与激励机制至关重要，不仅可以激发师生的创造力和学习动力，还可以促进学校的持续发展和进步。创新项目评估与认可、学习成效评估与奖励，以及提供激励与支持成为教育领域中的关键议题，通过建立有效的机制，学校可以引导师生积极参与创新活动，提升学校整体的创新水平和学术声誉。

（一）创新项目评估与认可

学校应建立创新项目评估与认可机制，对学生和教师的创新项目进行全面评估并给予适当的认可和奖励。评估可以基于项目的创新性、实用性、影响力等指标进行，以确保评价的客观性和公正性。例如学校可以设立评审委员会，由专家学者和行业领域人士组成，对创新项目进行评审并给予获奖项目证书、奖金或学分等形式的认可和奖励，激励师生积极参与创新活动。

（二）学习成效评估与奖励

除了创新项目，学校还应对学生的学习成效进行评估并给予相应的奖励和认可。评估可以基于学生成绩、学术竞赛成绩、科研成果等方面进行，以全面客观地反映学生的学习水平和能力。例如学校可以设立学术奖学金、优秀学生奖、学业荣誉等奖励机制，鼓励学生在学习上取得优异成绩，也为他们提供了持续学习的动力和动力。

（三）提供激励与支持

除了奖励学校还应提供激励与支持，帮助师生不断提升创新能力和学习水平，这包括提供导师指导、专业培训、资金支持等方面的支持。例如学校可以为教师提供专业培训和学术交流机会，帮助教师不断提升教学和科研水平；也可以为学生提供创新实践项目的资金支持和导师指导，帮助学生将创新想法付诸实践并取得成果。

创新与学习的评价与激励机制是现代教育中不可或缺的一部分，通过对创新项目和学习成效的全面评估与认可，学校可以激发师生的学习热情和创新潜力。提供激励与支持也是至关重要的，它可以帮助师生不断提升自身能力，促进个人和学校的持续发展，因此建立健全的评价与激励机制对于推动教育事业的发展具有重要意义。

四、准备面对不确定未来的策略与准备

在不确定的未来中，教育机构面临着前所未有的挑战和变革，为了有效地应

对这些挑战，学校需要制定具有前瞻性和灵活性的策略与准备，这包括发展应对变革的灵活机制、提升应对不确定性的能力以及持续监测和调整策略。通过这些措施，学校可以更好地适应未知的环境并为师生提供稳定、有质量的教育服务。

（一）发展应对变革的灵活机制

为了应对不确定的未来，学校需要建立灵活的机制以适应发生的各种变革，这包括不断更新和调整课程设置、教学方法、学校管理模式等方面。例如学校可以采用模块化课程设计，使课程内容更具弹性和适应性以应对社会和行业的变化；建立快速决策机制和灵活的管理体系，使学校能够及时做出反应，应对各种不确定因素带来的挑战。

（二）提升应对不确定性的能力

学校应该积极培养师生面对不确定性的能力，包括适应性、创造力、解决问题的能力等，这可以通过在课程设置中加入相关的训练和实践活动来实现。例如学校可以开设专门的课程或工作坊，教授应对不确定性的策略和技巧，培养学生的创新思维和适应能力；鼓励师生参与跨学科合作和实践项目，提升解决复杂问题的能力。

（三）持续监测和调整策略

面对不确定的未来，学校需要建立持续监测和调整策略的机制，及时跟踪变化并做出相应的调整，这包括收集并分析相关数据、关注行业动态和趋势、定期组织评估和反馈等。例如学校可以建立专门的战略规划部门或委员会，负责监测未来发展趋势和制定应对策略；定期组织校园调研和学生反馈会议，收集师生的意见和建议，及时调整学校发展方向和策略。通过持续监测和调整，学校可以更好地适应不确定的环境并保持竞争优势。

面对不确定的未来，学校应该采取一系列策略和准备措施来保持竞争优势和适应环境的变化。建立灵活的机制，不断更新课程设置、教学方法和管理模式以应对发生的各种变革。积极培养师生面对不确定性的能力，包括适应性、创造力和问题解决能力，通过相关训练和实践活动来实现。建立持续监测和调整策略的机制，及时跟踪变化并做出相应调整，以确保学校能够适应未来的挑战并保持竞争力。通过这些策略与准备，学校可以更好地面对未知的未来，并为师生提供优质的教育服务。

结　语

　　《校长如何推动教育课程的创新与改革》一书，历经长时间的筹备与撰写，终于得以完成。教育的未来在于不断的创新与改革，作为教育体系的核心，课程的创新与改革是推动学校发展的关键驱动力之一。本书深入探讨了校长如何在这一进程中发挥领导作用，促进教育课程的创新与改革，为学生提供更优质的教育资源和学习体验。在教育课程改革的征程中，需要深刻认识到教育的意义不仅在于传授知识，更在于培养学生的综合能力和素养。因此需要根据时代的要求和学生的需求，不断调整课程内容和教学方法，使之更贴近实际、更具针对性。校长作为学校的领导者，承担着推动教育课程改革的重要责任，需要在课程改革的各个环节发挥领导作用，引领学校走向创新之路。从制订策略规划、支持创新研发、构建学习环境、促进教师发展到关注学生需求，校长都扮演着关键的角色。

　　教育课程的创新与改革需要全校师生的共同努力，教师们应不断提升自己的专业水平，积极参与课程改革实践，为学生提供更好的教育服务。学生们则应主动参与学习过程，发挥自身的主体性和创造性，积极探索、实践和反思。在面对未来的课程改革与挑战时需要敏锐地把握教育发展的趋势，灵活应对各种挑战和变化，利用技术手段、开展数据分析、倡导持续创新与学习的文化，这些是应对未来挑战的有效途径。